Staats- und socialwissenschaftliche Forschungen

herausgegeben

von

Gustav Schmoller.

Zweiter Band. Zweites Heft.

(Der ganzen Folge siebentes Heft.)

A. Thun, Die Industrie am Niederrhein. I. Theil.

Leipzig,
Verlag von Duncker & Humblot.
1879.

Die

Industrie am Niederrhein

und ihre Arbeiter.

Erster Theil.

Die linksrheinische Textilindustrie.

Von

Alphons Thun.

Leipzig,
Verlag von Duncker & Humblot.
1879.

Meinem Lehrer

Dr. ERNST ENGEL.

Vorwort.

Mein hochverehrter Lehrer, Herr Geheimrath Engel in Berlin, hat meine Studien auf das Gebiet des Gewerbewesens gelenkt. Als ich am 1. Juli 1876 nach Deutschland kam, bot er mir in seinem Bureau eine gastliche Stätte, übertrug mir die Aufsicht über die damals in Angriff genommene Submissionsstatistik und veranlasste mich, eine Zusammenstellung über die preussische Fabrikgesetzgebung zu machen. Ganz zufällig kam mir hierauf der Gedanke, mich nun auch in der Hausindustrie umzuschauen; aber gar bald merkte ich, dass den gedruckten Quellen so gut wie nichts über dieselbe zu entnehmen ist. Ich reiste daher in die rheinischen Industriebezirke und sammelte daselbst vom August bis zum October 1877 einige Materialien. Bei der Sichtung derselben fand ich freundliche Ermunterung seitens der Herren Professoren Knapp und Schmoller in Strassburg und empfing durch die durchaus selbständigen und originellen Vorträge des letzteren über deutsches Gewerbewesen und des ersteren über die socialpolitischen Bewegungen in Frankreich und England manchfache Anregung und Förderung. Jedoch wies mein Material so erhebliche Lücken auf und ich selbst fühlte das Bedürfniss nach eingehenderer Belehrung so dringend, dass ich im März 1878 von neuem an den Niederrhein ging und daselbst, mit einer zweimonatlichen, durch die Weltausstellung in Paris verursachten Unterbrechung, bis zum Winter verblieb.

Der vorliegende erste Theil der Untersuchungen über die Industrie am Niederrhein beruht zunächst auf dem Studium amtlicher Aktenstücke, deren Benutzung die Präsidenten der königlichen Regierungen zu Düsseldorf und Aachen, die Herren von Hagemeister und von Leipziger, mir mit dankenswerther Bereitwilligkeit gestattet haben. Ihrem Vorgange und ihren Empfehlungen entsprechend, hat eine Reihe von Landräthen, Oberbürgermeistern und Bürgermeistern mir gleichfalls die Einsichtnahme in einzelne Akten erlaubt und mich mit grosser Liebenswürdigkeit über die allgemeinen Industrieverhältnisse belehrt.

Die grösste Förderung habe ich durch den Umgang mit Männern aus allen Ständen erfahren, welche mir in dankenswerther Weise ihre Kenntnisse und ihre Zeit zur Verfügung gestellt haben. In Aachen war es besonders Herr Regierungs- und Gewerbedepartementsrath B. Göschen, gegenwärtig Kreishauptmann in Hoya (Hannover), der mir nicht nur gestattet hat, seinen an die königl. Regierung und an den Herrn Handelsminister gerichteten Bericht über die Lage der Industrie im Regierungsbezirk Aachen, ein mit seltenem Fleisse und ausserordentlicher Gründlichkeit abgefasstes Werk, zu benutzen, sondern mich auch mit den Industriellen seines Bezirkes bekannt gemacht und mir als Begleiter auf seinen Informationsreisen nach Eupen, Stolberg, Heinsberg, Erkelenz und Geilenkirchen Gelegenheit gegeben hat, die Zustände auf dem Lande kennen zu lernen. In Crefeld war es der als Politiker und Nationalökonom wohlbekannte Sammetfabrikant, Herr L. Seyffardt, der mir weite Ausblicke über seine Industrie eröffnet, mich als wohlwollender Arbeitgeber über die Lage der Arbeiter orientirt und mit seinen Kollegen in der Stadt bekannt gemacht hat. Auch verdanke ich seiner Güte eine Reihe werthvoller Bemerkungen, welche er bei einer freundlichen Durchsicht meinem Manuskripte hinzugefügt hat.

Allenthalben bin ich bei meinen Untersuchungen auf das liebenswürdigste Entgegenkommen gestossen; kein Stand, kein Beruf hat mir die gewünschte Auskunft versagt. Indess wäre mir eine tiefer gehende Darstellung nicht gelungen, wenn mein Aufenthalt an jedem Orte nicht auch längere Zeit gewährt hätte. In Aachen dauerte er vom März bis zum Juni 1878; ich habe die Stadt in all ihren Strassen, Schenken, Vergnügungslokalen durchstreift und wohl gegen hundert Arbeiterwohnungen besucht, stets in Gesellschaft von Staats- und Polizeibeamten, Aerzten, Kaplänen oder Arbeitern; dadurch allein werden denn auch meine detaillirten Angaben gerade über Aachen erklärlich. In Crefeld war ich im September 1877, zur Zeit der tiefsten Nothlage, eine Woche und im September 1878 einige Tage; ausserdem habe ich die ländlichen Weber in den Dörfern bei Heinsberg, Erkelenz, Geilenkirchen, Viersen, Kempen und Crefeld besucht, und zwar wiederum in Begleitung durchaus officieller Persönlichkeiten, wie Landräthe, Bürgermeister und Polizeidiener, oder von Kaplänen. Mein zweimaliger Aufenthalt in Gladbach hat kürzere Zeit gedauert.

Mancher Leser wird meiner Schrift eine Zuneigung zur einen oder andern Partei vorwerfen. Nichts wäre ungerechtfertigter als das; ich stehe einer jeden am Rhein vorhandenen Partei in gleicher Weise fern. Ich bin vielmehr ein Fremdling, aus Livland gebürtig, und werde Deutschland wieder verlassen haben, ehe dieses Heft erschienen sein wird. Aus privater Initiative und zu rein gelehrten Zwecken habe ich meine Untersuchungen begonnen, um mich durch dieselben in die wissenschaftliche Welt einzuführen; unter der Hand ist dann ein Buch entstanden, das auch in weiteren Kreisen einiges Interesse erregen dürfte. Mein Ziel war eine objektive Darstellung der industriellen und Arbeiterverhältnisse. Inwieweit mir in diesem Erstlingswerk das Verständniss für jene schwierigen Fragen aufgegangen ist, darüber erwarte ich von einem sachkundigen Publikum, namentlich von unbefangenen rheinischen Industriellen, das Urtheil.

Berlin, den 16. Februar 1879.

Alphons Thun.

Inhaltsverzeichniss.

Dritter Abschnitt.

Die Baumwollenindustrie in Gladbach und Rheydt.

(Seite 155–192.)

Vierter Abschnitt.

Die Arbeiterbewegungen.

(Seite 193–213.)

Einleitung.

Der Niederrhein ist der Sitz uralter Tuchweberei. Aus den Grenzländern im Westen schon früh eingedrungen, gelangte sie im XIV. Jahrhundert zur grössten Blüthe. Aachen und Köln waren die Mittelpunkte dieser Industrie, welche eine ganze Reihe kleinerer Weberstädte bevölkerte und auf dem Lande viele fleissige Hände beschäftigte. Der allgemeine wirthschaftliche Rückgang im XVI. und XVII. Jahrhundert traf auch dieses Gewerbe; es concentrirte sich im Wesentlichen in seinen alten Mittelpunkten Aachen, Burtscheid und Düren, und aus ersterer Stadt übertrugen es die vertriebenen Protestanten nach Vaels, Eupen und Montjoie.

Das übrige linksrheinische Gebiet griff einen neuen Zweig, die Leinweberei, auf. Die Schafzucht, welche auf den weiten Haiden des Clever-, Gelder- und Jülicherlandes im Mittelalter mit Erfolg betrieben worden war, machte dem Flachsbau Platz. Lange Jahrhunderte hindurch schaukelte die blaue Blume träumerisch ihr Haupt, um dann im Herbst geschwungen und gebrochen, von zarten Kinder- und Frauenhänden am Rocken gesponnen und von Männern zu weissen Linnen verwebt zu werden. Kaufleute holten dann die fertige Leinwand ab, liessen sie in Harlem bleichen und brachten sie als holländische Leinen in den Handel.

Unterdessen spann im fernen Süden mit emsiger Hast sich selbst und der Leinweberei der gefrässige Seidenwurm das Todtenkleid. Seit Ende des XVII. Jahrhunderts beginnt der Holländer von der Leyen in Crefeld seinen Handel mit italienischer Rohseide, und von dort aus dringt die Seiden- und Sammetindustrie unwiderstehlich im Flachlande vor, findet auch in Viersen, Süchtelen und Dülken einige unternehmende Kaufleute und verdrängt bis zur Mosel hinauf die Leinweberei, indem sie durch höheren Lohn sich neue Arbeiter wirbt.

Nur in Gladbach, Rheydt und Odenkirchen fasst seit Ende des vorigen Jahrhunderts die Baumwollenindustrie festen Fuss, und es beginnt daselbst ein rheinisches Manchester sich zu bilden.

Die Weberei — und hier sehe ich ab von jener Hausweberei, welche Tuch oder Linnen nur für den eigenen Bedarf herstellt, - ist diejenige Industrie, an welcher sich die Entwicklung aller Betriebsformen mit grosser Deutlichkeit verfolgen lässt. Ich nenne dieselben den handwerksmässigen, den hausindustriellen und den Fabrikbetrieb.

Bei der handwerksmässigen Industrie für den Absatz im Grossen sind, wie im eigentlichen für den Ortsbedarf arbeitenden Handwerk, der Kern der Arbeiter durchaus selbständige Meister mit eigenem Anlage- und Betriebscapital; es sind im Wesentlichen kleine Fabrikanten, welche sich selbst den Rohstoff kaufen, ihn auf ihre Rechnung verarbeiten und die fertige Waare auf eigenes Risico verhandeln, — eine industrielle Demokratie. Da aber die Weberei eine arbeitstheilige Industrie ist, so kann ein einzelner Meister die gesammte Herstellung wie den Absatz nicht bewerkstelligen und eine Gliederung tritt allenthalben hervor. Bei der Fabrikation giebt es zweierlei Arten von Gehülfen: einmal Gesellen, Lehrlinge und weibliche Hülfspersonen, reine Lohnarbeiter, welche gewöhnlich im Hause des Meisters wohnen, ferner solche Meister, welche zwar in eigenen Unternehmungen das Färben, Walken etc., jedoch gegen Lohn besorgen. Die letzteren stehen formell als Meister gleichberechtigt neben den Webermeistern; materiell sind sie aber hausindustrielle, die ersteren hingegen reine Lohnarbeiter. Bei der Beschaffung des Rohstoffs und beim Absatz der Waaren sind die Woll- und Tuchhändler und auch die Gewandschneider thätig, welche im Detail die Gewebe verkaufen.

Bei dem hausindustriellen Betriebe liegt der Schwerpunkt im Kaufmann, welchem das Betriebscapital gehört; er kauft den Rohstoff, lässt ihn die verschiedenen Stadien der Fabrikation bei den Meistern durchlaufen und verkauft ihn auf sein Risico. Die Arbeiter wohnen zwar noch im eigenen Hause, haben ihr kleines Anlagecapital in Werkstätte und Werkzeug noch behalten und nennen sich Meister, aber sie sind lediglich Stücklohnarbeiter; ihnen zur Seite stehen Gehülfen, welche wiederum ihre Stücklohnarbeiter sind.

Bei dem Fabrikbetriebe endlich sind sämmtliche Productionsmittel wie die Arbeiter in einem geschlossenen Etablissement vereinigt; es giebt einerseits nur einen Unternehmer, dem alles Anlage- und Betriebscapital gehört, andererseits viele capitallose Lohnarbeiter, von Aufsehern überwacht.

Ein jedes der drei Entwicklungsstadien trägt ein wesentlich verschiedenes technisches, wirthschaftliches und sociales Gepräge, und es soll Aufgabe des Folgenden sein, sie in ihrer Bedeutung zu charakterisiren. Es ist ja leider das Material nicht vorhanden, um an jedem Orte und an jeder Industrie diesen Entwicklungsgang nachzuweisen; auch hat derselbe in zahlreichen Fällen sofort mit dem hausindustriellen oder dem

Fabrikbetriebe begonnen. Wir werden uns daher begnügen müssen, die Eigenthümlichkeiten jeder Stufe an demjenigen Industriecentrum zu erläutern, bei welchem sich die specifischen Merkmale am deutlichsten ausprägen. Als solche stellen sich für den Fabrikbetrieb die Gladbacher Baumwollen-, für den hausindustriellen die Crefelder Seiden- und Sammet- und für den handwerksmässigen Betrieb die alte Aachener Tuchindustrie dar. Aachen ist ferner diejenige Stadt, wo wohl einzig in Deutschland in tausendjähriger Dauer eine berühmte und bedeutende Industrie sich erhalten hat, so dass in dieser alten Kaiser- und Reichsstadt die wirthschaftlichen Stadien in ihrer Aufeinanderfolge deutlich zu erkennen sind. Um so bedauerlicher ist es, dass gerade hier so viele Urkunden verloren gegangen und die noch vorhandenen so pietätlos und nachlässig behandelt worden sind; denn wohl die Hälfte liegt modernd und ungeordnet im Keller. Es fehlen daher für die älteren Zustände die wichtigsten Quellen, und eine Darstellung derselben ist auf eine Ergänzung aus anderen niederrheinischen Städten angewiesen.

Erster Abschnitt.

Die Tuchindustrie im Aachener Bezirk.

I. Die handwerksmässige Weberei [1]).

Die handwerksmässige Weberei ist kein Handwerk im eigentlichen Sinne des Wortes gewesen. Zwar hatten beide das Gemeinsame, im Hause, mit einfachen Werkzeugen und ganz selbständig betrieben zu werden; der wesentliche Unterschied bestand darin, dass das Handwerk auf den localen Bedarf beschränkt, die handwerksmässig betriebene Weberei aber eine arbeitsgetheilte Industrie war, welche ihren Absatz im Grossen fand. Freilich war es noch kein Weltmarkt, über welchen im XII., XIII. und XIV. Jahrhundert sich die Kaufgeschäfte erstreckten; es waren die Märkte und die grossen Messen in den Rheinlanden und die Seehäfen, wo die Tücher ihre Abnehmer suchten. Immerhin war es ein Massenabsatz, nicht nach individuellen, sondern nach Massenbedürfnissen, welchem eine Massenproduction entsprechen musste. Diese bedurfte einer einheitlichen Leitung. Beim Frohnhofsbetriebe standen Arbeiter wie Capitalien im Eigenthum des Herrn, und seine Beamten gaben der Wirthschaft die Zielpunkte an; — das Band der Unfreiheit war zerrissen, die grosse Firma hatte liquidirt, es war ein neues Band und eine neue Firma nothwendig.

Diese neue Firma war die Stadt, das neue Band waren die Reglements, welche die städtische Behörde oder später in ihrem Auftrage die Zunft erliess. Und es bedurfte eines starken Bandes, um alle die kleinen Leute zur Einheit zusammenzufassen.

[1]) Die Literatur über Aachens Geschichte siehe bei Loersch: Aachener Rechtsdenkmäler 1871. — Haagen: Geschichte Aachens 1874. — Einzelne Urkunden im Stadtarchiv zu Aachen, bei dessen Benutzung Herr Stadtarchivar Kaentzeler mir mit dankenswerther Liebenswürdigkeit behülflich gewesen ist. — Bergrath: Das Wüllenamt zu Goch in den Annalen des histor. Vereins für den Niederrhein, V. Heft, S. 90—136 und VI. Heft, S. 40—43. — Heidemann: Die Statuten des Wollenamts zu Wesel in der Zeitschrift des bergischen Geschichtsvereins 1873, S. 77 ff. — Zahlreiche Statuten im Düsseldorfer Staatsarchiv: Cleve-märkische Städte, Acta 12.

Die Decentralisation, wie sie historisch entstanden war, entsprach durchaus der wirthschaftlichen Lage; nur so war die Capitalansammlung bei den Einzelnen auf das Geringste beschränkt: Werkstätte und Wohngemach waren innig verschmolzen, die Productionsmittel und Werkzeuge von geringer Bedeutung, und die Arbeitskraft, auf welcher ja der Hauptwerth des Products beruhte, wurde am intensivsten ausgenutzt, wenn ein jeder den Erfolg seiner Mühen auch selbst genoss. Für die Arbeiten, welche grösseren Raum beanspruchten, hatten die reicheren Meister in der Nähe ihrer Wohnungen oder in ihren Gärten vor der Stadt, da sich häufig noch Ackerbau und Gewerbe traulich vereinten, Plätze für Trockenrahmen, Bleichen und Zubehör, oder sie pachteten wie in Wesel das Terrain der Festungswerke zu ihren Zwecken.

Wo jedoch grössere Capitalien nöthig waren, da reichte der Besitz Einzelner nicht aus; die grösseren gewerblichen Anlagen waren öffentliches Eigenthum und gehörten der Stadt oder der Zunft, theils weil nur diese Corporationen ein genügendes Vermögen besassen, theils weil sie dadurch eine Controle über die gesammte Fabrikation ausübten. In Goch z. B. pachtete in der zweiten Hälfte des XIV. Jahrhunderts die Stadt aus letzterem Grunde die einzige Walkmühle, welche es in den Aemtern Goch und Moudie gab, und setzte durch Zunftstatut fest, dass der Mühlenmeister kein fremdes Tuch walken dürfte, so lange Bürger der Stadt dort Laken zum Walken hätten; dadurch wurde die Concurrenz unzünftiger Weber vermieden. In Düren und Aachen werden als öffentliche Gebäude die Wollküche, die Tuchhallen und das Walkhaus aufgeführt.

Es war in der Hauptsache eine Masse nebeneinander stehender Kleinmeister mit beschränkter Erfahrung und Auffassung, ohne Ueberblick über den Bedarf und die Anforderungen des Marktes; hätte diese Masse fabricirt und gehandelt nach Gutdünken, so wäre nicht allein eine Verschiedenheit der Waaren, welche allen Grosshandel, die Grundlage einer jeden Industrie, unmöglich gemacht hätte, sondern auch eine Verschlechterung derselben eingetreten, die den Ruf der Firma, in diesem Falle der Stadt, ruinirt hätte. Der Name des einzelnen Kleinmeisters galt noch nichts; für ihn trat die Stadt mit ihrem Namen ein, und sie war nun auf das höchste interessirt an dem guten Rufe ihrer Waaren. Zudem waren die Grosshändler Patricier; theils sassen sie selbst im Rathe, theils hatten sie ihre Anverwandten in demselben; sie machten ihren Einfluss geltend auf den Erlass gleichmässiger Vorschriften, damit ihnen der Handel ermöglicht, ihr Erwerb vergrössert werde.

So wurde der leitende Wille des Frohnvogtes ersetzt durch

eine andere Autorität, sei sie die des städtischen Rathes oder Vogtes oder später der Zunft. Und gerade das elementarste Erforderniss einer in grösserem Style arbeitenden Industrie, die Technik, ist es, welche wir zuerst und am ausführlichsten in den frühesten Urkunden, die uns über das Gewerbewesen aufbewahrt sind, behandelt finden, so in den ausführlichen Reglements des Wollenamts zu Wesel vom Jahre 1329, zu Goch aus dem XIV. Jahrhundert und zu Aachen vom Jahre 1387. Besonders in der Textilindustrie zeigte sich die Ordnung der Technik zuerst, und damit tritt der Unterschied gegen das eigentliche Handwerk zu Tage. Die Producte des Schusters und Schneiders gelangen direct in die Hand des endlichen Consumenten; dieser ist, wie Käufer aus erster Hand, so auch persönlicher Kritiker der Waare, welche sich nach seinem persönlichen Geschmack und Bedürfniss richtet. Specielle Vorschriften können hier nicht gegeben, höchstens allgemeine Visitationen veranstaltet werden; die entscheidende Controle übt der Consument selbst aus. Dagegen gelangen die Gewebe in die weite Welt, gehen ballenweise uneröffnet von Handelsmann zu Handelsmann; da sind Garantieen nothwendig, um den Grosshandel zu ermöglichen, um den guten Ruf der Firma, der Stadt, zu begründen.

Die Wolle betreffend, wurde der Ankauf einzelner schlechter Sorten zum Zwecke, Tücher daraus zu machen, ganz verboten; andere Sorten mussten speziell besichtigt und die Käufer konnten gezwungen werden, sie wieder auf den Markt zurückzubringen. Das Kratzen der Wolle war untersagt; sie musste gekämmt werden, und die Kämme waren gleichfalls vorgeschrieben. Breite, Länge und Güte des Tuches waren bestimmt, die Leisten angegeben und das Vermischen guter Wollsorten mit schlechten oder mit Flachs nicht gestattet. Schlechtes Falten, Rauhen, Noppen und Färben war mit Strafen belegt, die Technik des Färbens vorgeschrieben.

Die Durchführung so weitgehender Bestimmungen erforderte eine genaue und mehrfache Controle. Die Einleger hatten die Wolle zu revidiren und verwiegen zu lassen, wobei alle Wollhändler sich des gleichen Gewichts bedienen mussten; sie achteten darauf, dass nicht schlechtere mit besseren Wollsorten vermischt wurden, auf den Eid des Händlers; nasse, filzige und schmutzige Wolle durfte nicht eingelegt werden. Die Stockträger hatten die Tücher auf Webstuhl und Trockenrahmen zu controliren und sich zu überzeugen, dass die gehörige Anzahl Garnstränge verwebt worden war und die Gewebe die gesetzliche Breite und Länge hatten. Alle einzelnen Processe, wie Trocknen, nach Hause tragen, Waschen und Walken, unterlagen der Beaufsichtigung, welche in Aachen dadurch erleichtert wurde, dass es besondere Häuser für das Ausrecken und Walken gab. Waren die Tücher ganz fertig, so wurden sie einer endlichen Revision unterworfen und von den Beamten gesiegelt; auch der Fabrikant musste das Tuch mit seinem Zeichen versehen. Das Siegel der Stadt war die renommirte Marke, unter welcher sich die fertige Waare den Markt eroberte, der Stempel der Fabrikanten nur das Erkennungszeichen, um die zu spät ertappten Waarenfälscher doch noch nachträglich zu entlarven. Machte Jemand nachgewiesenermaassen „falsch“ Gewand, so sollten der Meier und die Beamten gemeinschaftlich das Tuch auf dem Hofe vor der Wollküche verbrennen lassen und ihre Hand an sein Hab und Gut legen, dessen eine Hälfte dem Meier, die andere den Beamten zufiel. Um jeden Unterschleif zu verhüten, durfte keiner seine Tücher im eigenen Hause verkaufen, sondern nur im Gewandhause oder in den beiden Ausschneidehäusern. Durch diese Hallen erhielt die Tuchschau erst recht das nöthige Ansehn; Unerfahrene konnten im Kaufe nicht getäuscht und durch die Feststellung der Preise auch nicht übervortheilt werden. Die Aufsichtsbeamten mussten in Aachen monatlich wechseln.

Wie der technische Betrieb durch eingehende Vorschriften geregelt war, um den Absatz sicher zu stellen, so machte die decentralisirte Betriebsweise durch Kleinmeister auch gewisse sociale und wirthschaftliche Vorschriften nothwendig. Hätte eine völlig ungezügelte Concurrenz unter ihnen geherrscht, so hätten sie sich gegenseitig aufgerieben. Daraus folgte die Beschränkung der Meister auf Einheimische und die Forderung einer technischen Bildung. So wurden in Wesel nur Leute aus dem Lande Cleve oder Dinslaken aufgenommen und von den Lehrlingen eine vier-, von den Gesellen eine zweijährige Dienstzeit gefordert. In Aachen durften nur die Bürger Tuch machen; wenn Kämmerinnen ausserhalb Aachen kämmen gingen oder wenn in Aachen oder ausserhalb der Stadt Jemand Wolle kämmte, der kein Recht zum Tuchmachen hatte, sollte er ein ganzes Jahr sein Handwerk verlieren und ausserdem noch Strafe zahlen. Auch war den Webern vorbehalten, das „Stadtwerk“ zu machen; das einfache Landwerk, welches keine Leisten am Saume tragen durfte, war in Goch nur alle Vierteljahre einen Monat lang zu weben erlaubt, wenn kein Stadtwerk zu haben war, aber auch nur mit Erlaubniss des Amtes. Um ferner die Concurrenz zu einer gleichmässigen zu gestalten, war die Zahl der Arbeiterinnen wie die Arbeitszeit bestimmt. In Goch durfte kein Meister mehr als zwei Wollkämmerinnen beschäftigen, nur in der Zeit von St. Victor bis Weihnachten ein Lehrmädchen dazu nehmen. Daselbst durfte keiner des Nachts weben, nicht vor 5 Uhr Morgens und nach 7 Uhr Abends, überhaupt nicht bei Kerzenschein und Lampenlicht. In Aachen ertönte um 11 Uhr Vormittags und um 9 Uhr

Abends eine Glocke, auf deren Läuten alle Tucharbeiten eingestellt werden mussten.

Die Weberei war also eine arbeitstheilige Industrie, und zwar hatte sie im XIV. Jahrhundert den Zeitpunkt erreicht, wo die Hülfsgewerbe, wie Wollwäsche, Färberei, Tuchwalke, Woll- und Tuchhandel, vollständig entwickelt waren und zu gleicher Zeit die Spinnerei und Weberei noch in der Stadt betrieben werden konnten; ein Jahrhundert später wanderten die letzteren den niedrigeren Löhnen nach auf das Land hinaus. Daraus erklärt sich die grosse Ansammlung von Arbeitern wie von Capital und kaufmännischer Intelligenz, und zwar — ich betone es — in der damals einzig bedeutenden Industrie, nicht im Handwerk selbst.

Durch zahlreiche Privilegien und Zollfreiheiten bevorzugt, gelang es den Aachener Kaufleuten, ihre Stadt zu grosser Blüthe zu erheben. Aachener Woll- und Tuchhändler hatten 1387 in Venedig und Antwerpen kostbare Lagerhäuser mit bequemen Aufenthaltsräumen für Handlungsreisende; ihr Lagergebäude wurde in letzterer Stadt das Haus von Aachen genannt. Aachen selbst war der Stapelplatz des gesammten deutschen Wollhandels; hier wohnten die Kaufleute, welche nicht allein aus der Nachbarschaft, sondern auch aus Hessen, Thüringen, Naumburg bis Meissen einkauften, die Wolle nach Hause schickten und sortiren liessen, um sie nach Artois und Brabant zu versenden. Und nicht allein aus diesen beiden Gegenden, sondern auch aus andern deutschen Ländern hielten Kaufleute in Aachen ihre Agenten, und ihr Handel gab gute Accisen. Die Arbeiter befanden sich auch wohl dabei; schon im Jahre 1135 galten die Weber als die hoffärtigsten und verwegensten Bursche; um ihren „unerträglichen Stolz“ zu demüthigen, ersann damals ein Bauer ein Schiffchen (in Anspielung auf das Weberschiffchen), welches er auf Räder stellte, und von einem Haufen leichtfertigen Pöbels begleitet, zwang er die Weber, das Schiffchen nach Aachen fortzuziehen.

In der zweiten Hälfte des XIV. Jahrhunderts hatte Aachen den Höhepunkt seiner reichsstädtischen Blüthe erreicht; Wohlstand und Bevölkerung waren bis zum XIX. Jahrhundert nie grösser als zu jener Zeit. So viel Arbeiter, Capital und Intelligenz hatte aber sicher kein anderes Gewerbe aufzuweisen als die Tuchindustrie. Was war da erklärlicher, als dass bei den politischen Bewegungen, welche das XIV. und XV. Jahrhundert durchzuckten, die Tucharbeiter stets an der Spitze standen? Ihre Macht war um so bedeutender als sie in Zünften organisirt waren.

Seit wann in Aachen Zünfte existirt haben, ist unbekannt; wohl weiss man es aber von dem Nachbarorte Burtscheid, wo die Art ihrer Entstehung nicht uninteressant ist. Es erhob nämlich daselbst der Vogt von Frankenburg gewisse Heller von den verfertigten Tuchen; diese Abgabe lösten die Tuchmacher durch eine Summe Geldes ab und erhielten dafür im Jahre 1300 das Recht, von jedem das Gewerbe neu Beginnenden eine Mark zu erheben. Um diese Steuer leichter einziehen zu können, bildeten die Tuchmacher im Jahre 1306 mit Erlaubniss von Vogt und Aebtissin eine Brüderschaft; dieselbe erscheint also in fiscalischem Interesse gegründet.

Das erste Lebenszeichen der Aachener Zunft war eine Verordnung der Werkmeister und Geschworenen des Wollenamts vom Jahre 1387, welche die Technik des Gewerbes ordnete; sie war mit Wissen, Willen und Geheiss des Rathes erlassen. Die Competenzen jener Werkmeister und Geschworenen wurden vom Herzog von Jülich am 3. Februar 1406 genauer präcisirt. Sie bildeten in erster Reihe das Gericht für sämmtliche Streitfälle innerhalb des Gewerbes, z. B. betreffend den Kauf und Verkauf von Waaren, Hülfsstoffen und Geräthen, betreffend die Lohnzahlungen, die Woll- und Garndiebstähle und sämmtliche Vergehen, welche im Gewandhause, Walkhause und in der Wollküche begangen wurden, ausgenommen Todtschlag und Verwundung. Das Verfahren war ein einfaches: bekannte sich der Verklagte schuldig, so wies man ihn an, vor Sonnenuntergang Genugthuung zu leisten; bat er um Aufschub, hielt aber die Frist nicht ein, so verboten ihm die Werkmeister die Ausübung seines Gewerbes; arbeitete er dennoch weiter, so wurde er um fünf Schillinge gepfändet; liess er auch dann nicht von seiner Beschäftigung, so wurde er verwarnt, dass am nächsten Sonnabend auf dem Gewandhause ausgerufen werden würde, dass Niemand von ihm kaufen, ihm verkaufen, noch ihn arbeiten lassen dürfe in Sachen, die das Handwerk beträfen; half auch dieses Mittel nichts, so hatte der Kläger das Recht, vor Gericht zu gehen, und alle diejenigen, welche den Schuldner arbeiten liessen, ihm verkauften oder von ihm kauften, erlitten dieselbe Strafe. Ferner bildeten die Werkmeister und Geschworenen auch eine Verwaltungsbehörde: sie trafen die Anordnungen in Betreff der öffentlichen Gebäude, bestimmten die Technik und achteten auf deren Befolgung, setzten die Preise der Tücher für Bürger und Kaufleute fest und hatten zu verhüten, dass Jemand dem Andern die Trockenrahmen mit Bäumen überbaute.

Es gab also im XIV. Jahrhundert bereits eine Zunft in Aachen, in welcher alle zur Bereitung des Tuches irgendwie in Beziehung stehenden Handthierungen und Gewerbe vereinigt waren; aber sie war eine lediglich wirthschaftliche Verbindung, deren Organe nur die auf das Gewerbe bezüglichen Angelegenheiten zu richten und zu verwalten hatten. Die Werkmeister waren Patricier und wie die Beamten des Wollenamts vom Rathe ernannt; der Rath gab den Zünften ihre Statuten; zur

Aufnahme in dieselben war seine Zustimmung erforderlich; von irgend einer Autonomie und einem directen politischen Einfluss war keine Rede.

Diese politisch so untergeordnete Stellung der Zünfte wird erklärlich durch einen Blick auf die Verfassung der Stadt[1]. In Aachen herrschte bis zum Jahre 1450 ein Erbrath; die gesammte Rechtspflege und Verwaltung lag ausschliesslich in den Händen einiger weniger Geschlechter, und diese Oligarchen vermieden natürlich, neben sich eine selbständige Macht aufkommen zu lassen, welche ihnen hätte gefährlich werden können. Daher die Beschränkung der Zünfte auf das rein gewerbliche Gebiet und die Ernennung der wichtigsten Beamten durch den Rath, um den Geist der Zünfte zu beherrschen; daher die strenge Oberaufsicht und die geringe Selbständigkeit sogar in den eigenen Angelegenheiten. Die reichen Woll- und Tuchhändler gehörten theils selbst zum Patricierstande, theils hatten sie ihre Verwandten im Rath und im Werkmeistergericht; ihre Interessen waren hinlänglich berücksichtigt, und diese Klasse war damit abgefunden. Dagegen standen sämmtliche Industrielle, die Webermeister, die gegen Lohn arbeitenden Meister und die Gesellen, also der Mittel- und der Arbeiterstand vereinigt, ausserhalb jedes Einflusses auf das städtische Regiment.

Diese Zustände erhielten sich, bis die Schuldenlast der Stadt sich häufte und ein Deficit in den Finanzen sich einstellte, welches durch sehr bedenkliche Mittel, wie Leibrentenverkauf oder kurzsichtige Anleihen, beseitigt wurde. Mehr und mehr wurde die Finanzverwaltung der Stadt Gegenstand bleibenden Misstrauens seitens derjenigen Bevölkerungsklassen, denen eine thätige Theilnahme an derselben versagt war. Die Schulden wuchsen derart, dass Aachener Kaufleute gefangen wurden für die Schulden ihrer Vaterstadt; die Beamten begnügten sich nicht mehr mit ihren Besoldungen, sondern suchten sich durch Sporteln zu bereichern; bei der jährlichen Verpachtung der Accisen und bei der Erhebung der Steuern duldete man Unterschleife, hielt durch Drohung und Bestechung die Pachtsummen niedrig und wandte sie dann Rathsmitgliedern zu, — kurz, die herrschenden Geschlechter zeigten sich nicht mehr ihrer schwierigen Aufgabe gewachsen.

Da ist es denn erklärlich, wenn schon in den Jahren 1348 und 1368 aufrührerische Bewegungen stattfanden, an deren Spitze die Weber und Walker standen, welche aber rasch unterdrückt wurden. Im XV. Jahrhundert hörten die Aufstände nicht auf; gleich das erste Jahr begann mit einem solchen, und wiederum waren es die Tuchmacher, welche durch

[1]) Loersch: Ueber die Ursachen und Folgen der Verfassungsänderung von 1428. in Haagen a. a. O. II, S. 542—606.

einen Anschlag am Walkhause zur Empörung gegen den Erbrath aufforderten. Obwohl die Aufrührer „nach wie vor" hingerichtet wurden, blieb das Walkhaus der Sitz der herrschenden Unzufriedenheit, — sehr erklärlicherweise, denn es war das einzige fabrikähnliche Etablissement mit der zahlreichsten Ansammlung von Arbeitern, welche eine sehr schwere und nasse Arbeit mit ekelhaften Stoffen zu verrichten hatten.

Der denkwürdigste Aufstand brach im Sommer 1428 los, vielleicht verursacht durch die Erhebung einer directen Steuer; die Gemeinde wollte sie nicht nur nicht entrichten, sondern forderte auch Rechenschaft über die bisherige Verwaltung. Diesmal gelang es den Handwerkern durchzusetzen, dass der alte sich cooptirende Erbrath verstärkt wurde durch zwei ehrbare Männer aus jeder der neun Zünfte. Ferner wurden zwei wirthschaftliche Bestimmungen getroffen, nämlich dass das „grosse Mahlgeld" auf Brotfrüchte abgeschafft und den Bürgern gestattet wurde, den Zinsgulden zu geben und zu nehmen. Durch letztere Erlaubniss wurde dem Handwerkerstande das Creditnehmen erleichtert; denn statt der früheren dinglichen Belastung, welche er aus Mangel an Grundbesitz nicht hatte bieten können, vermochte er nun durch regelmässige Zinszahlung die Capitalisten anzuziehen; andererseits konnte er sein Vermögen, welches vorzugsweise in Mobiliarwerthen und in Baargeld bestand, nun am leichtesten und bequemsten verwerthen.

Bei diesen Massregeln blieb es nicht. Die Handwerker verübten einen Gewaltstreich und setzten einen neuen Rath ein. Nun benutzte jede Zunft die Gelegenheit, um ihre Missstände abzustellen. Charakteristisch für die Tuchmacher ist, dass sie die vom Rath ernannten Werkmeister und Beamten absetzten; die neuen hielten aber an den technischen Vorschriften und Controlmassregeln fest und versammelten sich in ihrer Art und Weise zu Gericht. Der neue Rath ging noch weiter; wie bei jeder Revolution beutete er den so leicht zugefallenen Besitz der Herrschaft rücksichtslos und selbstsüchtig aus, indem er die Erbzinsen, welche auf den Grundstücken lasteten, für ablösbar erklärte oder in den meisten Fällen gar aufhob. Dies Verfahren aber zerrüttete nicht allein die städtischen Finanzen, sondern namentlich die Vermögensverhältnisse der Patricier, welche ebenso wie jene ein sehr bedeutendes Einkommen aus dem städtischen Grundbesitz bezogen. Da es sich nun um die wirthschaftliche Existenz handelte, wandte der bisherige Erbrath sich nicht an den kaiserlichen Vogt, den Herzog von Jülich, sondern es gelang ihm, heimlich einige Grafen und Herren zu dingen, welche in meuchlerischem Ueberfall sich der Stadt bemächtigten und aufs blutigste die alte Herrschaft wiederherstellten.

Damit war der Klassengegensatz nicht beseitigt; vielmehr

musste naturnothwendig auf die Dauer die thatsächliche wirthschaftliche und sociale Macht der Handwerke auch politisch ihre Anerkennung finden. Vom Jahre 1450—1513 fanden fortwährende Verfassungsänderungen statt; immer von neuem suchten die alten Machthaber die neue Ordnung illusorisch zu machen, bis 1513 der damalige Mittelstand definitiv in das Stadtregiment eintrat, indem die Zünfte Vertretung im Rathe erhielten.

Inzwischen hatte die gewerbliche Entwickelung ihren Höhepunkt mit dem XIV. Jahrhundert überschritten, und schon die politischen Kämpfe wirkten auf den Niedergang der Industrie hin. Ungleich wichtiger wurden aber die religiösen Wirren, welche das XVI. Jahrhundert anfüllen und im Jahre 1617 mit der Vernichtung des Protestantismus enden. Auch in Aachen hatte derselbe Wurzeln geschlagen und entwickelte sich immer mehr, obwohl er nicht rechtlich anerkannt war und seine Anhänger z. B. selbst nach Ableistung aller Lehrjahre und Prüfungen das Meister- und Bürgerrecht nicht erhalten konnten. Namentlich die Woll- und Tuchhändler, welche nach Flandern und Artois Beziehungen hatten, waren Protestanten; sie sandten ihre Söhne dahin und suchten geschickte fremde Weber von dort heranzuziehen, welche vom Rath mit Reisegeld, Wohnung und auch anderweit unterstützt wurden. In kurzer Zeit huldigte die jüngere Generation der Tuchmacher mehr oder weniger der neuen Lehre, und vorübergehend gelang es sogar den Protestanten, sich des Rathes zu bemächtigen. Die Restauration war aber 1617 eine vollständige, und bis zur französischen Herrschaft blieb die Stadt ausschliesslich den Katholiken vorbehalten. Die Messingfabrikation ging darüber völlig zu Grunde, da die wenigen Fabrikanten sämmtlich vertrieben wurden und in Stolberg Toleranz für ihre Ueberzeugung und Rohstoff und Wasserkraft für ihr Gewerbe fanden. Die Tuchindustrie sank völlig zur Unbedeutendheit herab, so dass Noppius im Jahre 1632 schreiben konnte: „Vor Zeiten hat das Gewanderambacht über Maass floriret, also dass sie am allerersten angefangen, die Vorstädte zu bauen; jetzt aber, obwohl sie mit Prärogativen und Privilegien allen andern weit vorgeht und übertrifft, ist sie de caetera den andern gleich". Unter den Vertriebenen befanden sich gerade die tüchtigsten, reichsten und unternehmendsten Händler, Fabrikanten und Arbeiter, und in dichtem Kranze gruppirten sich neue Industrieorte um Aachen. Burtscheid beschäftigte im Verhältniss bald mehr Arbeiter als Aachen; in Eupen und Vaels entstanden neue Unternehmungen; nach Montjoie lockten die billigen Löhne und Heizmaterialien, und das Wasser der Roër eignete sich daselbst vorzüglich zum Waschen, Entfetten und Bleichen der Wollen und Tücher; Düren in seiner wasserreichen Gegend, inmitten der fruchtbaren Ebene, mit wohlfeilen Lebensmitteln, erhob sich zu grösserer Bedeutung.

Um das Unglück ganz zu erfüllen, legte ein grosser Brand im Jahre 1656 den grössten Theil der Stadt in Asche, und was das Feuer, die religiöse Unduldsamkeit und das politische Richtschwert noch verschont hatten, unterlag im Innern der politischen Tyrannei eines oligarchischen Rathes und dem wirthschaftlichen Despotismus einer engherzigen Zunft. Trotz der formellen Theilnahme der Zünfte an der städtischen Verwaltung, blieb dieselbe nur eine Scheinvertretung; thatsächlich herrschten abwechselnd zwei oligarchische Parteien, welche keine andere Macht neben sich aufkommen liessen und die Rechte der Zünfte sehr beschränkten. Am 9. October 1659 wurde ihnen ausdrücklich verboten, einige Beschlüsse unter sich zu fassen; am 23. März 1690 wurde bestimmt, dass die Zunftmeister keinen Knecht oder Lehrling annehmen durften, der nicht dem zeitigen Bürgermeister den Eid der Treue geleistet hatte. Die Tuchmacherzunft hatte als solche keinen Deputirten in den Rath zu entsenden; ihre Werkmeister waren nach wie vor lediglich Beamte, welche alljährlich vom grossen Rath ernannt wurden, oder es wurde der abtretende Bürgermeister (wie im Jahre 1669) von Amtswegen zum Werkmeister bestellt; das Werkmeistergericht, welches Freitag Nachmittags seine Sitzungen abhielt, bestand aus den beiden Werkmeistern und mehreren Beisitzern, von denen einige der Zunft entnommen waren; die Berufung davon ging an Bürgermeister und Rath.

Für diese politische und administrative Machtlosigkeit fand der Rath die Zünfte dadurch ab, dass er ihnen die Ordnung der wirthschaftlichen Angelegenheiten preisgab. Gemäss der Verordnung vom 28. Juli 1669 durften die Zünfte ihre ungehorsamen Mitbrüder durch Schliessung von Laden und Arbeit zum Gehorsam bringen, und nun suchten die zurückgebliebenen Weber, welche weder durch Capitalreichthum, noch durch Unternehmungslust, noch durch Geschicklichkeit die ringsumher entstandene auswärtige Concurrenz zu besiegen im Stande waren, doch wenigstens die innere zu beseitigen. An zwei Orten durfte keiner eine Werkstätte haben, auswärtige Arbeiter nicht spinnen, weben und färben lassen und nicht mehr als vier Webstühle beschäftigen. Das alte Betriebssystem durch lauter kleine, gleichgestellte, unabhängige Meister war es, was man gesetzlich festhalten wollte; aber in diesem Kampfe des alten handwerksmässigen demokratischen Betriebes gegen die neue capitalistische Gesellschaft hat ersterer, wie es sich gleich zeigen wird, seine Partie verloren.

Consequenterweise hätte in Aachen die Fabrikation derjenigen Tücher aufhören müssen, welche nur den billigen Lohn der ländlichen Arbeiter vertragen können, und es hätten daselbst die hochfeinen Sorten, welche viel Kunstfertigkeit eines alten und geübten Arbeiterstammes beanspruchen, hergestellt werden sollen. Da aber die tüchtigsten und reichsten Fabrikanten und Arbeiter die Stadt verlassen hatten und es an Capital, Intelligenz und Geschicklichkeit fehlte, so fabricirte man gerade nicht die den wirthschaftlichen Verhältnissen entsprechenden Tücher; mittelmässige Kaufleute waren darauf angewiesen, innerhalb der Stadt auch unter die gewissenlosen, nachlässigen und unwissenden Arbeiter Wolle zu vertheilen und sich von diesen, da sie die zahlreichsten waren, auch schlechte Waare liefern zu lassen. So wurden denn in der Stadt im Stück gefärbte einfarbige Tücher hergestellt, ganz wie nebenan auf dem Lande in Vaels. Damit hing die Entstehung der sogenannten Kauftücher aus gestohlener Wolle zusammen; unter dem Vorwande, ihre eigene Wolle zurückzukaufen, trieben manche Fabrikanten einen öffentlichen Handel mit dieser Waare, die ihnen von den Arbeitern geliefert wurde [1]).

Was die Strenge des Zunftgeistes auf der einen Seite schon verdarb, richtete die Milde der Polizei und des Rathes nun völlig zu Grunde. Die gegen den Unterschleif mit gestohlener Wolle gerichteten Gesetze waren gänzlich ausser Gebrauch; die Stadt hielt über die Eigenschaft der in ihren Mauern gefertigten Waaren keine Aufsicht; sie gestattete bei Fallitsachen statt des Konkurses ein Präferenzrecht, welches allen Credit untergrub und durch Vervielfältigung der Bankerotte bis ins Unendliche die Schande des Betruges hinwegnahm; sie verhütete es nicht, dass Arbeitsleute und Tagelöhner durch Waarenzahlen unter Anrechnung übermässiger Preise ausgebeutet und dadurch gezwungen wurden, die überflüssigen, zu hohen Preisen erhaltenen Waaren um Spottgeld wieder zu verkaufen.

Zu allem dem kam endlich noch die Ungunst der allgemeinen wirthschaftlichen Verhältnisse; die Aachener Industrie arbeitete mit hohen Transportkosten, da kein schiffbarer Fluss in der Nähe war, und das Stadtgebiet war so beschränkt, dass die Fabrikate überall Zöllen unterlagen.

Es war ein fürchterliches Trio: die religiöse Unduldsamkeit überlieferte die Stadt einem finsteren Fanatismus, während die politische Oligarchie zu einer öffentlichen Korruption führte, welche unter dem Namen der „Mäkelei“ selbst im damaligen deutschen Reiche verrufen war und eine kaiserliche Intervention in letzter Stunde — zu spät — nöthig machte; die wirthschaftliche Tyrannei engherziger Zünfte suchte eine Betriebsform und eine sociale Gliederung festzuhalten, wie sie sich schon längst überlebt hatten. Gänzlicher Verfall war das Resultat in einer Stadt, wo das Wesentlichste fehlte: Freiheit des Gewissens, Freiheit des politischen Handelns, Freiheit der Arbeit!

---

[1]) G. Forster: Ansichten vom Niederrhein 1793, S. 169 ff.

Die Bevölkerung sank von 40,000 Einwohnern, welche Aachen (nach Loersch) im XIV. Jahrhundert gezählt hat, auf 25,000; die Betriebsamkeit beruhte nur auf Schein. Da noch jährlich neue Fabrikanten sich daselbst niederliessen, schmeichelte man sich, dass die Vortheile, welche sich ihnen hier darboten, nirgends überwogen würden, und bedachte nicht, dass die einzige Aufmunterung lediglich in der Menge von leer stehenden Häusern bestand, die man zu billigen Preisen miethen konnte. Da auch eine Anzahl von Badegästen die Stadt besuchte, so liess man sich durch den beschleunigten Geldumlauf und Waarenabsatz, durch die Lustbarkeiten und das Spiel zum Glauben an wirklichen Wohlstand verleiten. Aber die Folgen der total verfehlten Verwaltung waren auch dem blödesten Auge sichtbar: die Strassen wimmelten von Bettlern und die Sittenverderbniss war allgemein. Wie konnte auch beim gemeinen Manne sich eine Spur von Rechtschaffenheit und soliden Grundsätzen erhalten, wenn er das Beispiel der schändlichsten Verschleuderung öffentlicher Gelder ungeahndet vor Augen hatte? Seine Kinder wurden Wolldiebe, Müssiggänger und Lottospieler, folglich bald die verderblichste Gattung von Bettlern; denn rohe Menschen sind leichter der Tugend zuzuführen als gefallene.

Das sind die Zustände am Ende des achtzehnten Jahrhunderts; sie sind die Grundlage des Aachener Proletariates und seines angeerbten Elends!

II. Die Haus- und die Fabrikindustrie.

Eine ganz abweichende Entwicklung hatte die Industrie in den Nachbarorten genommen. Dort herrschte von Anfang an die hausindustrielle Betriebsform; es kannten die Einwanderer keine andere Beschränkung als das Maass ihrer Kräfte und den Umfang ihres Vermögens, sie durften Arbeiter beschäftigen, welche und wieviel sie wollten; Zunftschranken gab es nicht, und unternehmende Köpfe hatten freien Spielraum. Kaufleute mit mehr Capital theilten auch grössere Mengen Wolle und Garne zum Spinnen und Weben aus, machten die billigeren Arbeitskräfte der Bauern sich dienstbar und eroberten durch ihr wohlfeileres Produkt entferntere Absatzgebiete. So gab es am Ende des XVIII. Jahrhunderts schon Fabrikanten wie den Herrn von Clermont, welcher in Vaels, Aachen und Burtscheid allein 160 Weber beschäftigte, und auf dessen Palast die stolze Inschrift prangte: spero invidiam.

Auch in Aachen machte sich das Bedürfniss einer Umgestaltung des handwerksmässigen Betriebes mit aller Macht geltend, und die alte Gesellschaftsordnung vermochte den Entwicklungsprocess nur aufzuhalten, nicht zu verhindern.

Vor allem handelte es sich um die Appretur, den entscheidendsten Vorgang bei der Fabrikation, weil durch dieselbe das Aussehen der Waare bestimmt wird. Die Weber- und die Tuchscharerzunft waren getrennt; wollten die Webermeister nach eigenem Gefallen oder gemäss den ihnen gewordenen Bestellungen scheren lassen, so durften sie solches ohne Erlangung des Meisterrechts nicht thun. Sie liessen also ihre Söhne bei zünftigen Meistern als Lehrlinge einschreiben, erkauften ihnen nach vollbrachter Lehrzeit und bestandener Prüfung das Zunftrecht, richteten alsdann eine Werkstätte auf und besetzten dieselbe mit soviel Gesellen, als zur Bestreitung ihrer Fabrik nöthig waren. Ermöglicht wurde ihnen das durch das Reichsgesetz vom Jahre 1731, wodurch die Beschränkung der Knechtezahl beim Handwerk als schädlicher Missbrauch aufgehoben war. Das machten sich nicht allein die Kaufleute zu Nutz, sondern auch die Weber- und die Färbermeister aller Art. Die kleinen Leute sahen sich durch diese anwachsenden Kapitalisten bedroht und wollten es nicht dulden; hieraus ergaben sich die heftigsten Händel. Doch Kaiser Franz drang unter dem 4. August 1764 strenge auf die Durchführung des Gesetzes, und der Rath versuchte schon früher einzulenken, indem er unter dem 21. Mai 1762 die zulässige Knechtezahl auf vier erweiterte. Indess das fruchtete nichts; eine Reihe von Processen entstand, und das Resultat war auch hier, dass die Fabrikanten ihre Werkstätten mit so viel Gesellen zu besetzen strebten, als ihre eigene Arbeit erforderte[1]).

Mit der französischen Herrschaft fielen alle rechtlichen Schranken, und die lang zurückgehaltene, verspätete Entwicklung ging mit Riesenschritten vor sich. Intelligenz und Capital strömten in die Stadt; geräumige Häuser und Plätze standen dort leer; Arbeitskräfte waren in Fülle vorhanden; das Spinnen durfte man zu billigem Lohne auf dem Lande besorgen lassen und der Absatz im weiten französischen Reiche war ungemein gewinnbringend, zumal Napoleon seine volle Huld der Stadt zuwandte, welche der Lieblingsaufenthalt seines Vorbildes, des ersten fränkischen Kaisers, gewesen war. Die technischen Verbesserungen waren ausserordentliche: seit 1793 wurde Kasimir von bewunderungswürdiger Feinheit, seit 1798 Kalmuk, Coating und Kreuzwerk für Frankreich, seit 1802 Woolcoats für Paris, auch Bombasin aus Baumwolle verfertigt; meist waren es im Stück gefärbte Tücher. Im Jahre 1784 wurde der Werth der Aachener Wollwaaren auf $5^1/_2$,[2]) im Jahre 1806 schon auf 9 Mill. Frcs., die Zahl der Wollarbeiter auf 3000 und deren Angehörige auf 6000 geschätzt.

[1]) Manuscript des II. Bandes von Meyer: Aachen'sche Geschichten, Bruchstück im Stadtarchiv.

[2]) (de Barjolles:) Lettres sur la ville et les eaux d'Aix-la-Chapelle 1784.

Was hat aber die Fortdauer des handwerksmässigen Betriebes so ganz unmöglich gemacht? Die Organisation desselben war die von gleichstehenden Kleinmeistern, zu gemeinsamem Wirken in einer Zunft zusammengefasst. Unter stabilen, einfachen Verhältnissen mit geringen Anforderungen an Technik, Capital und kaufmännischen Vertrieb vermochte dieser Organismus wohl zu functioniren und den Meistern, wie es im XIV. Jahrhundert geschehen war, Wohlstand und Behagen zu sichern. Indess die Anforderungen an die Kaufleute wie an die Meister stiegen, die Konkurrenz erwachte in allen Ländern, die Preise wurden gedrückt, mannigfaltigere Stoffe gefordert, der Welthandel bildete sich aus, und eine Beweglichkeit in Handel und Fabrikation wurde nothwendig. Die frühere Abhängigkeit der Käufer von der Art der Tücher war vorbei; jetzt mussten die Meister sich den erhaltenen Bestellungen fügen; sie konnten dieselben nicht mehr an den Messtischen abwarten, sondern mussten sie aufsuchen und ihre Waaren zum Verkaufe anbieten. Diese Beweglichkeit hätte sich vielleicht auch bei der Zunftverfassung erzielen lassen können; aber da hätte diese eine andere werden müssen, als sie war, da hätten die alten Meister ihr Heil nicht in der Bewahrung überlebter Formen sehen, sondern ihre Innung im Sinne einer Grosshandel treibenden Gesellschaft reformiren müssen. Dazu fehlten aber die Einsicht wie die Initiative; auch wäre der Erfolg ein zweifelhafter gewesen. Die Betriebsform des Erwerbes musste also eine andere werden, und was war da natürlicher, als dass zur Erzielung der Beweglichkeit in Fabrikation und Handel die Leitung in die Hände derjenigen fiel, welche diese Beweglichkeit am meisten darstellten, nämlich der Kaufleute?

Der Kaufmanns- oder Verlegerstand ging aus mehreren Berufen hervor; theils waren es die Woll- und Tuchhändler, theils die grösseren Webermeister, aus denen er sich bildete. Alles was intelligent und unternehmend war, was Capital besass und Ersparnisse machte, entzog sich der ausführenden materiellen Arbeit und liess andere für sich schaffen, indem es die Direktion derselben übernahm. Der Kaufmann tritt von nun an in den Vordergrund, und sein Comptoir wird zum Centrum der Produktion. Er erspäht die Bedürfnisse des Marktes, erkundet die vortheilhaftesten Absatzorte, beschafft zum billigsten Preise im Grosskauf den Rohstoff, lässt ihn nach seinen Angaben verarbeiten, dirigirt jedes Halbfabrikat aus der Wohnung des Theilarbeiters wieder in sein Comptoir zurück, prüft selbst die Güte und vertreibt die fertige Waare in weiter Ferne. In dem Kaufmann fliessen sämmtliche Funktionen der früheren Woll- und Tuchhändler, der Meister als Leiter der Technik und der Zunftvorsteher als Aufseher über den Productionsprocess und die Güte der Waaren zusammen. Jetzt gelten keine Reglements mehr über die Vornahme der einzelnen Arbeitsverrichtungen und keine Siegelungen der fertigen Waaren; ihre Reglements über die Art der Tücher erhalten die Kaufleute von den Bedürfnissen der Konsumenten; die technischen Vorschriften ertheilen sie selbst, ebenso wie sie die Qualität der Waare selbst controliren; die Bussen für die Nichtbefolgung der Angaben fliessen nicht mehr in die Kasse der Zunft, sondern in die des Fabrikanten; nicht mehr die Stadt oder Zunft, sondern die einzelne kaufmännische Firma ist es, welche unter eigenem Zeichen sich den Markt erobert. Beim Kaufmann sind jetzt alle Betriebscapitalien der Woll- und Tuchhändler und Meister für die Beschaffung der Rohstoffe, das Halten eines passenden Waarenlagers und die Zahlung der Arbeitslöhne vereinigt, ebenfalls aber auch derjenige Theil des Anlagecapitals, welcher wie die Wollküchen, Walkmühlen und Lagerhäuser früher Eigenthum der Stadt oder Zunft gewesen war; diese Gebäude werden der öffentlichen Benutzung entzogen und treten ins Privateigenthum der Unternehmer.

Die Physiognomie des Arbeiterstandes blieb äusserlich fast unverändert. Es waren in den eigenen Wohnungen mit eigenen Werkzeugen dieselben Spinner, Weber und Färber; aber es waren nicht nur die Spinner, Färber und Walker, sondern auch sämmtliche Webermeister zu Stücklohnarbeitern herabgedrückt, der selbständige Handwerkerstand und damit die breite solide Mittelschicht der bürgerlichen Gesellschaft vernichtet. Es gab nur wenige Arbeitgeber und zahlreiche zerstreute Lohnarbeiter, ohne Verbindung, ohne Zusammenhalt, nunmehr ohne gesetzlichen Schutz bei der Festsetzung ihrer Arbeitsbedingungen, preisgegeben allen Anforderungen der mächtigen unbekannten Kaufleute. In der Regel verkehrten diese nicht direct mit den einzelnen Arbeitern; die Vermittlung übernahmen Meister, welche bis zu 30—40 Gesellen in- und ausserhalb ihrer Wohnung beschäftigten, die Aufträge und die Garantie für deren Ausführung übernahmen und dafür einen bestimmten Antheil am Lohn oder ein Fixum pro Elle bezogen. Für jede Verrichtung gab es solche Weber-, Walker-, Scherer-„Basen“ (Herren); „die beiden Hartmänner“ sind die letzten dieser Wollbasen, denen die meisten Aachener Fabrikantenfamilien entstammen.

Die selbständigen Handwerksmeister hatten in früherer Zeit auch die Noth gefühlt; aber sie kannten den Grund derselben und vermochten ihren einfachen Stapelartikel ruhig auf Lager zu arbeiten. Anders bei den Kaufleuten. Deren Vermögen bestand hauptsächlich im Betriebscapital, welches in Rohstoffen, Arbeitslöhnen und Waarenlager aufging; sie hatten keinerlei Interesse daran, die Arbeiter zu unterhalten und ihr Capital zinslos liegen zu lassen; ausserdem waren sie nicht einmal sicher, ihre Waare verkäuflich zu erhalten, da der Absatz wechselnd geworden war und jeder neu eroberte Markt ein schwankendes Moment mehr in die Fabrikation hineintrug. Daher fanden sofortige Entlassungen und Lohnreductionen statt. Schon am 7. September 1807 klagt ein Verwaltungsbericht: „weil Aachen eine Fabrik- und Gewerbestadt ist, finden sich soviele Arme, welche unterstützt werden müssen; der Fabrikant zieht von aussen zur Arbeit geeignete Menschen heran und entlässt sie, wenn sie altersschwach werden und nicht mehr arbeiten können."

Die Ausbildung des hausindustriellen Betriebes, wie derselbe in Eupen, Vaels und Montjoie von Anfang an bestand, nahm in Aachen etwa im XVIII. Jahrhundert ihren Anfang und wurde durch die französische Gesetzgebung mit ihrer Religions- und Gewerbefreiheit und durch die günstigen Absatzverhältnisse ganz ungemein beschleunigt. Trotzdem empfanden die Arbeiter den Verlust ihrer Selbständigkeit nicht so schmerzlich, da derselbe in Folge der andauernd günstigen Konjunktur durch erhöhtes Wohlergehen ausgeglichen wurde. Um so empfindlicher wirkte das Aufhören der französischen Herrschaft. Der alte Markt ging verloren, ein neuer war so leicht nicht zu finden; einzelne Staaten waren ganz abgesperrt, andere mit hohen Zöllen umgeben; überall hatten sich die ausländischen Fabriken selbst verbessert; jenseit der Elbe war ein Zoll von $8^1/_3$% zu entrichten, und diesseit des Flusses lag der Markt der ausländischen Einfuhr offen. Viele kleine Fabrikanten gaben die Produktion ganz auf, grössere beschränkten die ihrige; zahllose Arbeiter gingen brotlos. Aehnlich beschäftigte die Messingindustrie kaum ein Drittel ihrer 130—140 Oefen, welche zur französischen Zeit an 4 Mill. Pfd. producirt hatten. Eine solche Massenarmuth wie damals hatte man in Aachen noch nicht kennen gelernt. Wie sollte man den Arbeitslustigen, aber Arbeitslosen helfen? Da schufen wohlwollende Männer aus den unerheblichen Vorschüssen der privaten Theilnehmer eine Arbeitsanstalt, deren Arbeiterzahl jedoch sehr bald aus Mangel an Mitteln von 80 auf 30 zusammenschmolz, bis im Jahre 1823 die Armenverwaltung dieselbe übernahm. Es waren damals in der Nadelfabrik der Anstalt 24, in der Leinen- und Wollenfabrik 95 und in der Nagelfabrik 12 Arbeiter beschäftigt; diese Anzahl erscheint nicht so gering, wenn man bedenkt, dass die Arbeiter zum grossen Theile als rohe, unbeholfene Menschen nach und nach eingeübt werden mussten. So gewährte die Anstalt sowohl Beschäftigung einer Anzahl arbeitsloser Menschen als auch Unterricht in mehreren Handarbeiten. Die Einbussen waren jedoch so gross, dass 1829 der Geschäftsbetrieb bis auf die Nagelfabrik eingestellt wurde, welch' letztere mit nicht unbeträchtlichem Gewinne bis zum Jahre 1857 fortbetrieben wurde [1]).

Die schlimme Lage der Industrie wurde Veranlassung zu weitgehenden Verbesserungen der Technik; auch die Regierung suchte durch Veranstaltung von Ausstellungen und Verschenkung von Tuchscher- ued Waschmaschinen das Ihrige dazu beizutragen. Vor allem war es das Appreturverfahren und die Spinnerei, an welche sich die Einführung von Rauh- und Scher-, wie von Vorspinnmaschinen und damit der Beginn des Fabrikbetriebes knüpfte. Schon früh, im vorigen Jahrhundert, hatten die Tuchmacher das Hauptgewicht auf die Appretur gelegt, welche das schliessliche Aussehen der Stoffe bestimmt, und sich daher eigene Werkstätten errichtet; erst viel später erhoben sich an den Wasserläufen der Roër bei Montjoie und Düren, der Wester und Hill bei Eupen Spinnmühlen, die in Aachen und Burtscheid aus Mangel an anderen Triebkräften durch Dampf in Bewegung gesetzt wurden. Eupen war in Folge seiner Nachbarschaft mit Verviers, wo der berühmte Maschinenbauer Cockerell die Spinnmaschinen herstellte, schon früher zu deren Anwendung gekommen; in Aachen wurde die erste im Jahre 1821 aufgestellt und fand dann rasch zahlreiche Nachfolger, als Cockerell selbst dahin übersiedelte. Im Jahre 1833 zählte man in Aachen und Burtscheid bereits 180 Assortimente, wovon 150 in steter Thätigkeit waren. Diese Spinnmühlen spannen gewöhnlich für die Bedürfnisse der eigenen Weberei, oft aber auch gegen Lohn für andere Fabrikanten. In den 1840er Jahren wurde die Mulejenny eingeführt, und die Spinnerei des Aachener Bezirks erhob sich während zweier Jahrzehnte zu voller Konkurrenzfähigkeit sogar England gegenüber. In den 1860er Jahren kamen die Selfactors auf, die in den Tuchfabriken sehr verbreitet sind, da sie dort hochfeine Wollen, welche weniger leicht reissen, regelmässig zu eigenem Bedarfe verspinnen; für die Streichgarnspinnerei erweist sich jedoch die Anwendung von Mulejennys vortheilhafter, da die Selfactors nur durch eine Massenproduction ausgenutzt werden könnten, welche in Aachen fehlt, und weil die Erfordernisse so mannigfaltig sind, dass eine häufige völlige Reinigung der Maschinen nothwendig sein würde. Neben 63,694 Selfactor- giebt es 329,123 Handmule-Feinspindeln im Regierungsbezirk.

Eigentliche Tuchfabriken, welche wie die heutigen den fertigen Stoff vom Garn an in ihren Räumen hergestellt hätten, gab es im Anfange unseres Jahrhunderts nicht; das Etablissement von Bernhard Scheibler in Montjoie, welches bereits im

[1]) Der Regierungsbezirk Aachen in seinen admin. Verhältnissen 1816 bis 22. Amtlich 1823. — Historische Darstellung des Armenwesens der Stadt Aachen 1870, S. 23.

Jahre 1808 sämmtliche Verrichtungen in sich vereinigte, war ein Unicum; in den 1820er Jahren hatten nur drei Fabrikanten eine eigene Färberei. Das war noch die Zeit der reinen Hausindustrie. Seitdem wurde aber eine Arbeit nach der andern in die Fabriken gezogen; am längsten hielt sich noch die Weberei ausserhalb derselben. Da aber hierbei vielfach Wolle und Garn gestohlen wurden, auch die Fabrikanten den Arbeitern, wenn sie dieselben in eigener Werkstätte beschäftigten, nur den Gesellenlohn, d. h. zwei Drittel des Meisterlohnes, zu zahlen brauchten, erbauten die reicheren sich geräumige Säle und vereinigten ihre Weber in denselben. Seit den 1850er Jahren begann dann die Handweberei allmählich und vorzüglich in den glatten Stoffen von der mechanischen verdrängt zu werden; sie hat sich jedoch innerhalb der Fabriken für die gemusterten Stoffe erhalten, und die Gewerbezählung vom 1. December 1875 ergab im Regierungsbezirk neben 1856 Kraftstühlen noch 2910 Handstühle ohne, und 2420 Handstühle mit Jacquard. Die Tuchweberei ist also in der Hauptsache eine Manufactur, zum Theil sogar noch eine Hausindustrie; denn am 1. December 1877 zählte man neben 9,684 Fabrikarbeitern noch 1934 hausindustrielle, welche namentlich nach Vaels, Eupen und Imgenbruch hin wohnen; im Kreise Eupen machen letztere gar ein Drittel aller Tucharbeiter aus, was darin seinen Grund hat, dass daselbst leichte Stoffe, sogen. Halb- und Kaisertücher, Stoffe für Orientalen, glatte oder wenig geköperte Stoffe gemacht werden, welche den harten Schlag des mechanischen Stuhles nicht vertragen.

Die Waaren genossen einen guten Ruf. Aachen lieferte glatte, schwarze, im Stück gefärbte Tücher und Kasimir, welcher in den 1820er Jahren erfolgreich mit dem englischen wetteiferte; Eupen war durch sein Schwarz berühmt; Düren hatte derbe solide Tücher; Montjoie machte damals unter anderen auch gemusterte Stoffe auf Jacquardstühlen. Dem entsprechend waren die Gespinnste sämmtlich Streichgarne und die Wolle, mit welcher Aachen nicht nur seinen Bezirk, sondern auch theilweise Verviers und die belgischen Städte versorgte, wurde aus Mähren, Schlesien, Böhmen und Spanien, vorzüglich aber aus Sachsen bezogen und je nach Erforderniss des Tuches sortirt und verwendet. Im Jahre 1833 wurden nach einer Schätzung der Handelskammer in Aachen und Burtscheid etwa 80,000 Stück Tuch zu einem Verkaufswerth von 4 Mill. Thalern fabricirt.

Die Führung der Handelsgeschäfte[1]) lag in der Hand der Kaufleute; war ja doch um ihretwillen der handwerksmässige

[1]) Nemnich: Handelstagebuch, Manuscript im Besitze des Herrn Stadtarchivar Kaentzeler. — Berichte der Handelskammer von Aachen und Burtscheid seit 1833, in den Acten.

Betrieb durch den hausindustriellen verdrängt worden. Sie besuchten in den 1820er Jahren die Frankfurter und drei oder vier von ihnen auch die Leipziger Messe. Die Tücher fanden ihren Hauptabsatz in Süddeutschland und der Schweiz, der Kasimir in Italien, Spanien, Holland, Schweiz und Deutschland; durch die Zolleinigung wurden die süddeutschen Märkte noch mehr erschlossen; dafür machten sich aber die sächsische Konkurrenz und die billigen Löhne der östlichen Provinzen empfindlich geltend. Im Allgemeinen lagen die Zollverhältnisse für die Tuchindustrie so ungünstig, dass der Absatz in Europa ungemein schwierig war; nur über das Meer blieb er offen; in den 1820er Jahren blühte der Handel in die Levante und Türkei, und es begannen die Kaufleute mit grosser Beharrlichkeit sich den amerikanischen Markt zu erkämpfen. Die dortige Krisis von 1826 und noch mehr die von 1837 bewiesen, welch' grossen Absatz Aachen bereits daselbst fand; letzteres Jahr hatte sogar eine Abnahme der Bevölkerung der Stadt zur Folge; in den vier folgenden Jahren stieg sie aber von 38,900 Einwohner auf 44,000 und seit dieser Zeit fangen die Verhältnisse an, sich günstig für die Industrie zu gestalten. Unter dem Schutze eines Transitzolls von einem Thaler pro Centner roher Wolle fuhr die Tuchindustrie fort, auf fremden Märkten jede Konkurrenz siegreich zu bestehen; die Moden- und leichten Wollenstoffe fanden 1841 ungeachtet des hohen Schutzzolls selbst in Belgien Absatz; einige Firmen fabricirten Drucktuche, welche den englischen gleichkamen. Diese günstigen Verhältnisse erhielten sich in den 1840er und 1850er Jahren, nur kurz unterbrochen durch die Jahre 1848, 1853 und 1857/58. Es blühte damals das Exportgeschäft nach Italien, Spanien und Portugal, in die Union; der Reichthum einer grossen Anzahl noch bestehender Firmen stammt aus jener Zeit.

Von besonderer Wichtigkeit war der Absatz in die Vereinigten Staaten[1]; dort wurden durch Jahrzehnte Stoffe getragen, welehe den Ruhm Aachens und seiner Appretur ausmachten. Die Vermittlung übernahmen bedeutende amerikanische Commissionshäuser, welche in Aachen, Eupen und Verviers etablirt waren und die empfangenen Waaren prompt nach vierzehn Tagen bezahlten. Die Gewinne dieser Mittelspersonen und der Vorgang ihrer Konkurrenten in Lennep veranlassten die Aachener Firmen, nach und nach selbst in direkte Verbindung mit ihrem Absatzlande zu treten, und besonders die gutsituirten und leistungsfähigen Häuser waren es, welche durch

[1]) Bericht über die Industrieverhältnisse im Regierungsbezirk Aachen vom Regierungsrath Göschen, 31. Januar 1878, in den Acten. LXVII + 529 Folioseiten nebst zahlreichen Anlagen, Tabellen und Karten. Dieser Bericht gehört zu den eingehendsten und besten Werken über die Geschichte und Statistik der Industrie eines Regierungsbezirks.

Associés und Söhne der Principale lohnende Verbindungen mit der Union anknüpften, während andere Firmen aus Unbekanntschaft mit den dortigen Marktverhältnissen oft nur Schaden davontrugen und genöthigt wurden, ihre Waaren unter dem Preise loszuschlagen. Wieder andere traten in ein dauerndes Verhältniss zu amerikanischen Häusern, welche gegen Antheil den Absatz besorgten; auch kam es vor, dass überseeische Grossisten die Fabrikanten in Aachen aufsuchten und direct bestellten. Die directen Geschäftsverbindungen mit der Union brachten den grossen Häusern ausserordentliche Gewinne; aus glaubwürdigster Quelle ist mir mitgetheilt worden, dass eine Aachener Firma damals Abschlüsse von 100,000, eine andere von 40 bis 80,000, ja sogar bis 86,000 und eine dritte von 60,000 Thalern jährlich erzielten; der Fabrikinspector erwähnt gleichfalls in einem seiner Berichte an die königliche Regierung, dass ein Haus in Mariaweiler drei Jahre hindurch 60,000 Thaler jährlich und ein Fabrikant in Aachen, der ohne Fonds begonnen, in einigen Jahren 250,000 Thaler verdient hätten. Nun wurden die Commissionshäuser in Aachen überflüssig, und da die kleinen Fabrikanten nicht so leicht Verbindungen mit den Commissionshäusern in Amerika anknüpfen konnten, verloren sie die Möglichkeit, das Exportgeschäft dahin zu betreiben. Die kleineren Firmen wurden vom Absatz nach den entfernteren Märkten ausgeschlossen und auf die leichter erreichbaren, namentlich auf das Inland, angewiesen. Durch Reisespesen und Auslagen aller Art erhöhten sich ihre Generalkosten, während die Exporthäuser mit directen Verbindungen ihr Comptoir fast ganz abschaffen konnten nnd damit die Generalkosten verringerten. Immer mehr befestigten die grossen Firmen ihre Geschäftsverbindungen mit dem Auslande und concentrirten den Export fast ganz in ihren Händen, während die kleineren Fabrikanten, auf das Inland und die umliegenden Märkte beschränkt. eine um so heftigere Concurrenz unter einander entfalteten. Dieser Verlust des Absatzes in die Vereinigten Staaten für die kleineren Firmen und die Entstehung grosser Actientuchfabriken daselbst bewirkten, dass das amerikanische Geschäft nach 1853 weniger lebhaft war.

Vernichtend für dasselbe wurde der Bürgerkrieg. Die Entwerthung des Papiergeldes war eine ausserordentliche (standen doch 100 Doll. Gold = 350 Doll. Papier), und nur wenige reiche Firmen waren in der Lage, ihre Forderungen daselbst in Rente stehen zu lassen; diese haben freilich durch deren gegenwärtigen Stand die erlittenen Verluste mehr als eingeholt. Zu den misslichen Geldverhältnissen trat dann noch der Umstand, dass die Kriegskosten schon aus finanziellen Gründen die Anregung zu höheren Zöllen gegeben und die Nothwendigkeit der Beschaffung von Militärtuchen zur Errichtung von Militärtuchfabriken geführt hatte, zum Theil durch Actiengesellschaften, welche hohe Dividenden zahlten. Diese durch ein vorübergehendes Bedürfniss geschaffenen Fabriken machten nach Beendigung des Krieges, geschützt durch den erhöhten Zolltarif, den Versuch, die besseren Artikel für den Friedensbedarf anzufertigen. Den meisten misslang das; sie gingen zum Theil in Folge des Mangels an geschickten Arbeitern zu Grunde, und die Etablissements gelangten in andere Hände, welche zum Theil wieder zu Grunde gingen, bis schliesslich die Fabrikbesitzer letzter Hand bei sehr reducirtem Anlagecapital doch prosperirten, da der Arbeiterstamm bestehen geblieben und durch herangezogene deutsche Meister und Arbeiter inzwischen ergänzt und ausgebildet war. So hatten die einmal bestehenden amerikanischen Tuchfabriken durch hohe Schutzzölle und durch Capitalverluste der Gründer und ersten Käufer sich in ihrem Dasein behauptet. Aehnlich die deutsche Eisenindustrie, welche in ihrer übermässigen Ausdehnung nur auf einem vorübergehenden Bedürfnisse beruhte, dann aber, einmal ins Leben gerufen, ihre Existenz durch Schutzzölle zu wahren strebt, um endlich nach Verlust des Actiencapitals den letzten Händen vielleicht wieder rentabel zu erscheinen. Nach einer derartigen Amortisation ihres Anlagecapitals war schliesslich die amerikanische Tuchindustrie ausserordentlich lebensfähig; sie vermochte der fremden Concurrenz mit Erfolg zu begegnen und nur wenigen Ländern ist die Möglichkeit geblieben, doch noch mit Nutzen für die Vereinigten Staaten zu arbeiten; so in erster Linie England, welches über Canada einen grossen Schmuggel betreibt.

Während dergestalt die Aachener Industrie ihren besten Abnehmer verlor, verringerte sich der Absatz auch nach Italien, Spanien und Portugal, theils weil die Zölle daselbst erhöht wurden, unter deren Schutze die kleinen bestehenden Fabriken sich in grössere verwandelten, theils weil, wie in Italien, durch eine bessere Grenzbeaufsichtigung der früher grossartig betriebene Schmuggel unmöglich gemacht wurde. Immerhin blieb die Lage eine sehr gute. Frankreich gab lange Zeit allerdings die Mode an und verführte feine Stoffe ins Ausland, namentlich nach Deutschland; aber mit vier Fünfteln seiner Production deckte es doch nur den eigenen Bedarf. England leistete in feineren Stoffen wenig, während deutsche Firmen mit Erfolg französische Stoffe imitirten. Deutschland versorgte den Zollverein fast ganz allein; die Aachener Fabriken dominirten in den feineren Tüchern und hatten neben dem verbliebenen Absatz in Nordamerika, Italien und Spanien auch guten Export nach Russland und Südamerika. Nur mit Unrecht misst die Handelskammer den Handelsverträgen von 1862—65 die Hauptschuld am Rückgange bei; Deutschland behielt vielmehr seinen Export von 1865; derselbe wurde in Folge verstärkter Konkurrenz nur weniger lohnend nach einigen Ländern, wie z. B.

nach Spanien, wohin Frankreich über Land billiger einschmuggeln konnte als Deutschland, welches zur See 5—6 Frcs. Schmuggelcommission mehr zahlen musste. —

Wie hat nun bei einer so ausserordentlich günstigen Entwickelung der Technik und der Absatzverhältnisse die Lage der Arbeiter sich gestaltet?

Die Handelskammer, nicht zu vergessen die officielle Interessenvertretung des Fabrikantenstandes, hat hierüber eine sehr trübe Ansicht; sie sagt nämlich auf Seite 7 ihres Jahresberichts für 1866: „Als die Zünfte aufgehoben wurden, war der Fabrikant der Haupterbe der Nachlassenschaft; ihm fiel fortan aller Gewinn ungeschmälert zu, den er bis dahin mit den Zunftgenossen hatte theilen müssen; auch die Konsumenten erhielten ihren Antheil, indem sie in Folge der eintretenden Konkurrenz entweder bessere oder wohlfeilere Waaren erstehen konnten. Nur der Arbeiter ging leer aus. Anstatt im Hause seines Meisters, auf gleichen Fuss mit der Familie gestellt, zu leben und durch die betreffende Korporation bis an das Ende seiner Tage vor Mangel sich geschützt zu wissen, ging er nunmehr in die Fabriken arbeiten und blieb nach erfolgter Arbeitsunfähigkeit seinem Schicksal schutzlos überlassen. Als Ersatz für die verlorene Selbständigkeit steht ihm bestenfalls das Armenhaus offen. . . . . Die Lage, in welcher unsere Arbeiterbevölkerung fortwährend sich befindet, ist eine trostlose (S. 5)". Sachkundige, geborene Aachener Fabrikanten sind es, welche dieses Urtheil unterschrieben haben, und dem Fremdling wird es natürlich schwer, die Richtigkeit desselben zu prüfen. Soviel scheint jedoch festzustehen, dass der Arbeiterstand in ungleich geringerem Maasse als der Fabrikantenstand an der erhöhten Productivität der Industrie theilgenommen hat.

Abgesehen von aller Vernichtung der handwerksmässigen Selbständigkeit, der Zerstörung des häuslichen Lebens, der schutzlosen Preisgebung an alle Wechselfälle der Krankheiten und Verunglückungen hat der Fabrikbetrieb den Webermeistern gegenüber mit der Reduction des Lohnes um ein Drittel debutirt. Wie bereits erwähnt, beschäftigten die Fabrikanten in ihren Räumen zuerst Gesellen auf Handstühlen zu zwei Dritteln des Meisterlohnes, und wenn die Meister in die Fabrik traten, mussten sie sich denselben Bedingungen unterwerfen; zwei Drittel des früheren Meisterlohnes waren also der Ausgangspunkt der Lohnberechnung in der Fabrik. Als nun der mechanische Betrieb allgemein wurde, die hausindustrielle Weberei aufhörte und doch nur ein geringer Theil der Meister Werkführer oder gar Fabrikanten werden konnte, da trat an sie die Nothwendigkeit immer dringender heran, in die Fabriken zu gehen und sich hinter den Kraftstuhl zu stellen. Hier stiessen sie aber auf einen bis dahin in der Tuchweberei unbekannten Gegner: auf ihre Frau und ihre Tochter; diese hatten früher den breiten Stuhl selbst mit der Schnellschütze nicht beherrschen können; auf dem Kraftstuhl war ihre Fingerfertigkeit für das Zusammenknüpfen der gebrochenen Fäden sehr gesucht. So kam es denn, dass in Folge des allmählichen Ueberganges von der Hausweberei zur Fabrikweberei auf Handstühlen und von diesen zu mechanischen durch die Konkurrenz anfangs von Gesellen und später von Frauen das Lohnniveau sich auf zwei Drittel des früheren hielt; das dritte Drittel steckte der Fabrikant als Verzinsung für seine Werkstätte und Stühle und als Lohn für seine Oberaufsicht in die Tasche, — gewiss ein überreicher Lohn. Als nun die alten Meister sahen, dass ihre Gesellen ihnen fort — und in die Fabrik gingen, wo sie einer geringeren Controle unterlagen, da setzten sie mehr Lehrlinge auf ihre Stühle, um durch deren geringen Lohn einen höheren Verdienst sich zu verschaffen, natürlich nur auf Kosten einer gleichmässigen, fehlerfreien Arbeit; bis auf den heutigen Tag ist, mit bedingt durch diesen Umstand, die Hausweberei die Pflanzschule für die Tuchweberei geblieben.

In benachbarten Fabrikbezirken, z. B. in Gladbach, nahmen die Lohnverhältnisse eine ganz andere Entwicklung. Dort wohnte kein einziger Weber in der Stadt; die plötzliche Einführung des mechanischen Betriebes zwang, fern vom Lande Arbeiter heranzulocken, und trieb die Löhne weit über die früheren hinaus. Der Unterschied besteht auch heute noch; in Grevenbroich muss man einem Fadenkinde in der Spinnerei schon von der ersten Woche an einen Tagelohn zahlen, da es sonst als Kuhmagd oder anderweit etwas verdienen würde, dagegen in Aachen mit seiner angesessenen Arbeiterbevölkerung erhält es in den ersten Wochen nichts.

Mit dem Aufhören des handwerksmässigen Betriebes wurde die Art des Einkommenbezuges beim Weber eine ganz andere; früher verkaufte er seine Waare um einen gewissen Preis, nun erhielt er für seine Arbeit einen gewissen Lohn. Der Lohn fiel unter die Betriebskosten des Kaufmanns und bildete neben den Auslagen für Rohstoffe und Waarenlager den bedeutendsten Theil desselben. Je tiefer es ihm gelang den Lohn zu drücken, desto mehr Arbeiter vermochte er zu beschäftigen und Wolle anzukaufen, desto mehr wurde er in Stand gesetzt, seinen Betrieb auszudehnen und den Gewinn zu vergrössern. Die Methoden der Lohnverkürzung waren vielerlei, vor allem kommen diejenigen in Betracht, welche den bereits verdienten Lohn zu schmälern suchten durch das Waarenzahlen, die Anwendung falschen Maasses und direkte Lohnabzüge[1]).

Das Trucksystem ist eine charakteristische Erscheinung der Hausindustrie. Die kleinen Kaufleute sind durch die Technik des Betriebes gezwungen, mehrere Hülfsstoffe, Materialien und

---

[1]) Königl. Regierung zu Aachen. Acta, Gewerbe und Handel 15, 4.

Werkzeuge zu halten; sie vereinigen dann damit auch ein Waarenlager von Victualien und Ellenwaaren. Bereits am 1. März 1708 hatte der Aachener Rath den Kaufleuten verboten, ihre Arbeitsleute und Tagelöhner mit Waaren zu bezahlen; dieses Verbot war aber seit der französischen Herrschaft fortgefallen. Ebenso verbreitet war das Trucksystem auf entlegenen Fabrikanlagen, Gruben und Hütten, wo es in ländlicher Einsamkeit anfangs keine Krämer und Schenkwirthe gegeben oder wo dieselben wucherische Preise genommen hatten. Da eröffneten manchmal die Unternehmer, anfangs oft in der wohlmeinendsten Absicht, ein offenes Ladengeschäft, verfielen aber bald in den gleichen Wucher. Gewöhnlich waren es aber nicht die grossen Fabrikanten, welche sich mit so kleinlichem Nebenerwerb befassten, sondern vielmehr die Werkmeister und Kassirer, welche ihre vorgesetzte Stellung dazu missbrauchten, die Arbeiter zur Entnahme von Waaren zu zwingen, welche diese dann zu Spottpreisen wieder veräussern mussten.

Es war ein braver Vikar, welcher zuerst im Jahre 1822 das Waarenzahlen im Kohlenrevier bei Kohlscheid geisselte, das damals mit den ausgesuchtesten Gewinn- und Zwangsmethoden betrieben wurde. Auch in Aachen wurden im Jahre 1830 dringende Klagen laut, welchen erst durch die Verordnung vom 9. Februar 1849 Rechnung getragen wurde. Jedoch hatte das Verbot des Waarenzahlens noch nicht ein Aufhören desselben zur Folge; vielmehr liefen aus allen Grubenbezirken Klagen von Kaufleuten und Schenkwirthen darüber ein, dass die Grubenbeamten ihren Kleinhandel fortsetzten; ähnlich war es in den Gegenden der Eisen- und Tuchindustrie, endlich auch in entlegenen Ortschaften, so z. B. in Malmedy. Nur den eifrigen Bemühungen des Fabrikinspectors war es zu danken, dass im Jahre 1858 mehrere Verurtheilungen stattfanden und eine Besserung erzielt wurde. Heute dürfte das Truckwesen seitens der Fabrikanten wohl kaum mehr vorkommen; wohl aber klagen die Arbeiter in Aachen ganz allgemein darüber, dass die Werkmeister auf den eignen oden fremden Namen offene Läden halten oder Schankwirthschaft betreiben und durch ihre Autorität die Arbeiter veranlassen, ihren Bedarf bei ihnen zu entnehmen. Eine Wiederherstellung des Gesetzes vom 16. November 1846, welches Fabrikanten wie deren Gehülfen den Schankbetrieb untersagte, scheint mir äusserst wünschenswerth.

Durch die Unterdrückung des Waarenzahlens gerieth der Arbeiter häufig aus dem Regen in die Traufe; die Krämer waren es nun, welche ihn in Schulden zu verstricken suchten und ihm dann jede Waarenqualität zu jeglichem Preise aufdrangen. In Stolberg z. B. werden die Arbeiter in dieser Weise ausgebeutet, und fragt man einen Hüttendirector, warum nicht Konsumvereine ins Leben gerufen werden, so heisst es: Kartoffeln kaufen wir selbst massenweise im Herbste ein und verkaufen sie zu den Selbstkosten; mehr können wir nicht thun, sonst „verderben wir es" mit den Kaufleuten. Die Art des Waarenbezuges ist noch durchaus keine erledigte Frage. Nicht darum handelt es sich, ob der Fabrikant oder der Krämer den Arbeiter dabei übervortheilt, sondern darum, dass dieser gute Waaren zu angemessenen Preisen erhält und sich dabei an Baarkauf gewöhnt. Gegen Waarenwucher und Lottercredit bleiben die Konsumvereine doch noch die besten Mittel, wie die Erfolge im Saarbrücker Revier beweisen.

Eine andere Art, dem Arbeiter den verdienten Lohn zu verkürzen, war und ist noch bis auf den heutigen Tag die Anwendung falschen Maasses. In Aachen wird gewohnheitsmässig das Tuch auf der „Scheerkrone" gemessen und nach der „Schmitt" bezahlt; dieselbe enthält manchmal statt des Normalmaasses von 5 Brabanter Ellen eine halbe oder eine Elle mehr, und vergeblich drang in den 1850er Jahren der Gewerberath auf eine Aichung der Scheerkronen. Nach der Elle oder dem Meter wird selten bezahlt, und dann beklagen sich die Arbeiter, dass sie dabei noch mehr betrogen würden; erzählen sie doch von einem sehr frommen Fabrikanten, dass er unter Gebeten die ganze Nacht sich auf den Daumen klopfe, damit dieser einen breiteren Saum des Tuches beim Vermessen bedecke.

Oft nahmen die Fabrikanten sich gar nicht einmal die Mühe, auf krummen Wegen die Arbeiter zu übervortheilen; sie machten ihnen ganz brutaler Weise Abzüge am Wochenlohn und legten ihnen willkürlich hohe Bussen auf.

Wenn solche Missstände schon in gewöhnlichen Zeiten herrschten, so war bei schlechten Konjunkturen keinerlei Rücksichtnahme gegenüber den Arbeitern vorhanden; sie wurden entlassen und plötzlich der Lohn herabgesetzt ohne die übliche vierzehntägige Kündigungsfrist. Am meisten Aufsehen erregte die Affaire vom 17. März 1832, als ein Fabrikant 24 Feinspinnern erklärte, dass er ihren Lohn erniedrige; bei den nachfolgenden Streitigkeiten erwies es sich, dass höchstens 3—4 derselben, welche von $4\frac{1}{2}$ Uhr Morgens bis zur Dunkelheit arbeiteten, nur $2\frac{1}{2}$—3 Thaler wöchentlich verdienten; der Durchschnittserwerb betrug kaum 2, ein Zeitlang nur $1\frac{1}{2}$ Thaler.

Bei seiner elenden Gesammtlage erbitterten den Arbeiterstand diese fortgesetzten Betrügereien und Rücksichtslosigkeiten auf höchste. Dazu gesellte sich die blinde Wuth gegen die Maschinen, deren Einführung vielen Arbeitern die gewohnte Beschäftigung entzog. Aus Anlass der Vorgänge auf der belgischen Grenze gelangten am 30. August 1830 in Eupen wie in Aachen die Gefühle des Volkes zum Ausdruck, und in letzterer Stadt richtete sich der Angriff zuerst gegen diejenige Fabrik, welche das Verdienst gehabt hat, die erste Spinnmaschine daselbst aufzustellen, die aber auch durch die Kombination aller verhassten Maassnahmen die Wuth des Volkes auf sich gezogen hatte. Jedoch gelang es ihrem Besitzer, das Unheil von seinen Maschinen ab- und der Maschinenbauanstalt von Cockerell zuzuwälzen, welche zerstört wurde. Diese Ausschreitungen hatten wenigstens das Gute, dass sie die allgemeine Aufmerksamkeit auf jene heillosen Zustände lenkten. In seltener Uebereinstimmung schlugen Handelskammer, Gewerbegericht (also die Fabrikanten selbst) und die Bezirksregierung eine Verordnung betreffend das Waarenzahlen, die Lohnabzüge, die Bussen und die plötzliche Lohnherabsetzung vor, und die letztere erklärte sehr zutreffend: die Arbeiter ständen schutzlos der Ausbeutung gegenüber und es handle sich darum, der Willkür und Habsucht einzelner Fabrikunternehmer gegen ihre Arbeiter Schranken zu setzen und das Vertrauen der arbeitenden Klasse auf den Schutz und die Fürsorge des Staates aufrechtzuerhalten, sowie dem nachtheiligen moralischen Eindrucke, den das Gefühl der Abhängigkeit beim Mangel wirksamen Schutzes gegen willkürliche Behandlung zu erzeugen pflegt, entgegenzuwirken. Die Staatsregierung in ihrer gewerbefreiheitlichen Verblendung allen Arbeiterverhältnissen gegenüber legte solche Mahnungen zu den Akten. Und sie hätte doch Veranlassung genug gehabt, dieselben zu beachten; denn am 5. September 1836 kam es wiederum in der erstgenannten Fabrik zu Unruhen, indem 120 Arbeiter, denen der Dienst plötzlich aufgekündigt war, in Verbindung mit den Zurückgebliebenen zwei Versuche machten, durch das Dach in die Fabrik einzusteigen, um Brand zu stiften, jedoch ohne Erfolg.

Die Gesetzgebung von 1845—1849 beseitigte im Wesentlichen alle jene kleinen Missstände der hausindustriellen Zeit, und auf den ersten Plan traten mit der Entwickelung des Fabrikwesens die Kinder- und Frauenarbeit, wie sie in dem Abschnitt über die Gladbacher Industrie eingehend geschildert werden soll, und die Lohnhöhe.

Eine dauernde Verbindung unter den Arbeitern, um Arbeitsbedingungen mit den Fabrikanten zu vereinbaren, hat nirgends existirt; die Versuche von christlich-socialer Seite, „Erwerbsgemeinden“ z. B. von 100—120 Webern, und von socialdemokratischer Seite, Gewerkschaften z. B. unter den Metallarbeitern zu gründen, sind von nur vorübergehender und völlig untergeordneter Bedeutung gewesen. Sogar ein nur momentanes Zusammengehen der Arbeiter zur Erzwingung höherer Löhne hat auf dem linken Rheinufer äusserst selten stattgefunden. In Eupen reichte 1850 der Einfluss des Revolutionsjahres noch so weit, dass die Weber Strikes zu unternehmen wagten. Sie stellten die Arbeit nicht alle auf einmal ein, sondern successive von Fabrik zu Fabrik; während die einen feierten, wurden sie von den andern unterstützt; fremde Weber wurden vertrieben. Die Strikes waren nicht alle durch höhere Lohnforderungen veranlasst; in einer Fabrik beantragten die Arbeiter die Entlassung eines missliebigen Werkmeisters; in einer andern weigerten sie sich, auf die Verlängerung der Arbeitszeit um eine Stunde einzugehen. Bei der Untersuchung der Arbeitseinstellungen gelang es nicht, den Nachweis zu führen, dass dieselben verabredete gewesen waren; die Arbeiter wurden freigesprochen, und die Strikes begannen von neuem. Weit grossartiger gestaltete sich die Arbeiteraussperrung im Jahre 1872. Damals hatten die Weber einer Fabrik eine Lohnerhöhung gefordert, waren aber barsch abgewiesen worden und hatten daher die Arbeit eingestellt. Da dieselben von ihren Genossen unterstützt wurden, fürchteten die Fabrikanten, dass das Spiel von 1850 wieder angehen würde und sie alle nacheinander zu Lohnerhöhungen gezwungen werden würden. Daher vereinigten sie sich und sperrten sämmtliche Weber so lange aus, bis fünfzig derselben in der ersteren Fabrik sich wieder eingefunden hätten. So rasch wirkte aber der Hunger nicht auf die 4 bis 5000 Köpfe; sie erhielten Unterstützung aus der Umgegend; der christlich-sociale Arbeiterverein in Aachen ergriff lebhaft Partei für seine Mitbrüder, und aus Belgien bot die Internationale Geldmittel an, welche aber abgewiesen wurden. Endlich wurde ein Ausgleich gefunden.

In den übrigen linksrheinischen Städten haben keine bedeutenden Strikes der Textilarbeiter sattgefunden. In Gladbach waren die Pioniere des neuen Kampfesmittels im Jahre 1868 die Färbergesellen, die ihren Strike aber nicht einmal völlig zu Stande brachten; im October 1871 wurde in mehreren Spinnereien und Webereien die Arbeit eingestellt, aber die Fabrikanten nahmen eine feste Haltung an, andere Fabriken nahmen die Feiernden nicht auf, und in ein paar Tagen kehrten sie zur Arbeit zurück. In Crefeld stellten im Jahre 1872 die Gesellen in verschiedenen grösseren Färbereien die Arbeit ein; in der einen bot die Veranlassung dazu das Widerstreben gegen einige Punkte der Fabrikordnung, in der andern das Verlangen, dass auch für die in die Woche fallenden Feiertage Bezahlung geleistet werden solle. Die Arbeitgeber waren unter sich nicht einig, und unter dem Drängen der Kaufleute, dass ihnen gegenüber die Verbindlichkeit zur Ablieferuug der gefärbten Rohseide erfüllt werde, gaben sie nach. In Aachen waren es einzig die Maschinenbauer, welche, 400—500 an der Zahl, im Juli 1872 einen längeren Strike machten, welcher zu einem Vergleich mit den Fabrikanten führte.

Die Aachener Arbeiter sind sehr gegen die Strikes eingenommen, theils weil dem schwächlichen und feigen Volke jedes Gemeingefühl, jeder Korporationsgeist fehlt, theils weil sie einsehen, dass sie ohne eine feste Organisation und ohne grosse Reservemittel keine Forderung zu ihren Gunsten durchsetzen können, theils weil die Geistlichkeit die Arbeitseinstellungen, namentlich soweit sie mit Vertragsbruch verbunden sind, für ein Unrecht hält und es dazu nicht kommen lässt. Der Kampf um die höheren Löhne und besseren Arbeitsbedingungen ist daher kein Massen-, sondern ein Einzelkampf, und sein Mittel ist der Vertragsbruch. Das Resultat dieses Guerrillakrieges ist fast das nämliche. Bei guter Konjunktur erschleichen die Arbeiter sich gute Löhne und ihr Uebermuth kennt keine Grenzen; beim Rückgange derselben sind sie ganz schutz- und wehrlos aller Willkür preisgegeben, und selbst bei offenbarem Unrecht wagen sie nicht, sich zu widersetzen; rafft sich einer auf und bittet seine Genossen, für ihn Zeugniss abzulegen, so begleitet ihn keiner, um seinen Verdienst nicht zu verlieren.

Bei einer solchen Organisationslosigkeit ist von einer Gleichmässigkeit in der Lage der Arbeiter keine Rede. Das hat sich während der kurzen Krisis von 1857 und dann im grossartigsten Maassstabe während der Jahre 1873—78 gezeigt. Ueber die kurze, aber heftige Krisis von 1857 liegt ein trefflicher Bericht[1]) des Fabrikinspectors vor. Es verdienten damals in den Tuchfabriken durchschnittlich pro Woche ein Scherer in Aachen 7,50 und in Düren 5,40 M., ein Spinner 9, bzw. 7,40 M., und zwar stand ein Fabrikweber keineswegs besser als ein Handweber und war auch nicht gleichmässiger beschäftigt. Bei solchen Löhnen konnten die Arbeiter kaum existiren. In Mariaweiler z. B. bezog ein Tuchscherer 90 Pfg. Lohn täglich; davon verbrauchte er bei einer Familie von vier Köpfen an 10 Pfund Kartoffeln zu Mittag und Abend und an Brot je 40 Pfg., an Heizung und Licht 8 und an Miethe 2 Pfg. täglich; er konnte mit seinem Lohne also gerade nur das Allernothwendigste decken. Noch schlimmer waren die Zustände in Aachen, wo Lebensmittel und Miethen bedeutend theurer waren. Als Nahrung nahmen die Fabrikarbeiter fast ausschliesslich ein Stückchen Brot und sogenanntes Kaffewasser am Morgen, Mittag und Abend oder zur Abwechslung vielleicht einige Kartoffeln mit Oel zubereitet ein; daraus erklärt sich auch ihr scrophulöses Aussehen. Für Aachen war noch besonders zu bemerken, dass das Schwarzbrot, wie dasselbe zum Verkauf gelangte, demjenigen, welches im Arresthause gebacken wurde, an Qualität und Nahrungsfähigkeit um mindestens ein Drittel nachstand. Neben der spärlichen Kost wurde dann zum Branntwein gegriffen, und es bedurfte der schwache Körper einer sehr geringen Quantität, um arbeitsunfähig zu werden. Die Fabrikanten hatten natürlich gleichfalls weniger Bestellungen; einige verdienten auch so wenig, dass sie eben nur die Betriebs- und Amortisationskosten decken konnten. Das hatte aber in den meisten Fällen nichts zu sagen, da sie bei der vorhergegangenen

---

[1]) Ibidem 15, 38 und 15, 4.

günstigen Konjunktur jene unglaublichen Gewinne erzielt hatten, wie sie oben ewähnt worden sind. In der Regel bekümmerten sie sich um ihre Arbeiter gar nicht; wenn sie sich rühmten, billig Kartoffeln eingekauft zu haben, so lag das ja gleichfalls in ihrem eigenen Interesse, um die Lebenskosten zu erniedrigen; wenn sie auf Lager arbeiten liessen, so thaten sie es, um beim Eintritte besserer Konjunkturen statt Rohstoffe fertige und zu billigerem Arbeitslohn hergestellte Waaren vorräthig zu haben, für welche sie ja auch in der That im folgenden Jahre gute Preise erhielten. In der Regel liessen die Fabrikanten sich bei der Besprechung der Lage ihrer Arbeiter in Schimpfreden über dieselben ergehen und bekundeten keineswegs, dass sie geneigt waren, irgend ein Opfer zu ihrer moralischen und physischen Hebung zu bringen. Stellte der Fabrikinspector ihnen vor, dass ein Arbeiter mit 7—9 Groschen für zwölfstündige Arbeit kaum die nothwendigsten Bedürfnisse bestreiten könnte, so lautete die Antwort in der Regel: „wenn sie mehr erhalten, so versaufen sie mehr", oder „sie werden üppig" oder „verlieren die Lust zum Arbeiten". Ein rühmliche Ausnahme machte Pönsgen in Gemünd, welche um so mehr anzuerkennen war, als er hohe Frachten für Kohlen und Waaren hatte. In seiner Drahtzieherei erhielt ein Arbeiter durchschnittlich 25 Groschen täglich, in der Eschweiler Drahtkompagnie nur $12^1/_2$ Groschen, wovon nach Erklärung des Directors die Arbeiter leben konnten: bekämen sie mehr, so würden sie „mehr verzehren" und die Arbeit versäumen. Dieselbe Gesellschaft hatte 1857: 20 %, 1858: 15 % Dividende vertheilt.

III. Die Glanz- und Nothjahre 1870—1878 [1]).

Die Glanzzeit, die Krisis und die Noth, — sie bilden das welthistorische Drama, anhebend in grossartigster Weise im Jahre 1870, den zauberischen Höhepunkt im Jahre 1873 erreichend und sein Ende findend in Schrecken und Vernichtung. Wer sind die Acteurs, die an demselben mitgewirkt haben? Wie zeigten sie sich dem Spiele gewachsen, zu dessen Theilnahme sie ein Zufall berief? Wie waren sie technisch dazu befähigt? Was sind es für wirthschaftliche, was für moralische Eigenschaften, welche sie besitzen?

Es ist der Arbeiterstand, dem von vielen Seiten die Mit-

[1]) Industriebericht von Göschen und Jahresberichte der Handelskammer. — Die Tabellen sind sämmtlich officielle und theils dem Werke von Göschen entnommen, theils von dem thätigen Chef der Armenverwaltung, Herrn Bürgermeister Dubusc, dem tüchtigsten Polizeicommissar des Regierungsbezirks, Herrn Möhlig, und Herrn Fabrikinspector Bielinski mit dankenswerther Bereitwilligkeit für mich zusammengestellt worden.

schuld an der unglücklichen Lage der Industrie und an der wirthschaftlichen Inferiorität Deutschlands überhaupt beigemessen wird. Die Beurtheilung dieser Behauptung kann keine allgemeine sein; sie wird wesentlich verschieden ausfallen je nach der Klasse von Arbeitern, welche man in Betracht zieht; das Alter der Industrie und die überlieferte Tüchtigkeit in Folge derselben hängen eng zusammen. Die ältesten Industrieen im Aachener Bezirk sind die Weberei und die Nadelfabrikation, und von diesen sind derartige Klagen nicht ausgestossen worden. Die Leistungsfähigkeit der Arbeiter ist eine sehr grosse; wohl hatte aber die effective Leistung in den Glanzzeiten nachgelassen und zwar aus leicht erklärlichen Gründen: weil bei dem Arbeitsüberfluss auf die Qualität der Waare kein Gewicht gelegt wurde, weil neben dem tüchtigsten Webermeister ein Bauerjunge den gleichen Accordsatz verdiente, weil bei dem leichten Erwerbe alle Arbeitsehre schwand, die Sparsamkeit nicht gepflegt und die Verführung zu unproduktiven Ausgaben durch die zahllosen Wirthschaften und Vergnügungslokale gesteigert wurde. Als aber die Krisis ihre Auslese unter den Arbeitern gehalten hatte, da blieb nur der tüchtige Stamm nach, und dessen Leistung ist so vorzüglich wie jemals.

Man muss sich vielmehr darüber wundern, dass die Arbeiter doch noch so viel leisten. In der Hausweberei gab der Vater sich alle Mühe, dem Sohne das Handwerk beizubringen; gegenwärtig existirt in den Fabriken keinerlei Lehrlingsverhältniss. Womöglich sucht man den Arbeiterstamm, namentlich für die Handweberei in Fabriken, noch aus der Hausindustrie zu rekrutiren, und es mehrt sich die Anzahl derer, welche auf dem Jacquardstuhl weben, da sie mehr dabei verdienen. Die Maschinenweber erhalten eine andere Ausbildung; sie beginnen als Spul- oder als Fadenkinder, kommen mit 14—15 Jahren an den Kraftstuhl und lernen den Weberknoten, den schwierigsten, knüpfen; den Knaben werden hier die Mädchen vorgezogen, da sie mit ihrer schmäleren Hand leichter durch den Kamm fahren können. Anfangs stehen sie im Tagelohn, gehen aber bald zu Stücklohn über und können in 1—2 Jahren einen mechanischen Stuhl in normaler Weise bedienen. In einer einzigen Fabrik des Düsseldorfer Bezirks, und zwar für Modestoffe, existirt ein Lehrlingswesen, welches aber nur der Ausbildung von Werkmeistern gilt. Die besten Arbeiter verpflichten sich durch Vertrag, daselbst vier Jahre zu bleiben, werden während dieser Zeit in allen Funktionen eingeübt und nach Ablauf der Zeit, sobald sich eine Gelegenheit dazu bietet, zu Meistern gemacht.

Der Handweber steht social natürlich höher als der Maschinenweber, und die sociale Stufenleiter, auf welcher die Tuchweber z. B. in Kettwig a. d. Ruhr emporklimmen, ist äusserst interessant. Dort verdient ein geschickter Zanellaweber 2—4

Mark mehr pro Woche als ein Maschinen-Tuchweber und dieser ebensoviel mehr als ein Handweber. Trotz dieses mit wachsenden Schwierigkeiten fallenden Verdienstes und trotz der mit dem Uebergange von der einen zur andern Arbeitsweise verbundenen neuen Lehrzeit von 1—2 Monaten streben die Weber dennoch danach, diese Uebergänge zu vollziehen, weil die Zulassung zur Handweberei als höchste Qualification von den dortigen Arbeitern angesehen wird. Als Hausweber brauchen endlich die altgewordenen Arbeiter nicht in die Fabrik zu gehen und führen daheim ein bequemeres Leben.

Den Ruhm Aachens macht eigentlich die Appretur aus, die in ihren zahlreichen Branchen oft mehr Fabrikarbeiter beschäftigt als die Weberei; in einem mir bekannten grossen Etablissement waren z. B. von 300 Arbeitern 85 in der ersteren und 80 in der letzteren thätig. In der Rauherei beginnen die Knaben mit dem An- und Ablegen der Kratzen und dem Stellen der Maschinen, nach 5—6 Jahren haben sie ihr Handwerk erlernt; rascher, vielleicht schon nach 3—4 Jahren, geht es in der Tuchschererei. Das Walken erfordert besonders tüchtige Arbeiter; hier kommt es manchmal vor, dass ihnen plötzlich nach zwanzig Jahren das Gefühl verloren geht und sie nicht mehr dazu gebraucht werden können.

Als weit weniger genügend wird die technische Tüchtigkeit in solchen Gewerben geschildert, welche überhaupt erst seit kürzerer Zeit in der Gegend betrieben werden, wie z. B. in der Hüttenindustrie, und solchen andern Industrieen, welche zwar seit langer Zeit eingebürgert sind, aber eine neue Technik anwenden; so werden vor allem in der Feinspinnerei Klagen über Mangel an Sorgsamkeit und Geschicklichkeit laut. Hier beginnen die Kinder ihre Laufbahn als Reserve der Fadenkinder, denen sie zwei bis drei Wochen lang das Zusammenknüpfen der gebrochenen Fäden absehen; dann werden sie selbst Fadenkinder, über die der Spinnmeister, welcher von Zeit zu Zeit die Maschine auf den nöthigen Feinheitsgrad stellt, die Aufsicht führt. Wenn das Kind so viel Kraft hat, dass es eine Walze heben kann, kommt es an die Droussette und bleibt entweder nun in der Spinnerei oder es geht nach einiger Zeit zum Kettenscheren und Schlichten oder zum Weben über.

Die technische Tüchtigkeit beruht je länger je mehr beim Fabrikbetriebe auf zufälliger Ausbildung. Die Kinder werden beim Eintritt in die Fabrik an irgend eine leichte Arbeit gestellt; eine Reihe derselben bleibt dann auf diesem Posten stehen, bis die Eltern vielleicht auf den guten Einfall gerathen, auch etwas Weiteres für die fernere Ausbildung ihres Kindes zu thun, und dasselbe in eine andere Werkstätte der Fabrik übersiedeln. Alles das ist jedoch Zufall, und es bleibt der Lernbegier des Kindes überlassen, sich Kenntnisse und Geschicklichkeiten ohne Anleitung selbst zu erwerben. Der Fabrikant will durch das

Kind nur Geld verdienen; er kommt seiner technisch-wirthschaftlichen Pflicht der Ausbildung von Arbeitskräften für seine Industrie nur in ganz ungenügender Weise nach, und dem Arbeiterstande selbst fehlt es noch vielfach an Pflichtgefühl, etwas Tüchtiges zu lernen und zu leisten, um dadurch sich den Anspruch auf eine bessere Stellung und höheren Lohn zu erwerben. Beiderseits lottert man durchs Leben hin.

Es wird sich daher grossen Massen von Arbeitern der Vorwurf nicht ersparen lassen, dass sie ihr Handwerk schlecht oder ungenügend verstehen; weit grösser ist noch der moralische Vorwurf gegen zahlreiche Arbeiter, dass ihnen das Ehrgefühl, ein tüchtiges Werk zu liefern, in hohem Grade mangelt. Für sie handelt es sich nur um den Lohn, und sie thun das, was gerade nöthig ist, um denselben zu erhalten; Arbeitsehre und Arbeitsstolz sind ihnen unbekannt. Ebenso gering ist die Arbeitsintensität, und das Kaffetrinken während der Arbeitszeit um 8 Uhr Morgens und 5 Uhr Nachmittags verursacht bedeutenden Aufenthalt. Freilich liegt die Schuld von allem dem zum grossen Theil nicht an den Arbeitern; sie ist auf Rechnung der übermässigen Arbeitszeit, welche gebieterisch Pausen erfordert, des geschäftsmässigen Verhältnisses von Fabrikant und Arbeiter und des elenden Lohnes zu setzen, welchen dieser erhält und für welchen er sich auch nicht übermässig anstrengen will. Aber jene Vorwürfe gegen grosse Massen von Arbeitern bleiben bestehen, zumal dieselben auch in guten Zeiten von ihren schlechten Gewohnheiten nichts verlieren, vielmehr sie erst recht zur Geltung bringen. Dennoch wäre es ungerecht, hieraus einen Vorwurf gegen die Ehre des gesammten Arbeiterstandes ableiten zu wollen. Der Aachener Arbeiterstand macht es so gut oder so schlecht, als er es kann; er ist eben kein Schalk, der mehr giebt, als er hat, und wenn er es nicht besser versteht, so liegt es an der technischen und wirthschaftlichen Zurückgebliebenheit des Landes.

Ist es denn nicht vielmehr der Fabrikantenstand, der so Manches versäumt hat? Die Anforderungen an denselben sind ungeheure. Welche Summe technischen und kaufmännischen Wissens, geistigen und sittlichen Gehaltes gehört nicht dazu, um einen tüchtigen Fabrikanten abzugeben! Wen kann es da Wunder nehmen, wenn bei einem raschen Aufschiessen der Industrie solche Qualitäten fehlen. Wieviel Firmen mit so grossem Capitalfonds und renommirtem Namen, tüchtig eingerichtetem Betriebe und umfassenden Geschäftsverbindungen giebt es denn wie die Eliteindustriellen in Düren, die Nadel- und einzelne Tuchfabrikanten in Aachen und Burtscheid und einige grosse Häuser in Eupen? Man überschaue doch nur die Masse der sonstigen Fabrikanten: aus welchen Ständen rekrutiren sie sich? Es sind Commis, mitunter Werkmeister, strebsame Leute, die ihre volle Arbeitskraft und ihr kleines Capital in das schwankende Spiel der Konjunkturen einwerfen. oft ihren Einsatz als Niete, oft als Treffer herauskommen sehen. Es will eben gelernt werden, das Fabrikant-sein, und die Schule der Praxis ist die einzige, welche sie besuchen. Und wahrlich, sie sind theilweise nicht schlimmer als die Söhne grösserer Industrieller. Bei Gelegenheit der Reorganisation der Gewerbeschule zeigte es sich, wieviel deren Vorbildung noch zu wünschen übrig lässt; zu wenige Tuchindustrielle verschaffen ihren Söhnen die nöthige technische Vorbildung, zu wenige lassen sie zu weiterer technischer Ausbildung reisen, ehe sie dieselben in das väterliche Geschäft aufnehmen. Die Schulbildung eines einjährig Freiwilligen und eine in drei bis vier Lehrjahren erworbene Fachkenntniss in der eigenen oder in einer fremden Fabrik, die sich jedoch nur auf den kaufmännischen Theil erstreckt, da die Herren Söhne das bequemere Comptoir der schmutzigen Fabrik, wo sie Hand anlegen müssten, vorziehen, bilden oft das einzige Fundament grösserer Geschäfte.

Der Grund dieser ungenügenden Ausbildung beruht auf der Tradition einer veralteten Betriebsform. Die moderne Fabrikindustrie ist in grösserem Maassstabe erst in den letzten 20—30 Jahren entstanden, und die Weberei ist noch weit davon entfernt, überwiegend mit Kraftstühlen betrieben zu werden. Die Hausindustrie wurde aber in ihrem commerziellen Theile vom Kaufmann geleitet, in ihrem technischen von den „Basen"; die ersteren erhielten vor allem eine kaufmännische Ausbildung, und das hat sich als Tradition erhalten, wo inzwischen neben dem Comptoir eine grossartige Fabrik entstanden und die Fabrikation wichtiger als der Handel geworden ist. Daraus resultirt einmal, dass die gegenwärtigen Fabrikkaufleute noch immer ganz ungenügend ihre Technik kennen, und ferner, dass die Leitung derselben in Händen von Subalternen, von Fabrikdirectoren und Werkmeistern liegt. Dem gegenüber sind in Frankreich und England die Fabrikanten auch wirklich die technischen Leiter ihrer Unternehmungen, und die kleineren befassen sich gar nicht mit dem Handel: sie verkaufen ihr ganzes Produkt durch den Commissionär. Der Werkmeister in Deutschland spielt eine grössere Rolle als irgendwo anders und die Frage nach seiner Ausbildung ist momentan fast wichtiger als die nach der Ausbildung von Fabrikanten und Arbeitern. Die Werkmeister erhalten heute keinerlei theoretische Vorbildung, sie werden den tüchtigsten Arbeitern entnommen, welche einer vom andern die schwierigeren Verrichtungen erlernen; fast keiner von ihnen hat eine Webeschule besucht, die es in Aachen nicht einmal giebt; nur die Zeichner und die höheren Beamten bei gemusterten Stoffen haben einen gewissen Unterricht genossen; sobald ein Werkmeister etwas mehr versteht, will er seine Sphäre verlassen und Fabrikdirector oder Fabrikant werden.

Das Institut der Werkmeister ist also unter den gegenwärtigen Verhältnissen von ganz besonderer Wichtigkeit und muss bei der Beurtheilung technischer Leistungsfähigkeit in den Vordergrund gestellt werden. Es ist kaum glaublich, wie abhängig viele Fabrikanten von denselben sind; selbst bei groben Vergehen, ja bei offenbaren Diebstählen wagen zahlreiche Kaufleute es nicht, ihre Werkmeister zu entlassen, da sie es sich selbst nicht zutrauen, anch nur eine kurze Zeit ihre Fabrik zu leiten. Am grössten ist diese Abhängigkeit bei einer Reihe jüngerer Firmen, namentlich jüdischer, welche, ursprünglich Händler, sich auf die Fabrikation gelegt haben ohne eine Ahnung von der Technik; sie verleiten Werkmeister und Arbeiter, aus deren bisheriger Stellung in ihr Geschäft überzutreten, und müssen, um die Vorurtheile gegen ihre Raçe und ihren Glauben zu überwinden, höheren Lohn zahlen und sehr nachsichtig gegen schlechte Arbeit sein, wodurch sie in den Ruf guter Herren gekommen sind. Freilich sind sie bei Abzügen auch die strengsten und entlassen bei Krisen ihre Arbeiter am schnellsten. Die Meister sowie die Arbeiter kennen die Hülflosigkeit der Fabrikanten sehr wohl; sie sehen in denselben auch nicht die technischen Leiter, sondern nur diejenigen, die ohne Kenntniss von der Sache und ohne Arbeit in der Fabrik sich von ihrem Schweisse nähren. In zahlreichen Firmen, wo es mehrere Associés gibt, hat sich unter diesen eine Arbeitstheilung herausgebildet: der eine leitet das kaufmännische Geschäft, ein anderer die Fabrikation, ein dritter den Maschinenbetrieb; doch hat sich das erst allmählich in der Praxis entwickelt; in der Jugend haben sie fast sämmtlich nur die kaufmännische Vorbildung genossen und können die Versäumnisse auch später nicht einholen.

In andern Ländern ist die theoretische Ausbildung zwar keine bessere, aber die Sitten und die geschäftliche Praxis sind durchaus andere. In Frankreich besteht die Maxime, eine Reihe von Jahren mit rastlosem Eifer zu arbeiten, um es bis zu einer gewissen Wohlhabenheit zu bringen und sich dann entweder zur Ruhe zu begeben oder sich einer weniger mühsamen und sorgenloseren Beschäftigung zu widmen. Im wirthschaftlichen Theile der Bevölkerung wird diese Denkweise von Jugend an mit dem Alter fortschreitend gross gezogen; Sinnen und Trachten der jungen Männer geht auf Erwerb, um zu einem ähnlichen Resultat wie ihre älteren Vorbilder zu gelangen. Dieses praktische Vorgehen, eine gewisse Naturanlage des französischen Volkes, ersetzt in vielen Fällen manche Mangelhaftigkeit des Schulunterrichts und erzeugt tüchtige Männer. Ein ganz ähnliches Verhältniss besteht in Belgien und in einem Theile Hollands. Aus Tilburg in Nordbrabant erzählt der Gewährsmann[1]), dem wir in diesem Absatze folgen, dass Söhne dortiger Fabrikanten, als gewöhnliche Arbeiter in die Fremde ziehend, unerkannt sich in der Tuchfabrikation von Grund aus ausbilden und heimgekehrt dann Posten in den väterlichen Geschäften mit Erfolg ausfüllen. Die Arbeitslöhne sind daselbst 20% billiger, nicht des geringeren Wochenverdienstes, sondern der höheren Leistungen der Arbeiter wegen. In einem dortigen Etablissement bestehen die Meister aus den fünf Söhnen des Hauses, und diese sind mit den Arbeitern von 5 Uhr Morgens an auf ihrem Posten.

Zu der technischen gesellt sich manchmal sogar die kaufmännische Unkenntniss. So wurde z. B. in Aachen dereinst Jahre lang für grobe Gespinnste die theurere einheimische Wolle verwendet, während man im Auslande sich längst der billigeren und ebenso passenden Laplata- und derartiger Wollen bediente. Aus jenen beiden Mängeln erklärt sich die häufige Mangelhaftigkeit des deutschen Fabrikats und die vereinzelt unpassende Auswahl der Exportartikel ohne Rücksicht auf das Bedürfniss und den Geschmack des betreffenden Platzes. Dazu kommt noch die Kleinlichkeit der deutschen Geschäftsleute, ihr Herumsparen an Mass und Gewicht, am Ausschliessen zweifelhafter Produkte und schliesslich an der Ausstattung und der Verpackung. Alles dieses verräth, dass es vielfach kleine Leute und junge Anfänger sind, denen selbst der kleinste Gewinn, absolut genommen, schon in die Wagschale fällt. Das Geschimpf über die Juden scheint mir in erster Reihe nur zu beweisen, dass diese ungleich geschicktere Geschäftsleute sind als die Aachener; denn sie machen in ganz legitimer Weise, ohne ihr Fabrikat für etwas Anderes auszugeben, Shoddy und Mungo auf Bestellung grosser Berliner Konfektionshäuser, die fast für die ganze Welt Damenmäntel daraus verfertigen.

Wesentlich anders ist die Sachlage in der Metallindustrie, im Bergbau, in der Fabrikation von feuerfesten Steinen und der Glasindustrie. Namentlich wo die Unternehmungen von Actiengesellschaften betrieben werden, sind ihre Leiter Techniker, welche, soweit sie der jüngeren Generation angehören, auf Polytechniken und gleichstehenden Anstalten vorbereitet sind. Mit Recht wendet man nun ein, dass blosse Techniker zwar gut, aber nicht immer profitabel zu produciren verstehen, dass zu einem tüchtigen Director auch noch theoretisch wie praktisch erworbene Kenntnisse des kaufmännischen Verkehrs und der grossen volkswirthschaftlichen Vorgänge erforderlich sind. Der erstere Mangel ist selbst durch Beiordnung eines kaufmännischen Mitdirectors nicht zu beseitigen, weil derselbe oft selbst nicht alle Verhältnisse überschaut und weil das

[1]) Aachener Zeitung vom 14. Juni 1876: Die heutige Lage unserer Tuchindustrie, von Schwamborn.

Schaffen und Verwalten am besten durch ein und denselben Kopf geschieht, da es schwer zu erreichen ist, dass verschieden vorgebildete Geschäftsleute ihre Bestrebungen einem Ziele zulenken. Wie sehr die Mehrzahl der deutschen Industriellen noch des Ueberblicks entbehrt, welcher sie die wahren Ursachen der volkswirthschaftlichen Vorgänge erkennen liesse nnd sie bestimmen könnte, am rechten Orte das eigene Interesse dem Gesammtinteresse unterzuordnen, hat sich in zahlreichen Petitionen der jüngsten Krisis gezeigt, welche sich stellenweise durch bedauerlichen Mangel an Klarheit auszeichnen.

Bei den Schwierigkeiten, welche den Fabrikanten unausgesetzt durch die ausländischen wie inländischen Konkurrenten bereitet werden, ist am schwersten für sie aufrecht zu erhalten — die geschäftliche Moral. Am nächsten liegt die Gefahr ihrer Uebertretung bei Anfängern und kleinen Leuten. Diese brauchen bei ihrer Capitalarmuth vor allen Dingen Geld und müssen rasch umsetzen; sie leben stets unter den drückenden Sorgen der Gegenwart und kümmern sich noch wenig um die Zukunft. Ihr Umsatz ist von so geringem Betrage, dass schon der kleinste Vortheil verhältnissmässig wichtig wird; eine einzige gut gelungene Unehrlichkeit macht sich selbst beim Verluste einiger Kunden gut bezahlt, und oft sind nur ein paar Silbergroschen der Judaslohn für die verlorene kaufmännische Ehre. In der Tuchindustrie zeigt sich der Unterschied zwischen soliden alten und unzuverlässigen kleineren Firmen ganz deutlich. Die ersteren, welche die alten sicheren Exportwege beherrschen, sind in ihrem Rufe unerschüttert, und sowohl in der Tuch- wie in der Nadel- und Drahtfabrikation genügt bei vielen Firmen nur die Marke, um ihre Waare in Südamerika, im Orient, China und sogar in Frankreich verkäuflich zu machen; ihre Zuverlässigkeit ist bekannt, und die Ehrlichkeit macht sich bezahlt. Dagegen leugnen in der Stadt Aachen, in Hamburg und anderen inländischen Plätzen, welche mit ihrem Bedarf von den kleineren Firmen befriedigt werden, die Kaufleute, Aachener Fabrikate auf Lager zu haben, so sehr gelten dieselben als verschlechtert. Es sind einige Firmen, welchen von der öffentlichen Meinung die Hauptschuld an dem schlechten Rufe beigemessen wird; häufig sind es aber auch Tuchhändler, denen man zur Last legt, schlechte belgische für Aachener Waare ausgegeben zu haben. Unter den Nähnadelfabrikanten ist es allgemein, dass sie nicht allein die englischen Marken, sondern auch die ihrer Aachener Konkurrenten fälschen. Oft laufen Bestellungen bei ihnen ein derart, dass eine geringere Anzahl von Nadeln, als angegeben ist, in die Briefchen verpackt werden soll; anständige Fabrikanten lehnen solche Anträge ab; andere in bedrängten Verhältnissen greifen zu, und es finden sich dann im Briefchen statt 25 nur 23 Nadeln. Aus Iserlohn sind sogar Nähnadeln ohne Augen ins Innere Afrikas zum Tauschhandel abgegangen.

So kehren bei beiden Klassen der Gewerbtreibenden die gleichen Vorwürfe nur unter anderer Form wieder: der Mangel an Fachbildung und an geschäftlicher Moral. Dem Fabrikanten- wie dem Arbeiterstande fehlt es noch in vielen Berufen an einer rühmlichen Ueberlieferung in dieser Hinsicht und beide sollten ihre Aufgabe nicht darin sehen, sich gegenseitig zu beschimpfen (wie es namentlich die Fabrikanten thun), sondern durch strenge Selbstzucht jene Last abzuwälzen streben, welche ihren gemeinsamen Ursprung in Deutschlands wirthschaftlicher Zurückgebliebenheit hat. —

Trotz seiner zahlreichen Mängel ist der Aachener Fabrikanten- und Arbeiterstand lange nicht der schlimmsten einer. Die von ihm geleitete Industrie hat seit altersher eine ehrenvolle Rolle auf dem Weltmarkte gespielt und ihr augenblickliches Darniederliegen hat seinen Grund weniger in den Persönlichkeiten und deren Eigenschaften, obwohl diese ja mitwirkend sind, als vielmehr in den Konjunkturen, welche der localen Beeinflussung entzogen, die Menschen in ihren Strudel gerissen haben.

Die Kriegsjahre 1870/1 hatten eine ganz veränderte Situation hervorgebracht. Frankreich verlor von seinen vier grossen Fabrikdistricten Sedan, Elboeuf, Carcassonne und Bischweiler, letzteren sogar ganz; der erstere wurde für längere Zeit lahm gelegt und Elboeuf hatte erheblich gelitten; die Konkurrenz Frankreichs war also während dieser Periode nicht zu fürchten. Dazu stieg die Nachfrage in Deutschland, in der ganzen Welt, und es nahm die Tuchindustrie des Aachener Bezirks sowohl durch Vergrösserung der schon bestehenden Fabriken wie durch Gründung neuer einen ungemeinen Aufschwung, welcher gleich anfangs besonnene Leute mit Besorgniss erfüllte. In Aachen und Burtscheid producirten im Jahre 1871 80 grössere Tuchfabriken mit ebenso viel Dampfmaschinen von 3000 Pferdekraft bei 10,000 Arbeitern etwa 200,000 Stück Tuch im Werthe von 36 Mill. Mark. Ausserdem gab es noch eine Menge kleinerer Tuchwebereien, da viele Commis die Zeit gekommen glaubten, selbständig werden zu können; ihr Betriebssystem war in Folge des Capitalmangels das hausindustrielle, manche mietheten sich auch Raum und Dampfkraft in Fabriken oder liessen einzelne Theilarbeiteu gegen Lohn ausführen. Eine ähnliche Ausdehnung von Producenten und Produktionsmitteln fand auch in Berlin, in Schlesien, in der Lausitz statt, während an andern Orten wie in Gladbach und Rheydt Firmen, welche früher nur grobe, sogen. Bauerwaaren gemacht hatten, sich auf die Fabrikation von imitirten halbwollenen Buckskins und Paletotstoffen warfen.

Selbst für eine derart gesteigerte Produktion fand sich noch Absatz. Die Aachener Industrie arbeitete mit fast allen

Ländern der Welt, wo überhaupt Tuche getragen wurden und wo nicht unübersteigliche Zollschranken den Import hemmten. Sie verführte ihre Waaren nach England, Holland und Belgien, Spanien und Portugal, Italien, Skandinavien, dem Orient, nach Süd- und ein steigendes Quantum sogar nach Nordamerika, wozu das starke Sinken des Goldagios beitrug. Das Glück wollte es auch, dass gerade damals die glatten Stoffe, eine Stärke Aachens, viel getragen wurden, und, von der Mode wie von der allgemein gesteigerten Nachfrage begünstigt, war die Konkurrenz dieses Artikels auf allen Märkten gesichert. Die Modewaarenfabrikation blieb dagegen insofern ungünstiger, als sie die Konkurrenz des in der Mode tonangebenden Englands nicht überwinden konnte, weniger die Frankreichs, das selbst dem englischen Einfluss zu unterliegen begann.

Die Freude an der Leichtigkeit des Absatzes und dem Steigen der Waarenpreise wurde den Tuchfabrikanten aber durch mehrfache Umstände getrübt. Es stiegen vor allem die Arbeitslöhne, die Kohlen- und Wollpreise, letztere z. B. für gute australische Fliesswolle vom März 1871 bis März 1872 von $15^1/_2$ auf 28 d.; dazu trat eine verstärkte innere Konkurrenz, welche einen Druck auf die Preise ausübte. Diese Umstände haben die Fabrikanten bewogen, das Geschäft jener Glanzjahre als nicht so lucrativ zu bezeichnen, wie sie gewünscht hätten; sie sind eben mit den grossen Gewinnen, von denen später zu reden sein wird, noch nicht zufrieden.

Ihren Höhepunkt erreichte die Gunst der Verhältnisse in den Jahren 1872/73. Schwierig und zwar doppelt schwierig wurde die Lage von dem Augenblicke an, als die beiden Ursachen des Glanzes der Industrie: die Steigerung der Nachfrage und die Gunst der Mode, gleichzeitig nachliessen und dadurch eine andauernde Krisis hervorriefen. Vor allem stockte schon 1873 der Absatz nach Nordamerika, wo die Finanz- und Handelskrisis sich fühlbar machte. In ununterbrochenem Aufschwunge hatte der Export von Tüchern und Buckskin aus dem Bezirke Aachen dorthin in den Jahren 1868—72 betragen in Mill. Mark: 3.8 — 4.1 — 5.3 — 7.7 — 8.4; im Jahre 1873 begann ein rasches Sinken, welches 1877 vielleicht noch nicht sein Ende erreicht hat: 6.1 — 4.3 — 4.2 — 2.6 — 2.5 Mill. Mark. Auch in Spanien wirkten schon 1873 die politischen Unruhen und in Italien die finanziellen Verhältnisse hemmend auf den Absatz ein. Im Jahre 1874 zeigten sich die Waaren weder im Auslande noch in Deutschland selbst verwerthbar. Der Fehler der Fabrikanten, den aus vorübergehenden Ursachen entstandenen gesteigerten Konsum für einen bleibenden gehalten und dem entsprechend die Produktion ausgedehnt zu haben, trat klar zu Tage. Die volle Ausnutzung der grossen Anlagecapitalien war ebenso wenig möglich wie die der vielen zur Industrie herangezogenen Arbeiter, und selbst bei sehr reducirtem Betriebe machte sich der Druck der massenhaft produktionsbereiten und arbeitsfähigen Fabrikanten auf den Preis geltend. Auf den Absatz einzelner Stoffe, wie z. B. der schweren Winterstoffe, übte die in den Jahren 1872 und 73 herrschende milde Winterwitterung einen nachtheiligen Einfluss aus und liess auch für die folgenden Jahre grosse Vorräthe dieser Waaren in den ersten und zweiten Händen zurück.

Von nicht zu unterschätzender Bedeutung wurde der Wechsel der Mode, wie er sich im Jahre 1873 vollzog. Glatte Stoffe, die Stärke Aachens, wurden in Deutschland und Nordamerika nicht mehr getragen, und façonnirte Tücher, Kammgarn- und Phantasiestoffe wurden modern. Dieser Umschwung hatte auf die alten grossen Firmen, welche feste Abnehmer in Südamerika und andern überseeischen Ländern haben, einen geringeren Einfluss als auf die kleinen Häuser. Unter ihnen entspann sich um das eingeengte Absatzgebiet ein Kampf auf Tod und Leben; manche Fabrikanten mussten ihre Thätigkeit einstellen; andere gingen mit grossen Kosten zur Fabrikation von Kammgarnstoffen über, wobei sie ihre gesammte Spinnerei und Appretur stillsetzen, ihre Webstühle verändern, ihre Generalkosten durch Ausgaben für neue Muster und das Bereisen neuer Absatzgebiete vermehren und in die mächtige Konkurrenz mit England und Frankreich treten mussten.

Der allgemeine Aufschwung der Geschäfte hatte auch der Spinnerei Veranlassung geboten, die bestehenden Fabriken theilweise auszudehnen und neue zu gründen. In Folge dessen wurde in kurzer Zeit eine so bedeutende Produktion erzielt, dass der Konsum der Garne weit hinter dem Angebot zurückblieb und sich Garnvorräthe massenhaft anhäuften. Vergrössert wurde die Bedrängniss der Streichgarnspinnereien noch dadurch, dass in Folge des Modewechsels sich die Nachfrage von ihrem Gespinnste ab und den Kammgarnen zuwandte. Schon im Jahre 1872 war kaum die Hälfte der vorhandenen Spindeln in Betrieb; andere Fabriken dagegen arbeiteten ohne Rücksicht auf den wirklichen Konsum immer fort, um ihre Maschinen voll auszunutzen. Dadurch vergrösserten sie nur die Ueberproduktion und drückten die Preise noch mehr. Im Jahre 1875 wurde endlich in den meisten Spinnereien, besonders in den grösseren, die Arbeitszeit auf 9—10 Stunden täglich reducirt und nur mit einem Theile der Maschinen gearbeitet. Dabei konnte weder das Anlagecapital verwerthet werden, noch vermochten die Arbeiter bei den hohen Preisen der Lebensmittel und Wohnungen das Nöthige für ihren Unterhalt zu verdienen. Aber selbst bei dieser eingeschränkten Produktion liess sich der Absatz der Streichgarne im Inlande und auf den grösseren Märkten nur mit Verlust bewirken; denn es war unmöglich, der ausländischen Konkurrenz, namentlich der belgischen, die Spitze zu bieten. Deutschland, Oestreich, Schottland, Schweden, kurz alle bedeutenden Märkte waren mit belgischen Garnen überschwemmt, die zu jedem Preise verkauft wurden. Das lag daran, dass die belgischen Spinner Tag und Nacht mit der fürchterlichsten Ausbeutung der Kräfte der Kinder fortarbeiteten und ihre Waare durch eine sittlich wie volkswirthschaftlich nachtheilige Ausdehnung der Produktion zu Spottpreisen lieferten. Grosse Verluste beim Verkauf blieben nicht aus, und es fanden bedeutende Zahlungseinstellungen statt; sie führten aber leider zu keiner Verminderung der Konkurrenz, da nach rasch getroffenen Arrangements mit den Gläubigern die Fabriken mit ihren durch Bankerotte amortisirten Anlagecapitalien in neuen Händen bald wieder von früh bis spät beschäftigt wurden. Durch alle diese Verhältnisse ist die Streichgarnspinnerei in die bedrängteste Lage gerathen und fordert erstens eine Erhöhung des Schutzzolls gegen die belgische Konkurrenz und zweitens eine Verminderung des Kinderschutzes, um es derselben in der unrühmlichen Ausbeutung der Jugendkraft des Volkes nachthun zu können. Zum Glück sind die meisten Spinner pecuniär so gut gestellt, dass sie die schlechten Zeiten ertragen können und kaum einer von ihnen beansprucht Waarencredit. Inzwischen wollen auch die Kammgarnspinner von der vorübergehenden Mode profitiren und fordern z. B. in Lennep einen Schutzzoll gegen Frankreich; die Weber erklären aber, dass eine Erhöhung des Garnzolles die Konkurrenzfähigkeit ihrer Gewebe im Auslande gefährden würde, auf welches ja namentlich die grösseren Firmen angewiesen sind.

Das Resultat aller dieser Ursachen ist die Nothlage der Industrie, wie sie schlimmer und andauernder nie bestanden hat. Im Stadt- und Landkreise Aachen sind von den grösseren Tuchfabriken 8 eingegangen, im Regierungsbezirk vom 1. April 1871 bis zum 31. December 1877: 21 Tuchfabriken, 30 Streichgarnspinnereien, 1 Carbonisiranstalt, 1 Lumpensortirerei, 1 Wollwäsche, 1 Kunstwollfabrik, 2 Kratzenfabriken. In diesen sind die kleinen Tuchwebereien und diejenigen Etablissements nicht eingerechnet, welche längere Zeit stillgestanden haben, aber neuerdings von den früheren Eigenthümern oder von dritten Personen wieder in Betrieb gesetzt worden sind.

Und nicht allein die Tuchindustrie ist es, welche leidet; in noch höherem Grade ist es mit der Kohlen-, Eisen- und Maschinenindustrie der Fall. Mit wenigen rühmlichen Ausnahmen hatten sie alle ihre Betriebe ausgedehnt, und nur wenige hatten noch rechtzeitig ihre Produktion eingeschränkt; die grosse Mehrzahl täuschte sich über die plötzliche Nachfrage und glaubte, der augenblickliche Mehrbedarf an allen Produkten wäre ein dauernder und würde sich steigern. Seit Ende 1873 trat auch hier die Krisis ein, und vom 1. April 1871 bis zum

31. December 1877 sind 15 der Eisenbranche angehörige Etablissements eingegangen oder konnten nur mit namhaften Zuschüssen der Betheiligten einen sehr reducirten Betrieb aufrecht erhalten; nur die Actiengesellschaften, welche direct einen Gewinn nicht abzuwerfen brauchen, arbeiteten weiter.

Auch die Bauten wurden eingestellt und die 70 Bauunternehmer in Aachen und Burtscheid haben fast nichts zu thun. Von 1873—77 nahmen die Neubauten von Wohnhäusern von 155 — 296 - 205 - 120 auf 113 und die für industrielle Zwecke von 18 — 13 — 5 — 4 auf 4 ab.

Die Anzahl der jährlich neu anhängig gemachten Fallimente am Handelsgericht zu Aachen nahm in den Jahren 1873—77 zu von 11 auf 26 — 32 — 49 — 45. —

Welche Wirkung hat diese Erschütterung der Industrie auf die Arbeiter gehabt?

Die Anzahl der industriellen Arbeiter hatte sich in den flotten Jahren ungemein vermehrt. Die Nachfrage nach Waaren stieg ins Ungeahnte, und für die Herstellung derselben waren Arbeiter nothwendig. Der vorhandene alte Stamm reichte nicht hin; die beschäftigungslosen gelernten Arbeiter fanden sofort eine Stellung; indess auch sie deckten nicht im entferntesten den Mehrbedarf nach „Händen". Nun beginnen fortdauernd steigende Löhne die Arbeiter aus anderen Gewerben, aus der Landwirthschaft, aus entfernten Gegenden herbeizulocken; es nehmen die „Entführungen" von Mädchen durch Agenten ihren Anfang [1]). Um eine grössere Arbeiterzahl zu vermeiden, legt man jedem einzelnen eine höhere Leistung auf; um die höheren Löhne zu umgehen, sucht man die billigere Kraft der Maschine anzuwenden, und die Gelegenheit scheint dauernden Erfolg zu versprechen, um in vielen Gewerben vom Handbetriebe zum mechanischen überzugehen und das grössere Anlagecapital aufs Spiel zu setzen. Aber trotz alledem hört die Nachfrage nach Arbeitern nicht auf; immer mehr machen die neuen und die vergrösserten Betriebe wenn auch nur halbwegs gelernte Hülfskräfte für die geringeren Verrichtungen nothwendig, und diese ungeübten Leute sind wieder nicht im Stande, sofort volle Arbeitsleistung zu liefern. Frauen werden herangezogen und Kinder, welche die Mutter ungern allein zu Hause lässt; wo es nur irgendwie angeht, in den Tuchfabriken und Spinnereien, sucht man diese billigeren Arbeitskräfte in stärkerem Masse heranzuziehen, da sie mit geringerem Accordsatze zufrieden sind und nicht so leicht die

---

[1]) Beispielsweise gingen am 13. Februar 1872 acht, am 1. April sieben Spinnerinnen ohne Kündigung aus Insterburg in Ostpreussen nach Viersen. Die Stadtverwaltung, empört über diese „Entführung" durch Düsseldorfer Agenten, stellte den Antrag, jene Mädchen per Transport zurückzusenden die Bezirksregierung verweigerte das aber, weil nach rheinischem Rechte eine eventuelle Execution nur auf Schadenersatz gerichtet werden könnte.

Verträge brechen. Die Löhne erreichen eine unerhörte Höhe; aber man braucht „Hände“, sei es von Bauern oder Meistern, sei es von Piemontesen oder Rheinländern, von Weibern oder Kindern: was sie leisten, bleibt sich gleich. Man muss nur darauf losproduciren, soviel man kann, und verkaufen, was man hat; denn gekauft wird Alles. Die Arbeitszeit wird auf 16—17 Stunden verlängert; ja, es wird Nachts und sogar Sonntags fortgearbeitet, bis der Arbeiter zusammensinkend vor Erschöpfung, sich selbst den blauen Montag schafft, da ihm das rastlose Weberschiffchen keine Pause gönnt. Diese „Unzuverlässigkeit“ der Arbeiter und die Beschränkung der Kinderarbeit, das Steigen der Woll- und Arbeitspreise, sie sind der Tropfen Wermuth in den Kelch von funkelndem Golde des Fabrikanten.

Der Glanzpunkt der Konjunktur ist erreicht. Schon werden auf die Erwerbsart der gleissenden Gewinne unheimlich dunkle Schatten geworfen durch die Klagen über den Missbrauch der Kinder- und Frauen-, der Nacht- und Sonntagsarbeit, wie sie in den massenhaften Petitionen an den Reichstag 1872 und 1873 ihren Ausdruck finden, und durch die lauten Beschwerden über die mangelnde technische Bildung der Arbeiter, ihre Vertragsbrüche, über Schwinden von Treue und Glauben in der Gesellschaft.

Im Jahre 1873 tritt der Rückschlag ein. Die Produktion muss eingeschränkt, die Arbeiterzahl vermindert werden. Jetzt hat der Fabrikant die Wahl und beginnt unter seinem Personal die Auslese zu halten. Zuerst werden die schulpflichtigen Kinder entlassen; ihre Hülfe ist entbehrlich, ihre Leistungen sind gering, die Schwierigkeiten ihrer Annahme, die Controle des Schulbesuchs und die polizeiliche „Chicane“ mit der Beschränkung der Arbeitszeit und den Pausen so gross, dass sie zu allererst abgestossen werden. Ihnen folgen die jugendlichen Arbeiter von 14—16 Jahren, welche jetzt leicht durch ebenso billige und leistungsfähigere Erwachsene ersetzt werden können. Dann folgen die Frauen und die neu angenommenen ungelernten Arbeiter. Es wurden Arbeiter beschäftigt in den Fabriken (vergl. Anlage I):

	des Regierungsbezirks im Alter von		der Textilindustrie im Alter von		Summe der jährlichen Contraventionen.
	12—14 J.	14—16 J.	12—14 J.	14—16 J.	
1871	589	3211	362	2119	223
1872	582	3718	351	2027	288
1873	574	3955	342	2255	424
1874	560	3440	338	1568	603
1875	550	3468	340	1660	415
1876	275	3454	127	1635	431
1877	123	2327	67	1183	281

In den Hüttenwerken werden zunächst die auswärtigen Arbeiter entlassen, während man die ortsangehörigen nach Möglichkeit beibehält; dann müssen vor den eigentlichen Hüttenarbeitern die Platzarbeiter und Handlanger weichen, die Hüttenarbeiter werden zu Platzarbeitern, die Meister zu Hüttenarbeitern degradirt. In andern Fabriken werden zuerst die schlechtesten, dann die zuletzt angenommenen Arbeiter entlassen. Zuverlässige Nachweisungen über solche Entlassungen, namentlich im Jahre 1874, fehlen; über die seit dem 1. December 1874 stattgefundenen giebt folgende Tabelle annähernden Aufschluss. Es waren beschäftigt Arbeiter am 1. December:

in	1877	1876	1875	1874
Aachen: Textilarbeiter . . .	5596	6152	—	—
Aachen: Nadelarbeiter . . .	2044	2279	—	—
Burtscheid	2436	2566	—	3426
Eschweiler	3720	3530	—	5250
Stolberg und Umgegend . . .	3975	4400	—	4620
Eupen	2011	2147	—	—
auf sämmtlichen Kohlengruben	5987	6442	6664	—
davon bei den Gruben selbst .	4958	5564	5629	—

Die verschiedenen industriellen Ortschaften sind nicht in gleichem Masse von den Entlassungen betroffen worden. Stolberg z. B. ist wegen der beispiellosen Vielseitigkeit der betriebenen Gewerbe in der glücklichen Lage, dass selbst bei Krisen die Erwerbslosigkeit weniger akut auftritt als in anderen Orten, wo die Arbeitsgelegenheit eine beschränkte ist. In Düren liegt die Industrie in ausserordentlich capitalmächtigen Händen; sie ist während der Glanzjahre nicht übermässig ausgedehnt und später auch nicht bedeutend eingeschränkt worden. In der Textilindustrie wären die Entlassungen noch viel zahlreicher gewesen, wenn die Fabrikation der Kammgarnstoffe nicht bedeutend mehr Hände beschäftigte als die der glatten Stoffe. Trotz alledem tritt der Rückbildungsprocess heftig genug hervor und würde sich noch greller zeigen, wenn wir das Jahr 1873 zum Ausgangspunkt unserer Vergleichung nehmen könnten.

Nur die alten gelernten Arbeiter werden als Stamm des Betriebes aufbewahrt; sie und die Maschinen sind das eiserne Inventar, dessen die Industrie sich nicht entäussern kann. Aber auch diese Arbeiter sind in ungünstiger Lage. Allenthalben wurden die Accordsätze erniedrigt; in den Steinkohlengruben ging der Durchschnittslohn pro Schicht in den Jahren 1875—77 von 2.82 auf 2.67 und 2.37 Mark, also um 16% herunter; in einigen Maschinenfabriken sind die Stücklöhne um 20% herabgesetzt worden. Freilich wären die Wochenverdienste nicht in gleichem Masse gefallen, weil der

Arbeiter durch intensivere Leistung mehr hätte verdienen können als in der Zeit allgemeiner Verlotterung, wie z. B. in den Kohlengruben bei einer Abnahme der Arbeiterzahl um 10% die Produktion sich nur um 1½% vermindert hat; — aber auch das wurde unmöglich durch die grosse Reduktion der Arbeitszeit. Die grösste Kohlengrube im Wurmrevier, welche mehr als ein Drittel aller Bergleute beschäftigt, setzte den Schichtlohn nicht allein auf 2.35 M. herab, sondern war auch ausser Stande, mehr als 20, oft nur 16—17 Schichten in manchen Monaten verfahren zu lassen. In den Maschinenfabriken wurde die übliche Arbeitszeit von 10 auf 8—7, in den Tuchfabriken von 14 auf 12—11 Stunden verkürzt, und nur wenige Etablissements konnten mit voller Kraft fortarbeiten; eine ganz ausserordentliche, durch eine günstige Konjunktur für Blei erklärliche Ausnahme bildet der Mechernicher Bergwerksverein, welcher seinen Schichtlohn von 2.40 M. im Jahre 1876 nur um 7 Pf. im folgenden Jahre herabgesetzt hat.

Aus solchen Reduktionen der Accordsätze und der Arbeitszeit ergiebt sich denn auch das Sinken des Wochenverdienstes. Derselbe betrug in Aachen 1872 gegen 1878 bei einem Spinner 18 gegen 9, einem Maschinenweber 15—16½ gegen 10, einem Rauher, Scherer und Presser 12 gegen 9, einer Droussirerin und einem Fadenkinde 7—7½ gegen 5 Mark. In einer Fabrik für feuerfeste Steine zu Eschweiler hatte der Verdienst in der ersten Decemberwoche betragen von 1868—73 steigend 9.30—9.80—11.00—11.10—12.10—14.70 Mark, von 1874 bis 1877 fallend 14.60—13.20—12.80—11.80 Mark. Die Tagelöhne für Maurer sanken in Aachen 1872—75 von 3½—4 auf 2½ Mark, für Handlanger von 2½—3 auf 1.60—1.70 Mark. Am fühlbarsten, weil zuerst am energischesten und weil die Arbeiter am wenigsten darauf vorbereitet waren, trat der Nothstand im Winter 1876—77 auf; nicht gelinder war der folgende Winter. Im Allgemeinen wird man behaupten können, dass die Lohnreduktion vor dem Zehnmarkstück wöchentlich, dem unumgänglichen Minimum für Fristung des nackten Daseins, Halt gemacht hat, in vielen Fällen aber, wie gleich nachgewiesen werden soll, selbst unter dasselbe herabgegangen ist.

Der Arbeiterstand hat sich überall schweigend seinem Schicksal unterworfen; nur in Bardenberg und Herzogenrath haben bei Entlassungen von Bergleuten unbedeutende Excesse stattgefunden. Ueberall anderweit hüteten sie sich, durch Widerspruch ihre Arbeitgeber zum Entziehen der Beschäftigung zu veranlassen, und fügten sich allen ihren Forderungen. Auch das Gewerbegericht erhielt weniger zu thun; denn vor die Vergleichskammer gelangten in den Jahren 1871/72 bis 1876/77 zur Verhandlung 328—291—307—285—278—248 Sachen.

Wo bleiben nun die entlassenen Arbeiter? Die Fremden

aus Holland und Westpreussen haben sich zurück in ihre Heimath begeben, die Einheimischen aus der Eifel fast alle wieder Beschäftigung in der Land- und Forstwirthschaft gefunden; die Arbeiterinnen sind bemüht, Gesindedienst zu nehmen; andere Frauen, welche sonst keinen Erwerb zu suchen brauchten, versuchen jetzt Tagelohnarbeit zu erhalten oder gehen Kräuter suchen. Tausende anderer Arbeiter finden aber in ihrer Heimath keine Beschäftigung, und am gedrücktesten sind die hausindustriellen und die Fabrikarbeiter in der Textil- und Nadelindustrie; sie sind in den Städten und Dörfern ansässig, haben daselbst ihre Familien; ihr ganzes Dasein ist bereits seit Jahrzehnten auf die Industrie eingerichtet, und sie können es nicht anderweit zu verbessern suchen.

Einen Theil der Entlassenen finden wir bei den Wege-, Brücken- und Eisenbahnbauten wieder, welche der Staat und die Gemeinden jetzt zu billigen Preisen ausführen und dadurch die Armenkasse vor einer Belastung durch reine Almosen schützen. Häufig haben die Gemeinden grosse Schwierigkeiten zu überwinden, um die Bauten durchzusetzen und das Capital zu beschaffen; sie fassen daher dieselben als einen Act der Gnade gegenüber den Arbeitern auf, während es doch eine staatlich ihnen auferlegte Verpflichtung ist, ihre Armen zu versorgen. Ihrer Auffassung entsprechend sind die Tagelöhne sehr niedrig bemessen; ich habe solche von 1,25 M. gefunden; sie glauben, das sei schon viel, wie denn eine Gemeinde ihren Erlass über den Wegebau mit den Worten anhebt: Es wird vorausgesetzt, dass die Arbeiter, die gewährte Begünstigung anerkennend, u. s. w. In der Stadt Aachen finden wir z. B. in den Monaten Januar bis April 1878 etwa 105—125 Arbeitslose beim Abtragen des Walls, bei Strassenbauten, bei der Kanalisirung und als Gassenkehrer wieder; andere werden beim Bergwerk Altenberg zum Aufsuchen neuer Galmeigruben benutzt. Doch diese Arbeiter sind fast alle solche, die früher in Berg- und Hüttenwerken und im Baugewerke beschäftigt waren; die eigentlich feinen Handarbeiter, wie Spinner, Weber, Nadler und ähnliche zögern, sich solchen Beschäftigungen zuzuwenden und auch mit vollem Recht; denn ein solches Verfahren wäre ein wirthschaftlicher Selbstmord. Beruht ja doch in zahlreichen Gewerben die einzige Quelle der Ernährung auf der Geschicklichkeit und Feinfühligkeit der Hand, welche sie bei Erdarbeiten bald einbüssen würden. Ausserdem sind sie, an die heisse Luft der Fabrikräume gewöhnt, von so schwächlicher Konstitution, dass sie unfehlbar den Einflüssen der Witterung erliegen würden. Diese Arbeiter bleiben, was sie durch die Entlassung wurden: Arbeitslose, Verdienstlose, Arme!

Jetzt beginnt, wie überall nach Krisen, die Periode der Armensuppen mit „nahrhafter Kost", der Vertheilung von Brot, der Spenden von Almosen, der Subscriptionen und öffentlichen

Aufrufe, — alles Mittel und Mittelchen gutherziger und mitfühlender Menschen, welche entsetzt zurückschaudern vor dem namenlosen Elend, von welchem der Zufall die Decke hinwegzog. Aber was wollen die paar Brote unter so viel Tausende! Ueberall muss die Gemeinde helfend eintreten: in Burtscheid gibt es 50—60, in Eschweiler 30, in Eupen 51 aussergewöhnlich unterstützte Familien. In der Stadt Montjoie, welche überhaupt im Rückgange ist und von 3000 auf 2000 Einwohner abgenommen hat, von denen drei Fünftel der besitzlosen Arbeiterklasse angehören, waren Ende 1877 etwa 200 Personen ohne Beschäftigung und mussten die öffentliche Armenpflege mehr oder weniger in Anspruch nehmen. Vor allem hat in Aachen diese Masse arbeitskräftiger und arbeitslustiger, aber notorisch arbeitsloser oder bei ihrem Lohne hungernder Armen eine Umwälzung in den Grundprincipien der Armenverwaltung hervorgerufen. Ihr früherer Grundsatz, wonach ein arbeitsfähiger Mann sich selbst und ein rüstiges Ehepaar eine kleine Familie zu ernähren im Stande sein mussten, ist nicht mehr aufrecht zu erhalten. Die Anzahl der unterstützten hausarmen Familien wuchs in den Jahren 1873—77 von 1.364 auf 2.255 und die Zuschüsse der Stadt zur Armenverwaltung von 198.166 auf 275.056 M.; 10% der städtischen Bevölkerung empfängt Armenunterstützung. Dazu kommen die nicht unbeträchtlichen Gaben des Elisabeth- und des Vincenzvereines, welch' letzterer im Jahre 1875 225, 1876 305 Familien unterstützte.

Solche Fürsorge wird aber nur in der Stadt getroffen; auf dem Lande geschieht fast gar nichts für die Armen, und die Gemeinden suchen alle Kranken und Unterstützungsbedürftigen zu vertreiben. Das gelingt ihnen dadurch, dass sie denselben einfach nichts geben und sie damit zwingen, in die Stadt zu pilgern. Hier melden sich diese Armen manchmal als hülfsbedürftig an und werden mit Ausweisung bedroht; dann verzichten sie schleunigst auf die Unterstützung und versuchen zwei Jahre lang sich durchzubetteln, um endlich den Unterstützungswohnsitz zu erwerben. Die Armenverwaltung ist diesem Manöver gegenüber sehr empfindlich und sucht sich solche Prätendenten an ihre Kasse fernzuhalten. In den fünf Jahren 1872—77 wurden in Folge nothwendig gewordener öffentlicher Unterstützung aus Aachen ausgewiesen vor Ablauf eines einjährigen Aufenthalts als fremde Ortsangehörige 104 und als Landarme 47, ferner innerhalb eines ein- bis zweijährigen Aufenthalts 37, beziehungsweise 17, zusammen 205 Personen. Von diesen waren 30 Personen bis 22 Jahr alt, 14 im Alter von 23—26 Jahren und 161 über 26 Jahr alt. Für 296 Ortsfremde, welche mit 6.828 Mark unterstützt worden waren, erhielt man die Kosten nicht zurück. Das Zuströmen aus den ländlichen Ortsarmenverbänden nach Aachen nahm in den Jahren 1871 bis 1876 bedeutend zu; diese Verbände wurden auf Grund des

§ 31 des Reichsgesetzes vom 6. Juni 1870 gezwungen, an Hülfsbedürftigen zu übernehmen: 3—6—10—7—27—30, zusammen 83 Personen, während die Stadt nur 3 aus den Ortsarmenverbänden zu übernehmen hatte. Die Kosten, welche die ländlichen Verbände an Aachen für Unterstützung Hülfsbedürftiger rückerstatten mussten, stiegen von 794—713—1402—1593—5485—4509, zusammen 14.496 M. gegen 1177 M., welche Aachen an jene zahlte.

Glücklich diejenigen, welche Beschäftigung bei Bauten finden oder Armenunterstützung empfangen; sie sind vor der bittersten Noth wenigstens gesichert. Wehe aber den andern, welche solche Nahrungsquellen nicht finden! Zu Hause haben sie nichts, oder ihre Arbeit ist so schlecht gelohnt, dass der Verdienst der aufgewendeten Mühe nicht entspricht; sie ziehen hinaus ziel- und planlos in die Fremde, nicht um ihr Glück zu machen, sondern um Arbeit zu suchen. Wer gibt ihnen aber Arbeit? Niemand! Da wird aus dem arbeitsuchenden, nahrungslosen Manne ein Bettler, — wenn er keine Wohnstätte findet, ein Obdachloser, — wenn er keine Papiere mit sich führt, ein Vagabund. Nun wird er Gegenstand der Aufmerksamkeit der Polizei; die Gensdarmen fahnden auf die Landstreicher. In die Stadt hüten sich diese zu kommen, da fallen sie den wachsamen Schutzleuten gar zu leicht in die Hände; das platte Land aber bis zur holländischen Grenze ist überschwemmt von arbeitskräftigen, arbeitslustigen, arbeitslosen Frauen mit dem Bettelkorbe und Männern am Bettelstabe.

Es betrugen in Aachen:

in den Jahren	die von der Armenverwaltung unterstützten hausarmen Familien	die Zuschüsse der Stadt zur Armenverwaltung	die Gaben des Vincenzvereins	die aufgegriffenen		
		Mark	Mark	Bettler	Obdachlosen	Landstreicher
1870	1691	158348	14549	47	112	16
1871	1487	191619	13513	33	103	7
1872	1413	[198897]	11084	76	103	3
1873	1364	[198666]	13558	40	89	10
1874	1511	198198	10599	—	—	—
1875	1608	188553	14350	—	—	—
1876	1767	249968	17298	151	128	25
1877	2255	275056	—	328	113	34

Glücklich auch diese Leute, welche arm, aber immerhin noch ehrlich ihr nacktes Dasein fristen. Jedoch auf dieser Stufe macht das Elend Halt und begegnet schaudernd dem Laster und dem Verbrechen. Die Arbeitslosen nehmen ihr Standquartier in der Kneipe, die Bettler finden ihr Obdach in der Gastwirthschaft; losgerissen von Familie und Heimath, bleibt ihnen ein einziger Genuss: das Trinken. Der Kleinbürger, der sonst alle Beschäftigung verloren, etablirt sich schon der bequemen Lebensweise wegen als Wirth, und in Folge einer verfehlten Gesetzgebung vermehren die Wirthschaften gerade während der schlechten Zeit sich ganz ausserordentlich. Die Wollust, deren Befriedigung dem Manne Geld kostet, bietet dem Weibe lohnenden Erwerb. Das Mädchen, welches früher als rein galt, sucht sich jetzt einen Liebhaber, und treten die Folgen des Verhältnisses ein, so können sie beim geringen Verdienst sich doch nicht heirathen. Die Eheschliessungen nehmen ab, die Zahl der unehelichen Geburten vermehrt sich. Das Mädchen, welches früher einen einzigen Geliebten besass, gehört jetzt der ganzen Welt; noch nie sah man im Zwielicht des Lampenscheins so viele unstät über den Friedrich-Wilhelmsplatz streichen, noch nie hat die Polizei so viele aufgegriffen und registrirt als heute. Und auf dem Lande, wo dem Bettler hohnlachend die Thür vor der Nase zugeschlagen wird, da ergreift ihn bitterer Hass gegen den Verweigerer des Almosens oder des doch so berechtigten Stückchens Brot; aus Rache ergreift er die Fackel und steckt das Haus in Brand (wie es im Kreise Erkelenz geschehen). Andere brechen das Gesetz und — nehmen. So lauert in düsterer Ferne als letztes Asyl für die Arbeitslosen in der Krisis die Kneipe, das Huren- und das Zuchthaus!

Hier für die Stadt Aachen der Beweis in Zahlen!

Jahr	Eheschliessungen	Uneheliche Geburten	Aufgegriffene Dirnen		
			im Winter	im Sommer	zusammen
1870	597	110	21	12	33
1871	590	86	6	34	40
1872	785	94	17	20	37
1873	736	96	19	28	47
1874	736	105	23	46	69
1875	732	112	12	26	38
1876	634	128	20	43	63
1877	630	132	45	56	101

Jahr	Gastwirthschaften	Schankwirthschaften	Kleinhandlungen mit Branntwein	Diebstähle	Sonstige Polizeivergehen
1870	160	177	114	113	834
1871	160	198	116	202	836
1872	—	—	—	203	768
1873	183	187	111	192	660
1876	276	167	‘119	268	1285
1877	305	167	114	304	1332

IV. Die Lage der Arbeiter.

Suchen wir sie auf, die wandernden Arbeiter, die Bettler und Vagabunden! Eine Häuslichkeit haben sie nicht; da draussen am Kölnthor bei Classen-Kolberg, bei Küppers und Varre sind ihre Herbergen. Die „gute Stube" ist auffallend reinlich, die Tapeten sauber; hier das Vorbild so manchen Zechers, der trinkende König von Thule, dort die Büste des Kaisers, in der Ecke ein kleines Billard. Man würde völlig fehlgreifen, wenn man mit seiner Phantasie sich abscheuliche Schnapshöllen ausmalen wollte; selbst das Publicum geberdet sich durchaus anständig und unterhält sich mit gedämpfter Stimme. Aber der durchbohrende Blick des Polizeikommissars dringt in das Innere eines Jeden: der Zuchthäusler von zehn Jahren fährt erschreckt zusammen und versichert, dass er nunmehr hier Arbeit gefunden habe; einige notorische Diebe vertiefen andachtsvoll ihre Nase in die Gläser; die öffentlichen Dirnen springen auf und entfernen sich schleunigst; die Landstreicher blicken unstät hin und her; nur die ehrlichen Bettler und beschäftigungslosen Arbeiter schauen offen ins Gesicht. Nur wenige sind in der Lage, für fünf Pfennige sich ein Gläschen Schnaps zu kaufen; lautlos starren die Meisten vor sich hin und erheben den Blick nur, um wehmuthsvoll den Tropfen des Feuertrankes nachzuschauen, die hinter den Lippen des Bemittelteren verschwinden. An der Wand, in der Nähe der Thür, sitzen auf der Armensünderbank einige Greise. Was treibt Jhr hier? Habt Jhr keine Beschäftigung? Wir wirken nicht mehr! lautet die Antwort. Der eine erklärt: „Ich habe fünfzig Jahre lang gewirkt, Herr Kommissar, und führe die besten Zeugnisse, — hier! (er weist sie vor); nun bin ich über 60 Jahre alt und Keiner will mich mehr beschäftigen. Der gute Wirth erlaubt mir wenigstens, hier zu schlafen!"

In all dem Elend noch Klassenunterschiede! Im vorderen Zimmer nur Proletarier, im hintern beim Wirthe die bessern Leute mit dem „werthen Namen", den sie flink ins Fremdenbuch eintragen können; sie vermögen noch ein Abendessen zu bezahlen, trinken sogar ein Gläschen Bier und gehen dann auf ihr Lager. Die Aermsten, die den früher getrunkenen Branntwein noch nicht berichtigt haben, wagen nicht einmal einzutreten; sie klopfen an das Guckfensterchen und müssen vorher auf das Brett die Pfennige hinzählen.

Gegen 10 Uhr lichtet sich der Saal. Die eine Gruppe verlässt das Haus, die andere zahlt die 15 Pfg. für das Nachtlager und stolpert die steile Stiege hinauf. Oben ist Zimmerchen neben Zimmerchen, in jedem ein paar Betten, welche wöchentlich rein überzogen werden oder — auch nicht. Jetzt ruht jeder Schläfer im eigenen Bette, und höchstens 20 bleiben im Wirthshause über Nacht; in der flotten Zeit aber stieg ihre Zahl oft über 100, und im grossen Saale lagerten sie in Stroh auf dem Boden. Dann gingen sie des Morgens aus, suchten und fanden auch bald eine Stelle. Heute hält das schwer, und ohne Arbeit und ohne Geld ziehen sie des Morgens aus, um zu „fechten“; sie kaufen nämlich beim Bäcker ein paar Semmeln und erbetteln sich dazu einen Topf Kaffe, der ihnen ortsüblich auch gereicht wird. Zu Mittag kaufen sie sich in der Herberge Kartoffeln mit einer Sauce übergossen für 10 Pfg.; die glücklicheren können für 40 Pfg. ein Mahl aus Suppe, Gemüse und Fleisch bestehend, geniessen. Reisende Mädchen gibt es wenige, und jeder Wirth leugnet, sie aufzunehmen: wohl habe sie aber noch sein Nachbar. In der That ist das fast alles nur Gesindel.

Modern angelegte Stadttheile mit besonderen Arbeiterhäusern gibt es in Aachen nicht; auch hat weder eine lebensfähige Baugenossenschaft noch eine wohlthätige Actienbaugesellschaft bestanden; nur ein einziger Fabrikant hat seinen Arbeitern einige Häuser erbaut; es ist Herr Lammertz. Vor etwa 30 Jahren war Aachen noch die alte Stadt wie nach dem Brande von 1656; die Wälle umschlossen Arm wie Reich, und der Unterschied des Vermögens kam noch nicht in der Trennung der „fashionablen Welt“ von dem Proletariate äusserlich zur Geltung. Damals gab es leerstehende Häuser und freie Plätze, traurige Zeugen einer grossen Vergangenheit, noch genug in der innern Stadt, und es war ein Ereigniss, wenn ein Gebäude neu aufgeführt wurde. Da stieg in Folge des glücklichen amerikanischen Geschäfts die Arbeiterzahl, die Bevölkerung wuchs zusehends in den 1840er und 1850er Jahren, und es ergaben sich Wohnungsverhältnisse, die an Elend und Entsetzen die heutigen weit übertroffen haben sollen. Erst in den 1860er Jahren erwachte die Baulust, und nun entstanden rasch ganze Stadtviertel im Osten und Süden der Stadt. Es begannen die Wohlhabenden vom übrigen Volke sich zu trennen und in die Vorstädte zu ziehen, wo in den schönen dreistöckigen und dreifenstrigen Häusern nach belgisch-englischer Sitte meist eine Familie für sich wohnt. Die innere Stadt Aachen blieb den Krämern, Handwerkern, Arbeitern einerseits, den Badegästen, Hotels und Magazinen andererseits überlassen; namentlich die Gegend westlich von der Jacobstrasse und Sandkaul kann als Sitz der Arbeiterbevölkerung von etwa 30,000 Seelen gelten.

Die Strassen sind hier unregelmässig, aber breit, die Häuser neu, höchstens 20—30 Jahre alt; aber es sind bereits Speculationsbauten, die das Terrain möglichst auszunutzen streben. Die Höfe sind ganz unzulänglich. Treten wir ein in das Haus der Königstrasse Nr. 1; dort hat der Hof die Form eines schmalen, lang gestreckten Rechtecks, welches unter rechtem Winkel zwei Mal ein Knie macht; die Breite misst kaum zwei Schritt, und an der geräumigsten Stelle wird sie noch durch eine Mauer durchschnitten, da dieser Raum zwei Häusern als Hof dient. Nebenan ist die „Arche Noäh", ein Zellenhaus in der Form eines weit in den Hinterhof sich erstreckenden Rechtecks mit zwei quadratischen Höfen von je vier Schritt, während zu allen Seiten die in der Strasse üblichen vier Stockwerke emporstarren, verziert durch die zum Trocknen herausgehängten zerlumpten Hemde, Hosen und andern nicht verpfändbaren Kleidungsstücke. Selbst in der jüngsten Zeit hat man nichts in dieser Beziehung gelernt; denn bei einigen ganz neuen Häusern am Kölnsteinweg ist das Verhältniss des Hofes zur bebauten Fläche 1: 12, am Steffensplatz sogar 1: 16,7 [1]); der Mangel einer Bauordnung tritt fühlbar zu Tage. Im Innern des Hauses bildet jede Zelle eine Arbeiterwohnung; sobald die Familie etwas zahlreich ist, erscheint die Stube überfüllt; ja, es haben mir glaubwürdige Männer, deren Zeugniss durch keinerlei Sympathieen für Arbeiter verdächtig erscheinen könnte, wiederholt versichert, dass bei der Volkszählung 1871 vielfach in Einem Zimmer zwei Familien angetroffen worden sind, welche ihren Antheil an der Stube durch Kreidestriche abgetrennt hatten. In solchen Räumen wohnen, kochen und schlafen die Armen. Da sind die beiden Häuser an der Königstrasse, die einzigen Ueberbleibsel aus der Zeit vor 1656, trotz ihrer Baufälligkeit, ihren niedrigen Decken, kleinen Fenstern und wahren Hühnersteigen doch noch geräumiger im Innern, mit freiem Blicke auf den Garten. Sie waren eben noch für selbständige Handwerkerfamilien der alten Zeit eingerichtet; die modernen Speculationsbauten sind es nur für „Arbeiter" und suchen aus der möglichsten Parzellirung der Wohngelasse den grössten Nutzen zu ziehen.

In diesen Räumen, welches Elend! Hier eine Frau, welche sich einsam auf dem Schmerzenslager wälzt, während der Mann dem Erwerb in der Fabrik nachgehen muss; dort ein rheumatischer Greis, von Weib und Kind verlassen; je höher man steigt, desto grösser wird das Elend. Endlich auf der Dachkammer macht es Halt, hier kann es nicht mehr übertroffen werden: ein enger quadratischer Raum von fünf Schritt im Durchmesser, so niedrig, dass der Hut fast die Decke berührt; an der Wand in einem Baumstumpf ein mehrfach zerbrochenes Glas, welches rücksichtsvoll das blasse Antlitz nicht mehr wiederspiegeln will, dann ein hinkender Tisch und ein breites Bett als einziges Ameublement! In diesem leeren Raume ohne Spur irgend einer Behaglichkeit und eines Schmuckes sitzt beim zappelnden Säugling eine abgehärmte Frau und sucht

---

[1]) (Dr. de Bey): Zur Kritik des Verwaltungsberichts, Aachen 1877, S. 7.

es zu stillen; lauter schreit das Kind, wieder reicht die Mutter ihm die Brust, und das Kind saugt und saugt; doch keine Nahrung entquillt derselben; immer unruhiger wird es, immer mehr magert es ab: die Mutter merkt nicht, dass das Kind an ihrer Brust — verhungert. Nachts bevölkert sich der Raum; der Mann, ein durch die Krisis arbeitslos gewordener Nadler, kehrt zurück von seinen vergeblichen Gängen um Beschäftigung; die sechs anderen Kinder kommen vom Spiele auf der Gasse zurück und drängen sich um die wenigen „Erdäpfel" und das Brot, welches der Armenpfleger ins Haus gebracht hat. Dann werden die Strohsäcke unter dem Bette hervorgezogen, und bald wälzen sich die neun Personen im engen, dumpfen Raume. Kein Fenster zum Lüften ist da, nur oben im Dache eine Luke von 1½ Fuss Länge und ½ Fuss Breite; auf diese Scheibe prasselt die ganze Nacht der Regen, und durch dieses Guckloch brennt den langen Tag über die Sonne; — doch mag sie scheinen tagelang, jahrelang, sie bringt sie endlich heraus: all die Noth, die hier verborgen!

Ist dieses Bild auch der Höhepunkt des Elends, das ich auf meinen Wanderungen durch die Aachener Arbeiterquartiere entdeckte, sehr viel besser ist es in den meisten Strassen der innern Stadt nicht. Meist in den Stuben dieselbe Blösse, in den Höfen der gleiche Gestank, vor den Thüren die abgehärmten Mütter mit den unglücklichen Kleinen und auf den Strassen die zahllosen Kinder, welche sich umhertummeln und spielen. Man liebt in Aachen diese zahlreichen Kinderschaaren auf den Strassen nicht. Aber wo in aller Welt sollen die Kinder spielen als hier? Es fehlt in der innern Stadt durchaus an freien Rasen- und Spielplätzen. Die schönen Wäldchen vor den Wällen sind ausgerodet, die Hügel versetzt; breite Promenaden sind da entstanden. Aber in diese breiten, geraden, styllosen Alleen kommt die Masse des Volkes nur am Sonntag Nachmittag; Ruhebänke und Spielplätze fehlen; arme Kinder, die allein sich dahin in der Woche verirrten, würde der Schutzmann wohl bald nach Hause weisen. Milder ist die Praxis im grossartigen Spitalgarten vor dem Thore; dort hat man einen Spielplatz von 10 (!) Schritt Durchmesser eingerichtet, aber auch nur für solche Kinder, welche ein ärztliches Zeugniss darüber mitbringen, dass ihr Gesundheitszustand den Aufenthalt in frischer Luft erfordert, und welche in voller Toilette und unter Aufsicht erscheinen. Da bleibt dann den meisten Arbeiterkindern kein anderer Tummelplatz als die Gasse, und da das Pflaster auf diesen ehemaligen Staatsstrassen so entsetzlich ist, dass es vielmehr Trümmerhaufen zusammengerollter Feldsteine gleicht, in denen das Wasser nicht ablaufen kann, sondern sich ansammelt und zu stinken beginnt, so spielen die Kinder in diesen Pfützen und Gossen. In diese Strassen dringt kein Unberufener; über Stein- und Kinderhaufen muss er mühsam dahinstolpern, und ein Gang dorthin gleicht einer Reise in zweideutige Gegenden, von der man in guter Gesellschaft sich nicht unterhält.

Die Uebervölkerung in den Arbeiterstrassen mit ihren schmalen, nicht sehr grossen Häusern ist eine ganz ausserordentliche und sticht grell ab von den Strassen der fashionablen Welt. Es wohnten [1]) Personen pro Haus in der

	1875		1864/7	1875
Alphons-Str.	6,5	Veen-Str.	26,1	41,7
Harscamp-Str.	6,5	Vaelser-Str.	24,8	36,8
Heinrichs-Allee	6,6	Berg-Str.	28,1	34,9
Hoch-Str.	6,7	Peter-Str. a.	19,4	31,2
Wall-Str.	7,0	(am Thore) b.	19,4	17,2
Mariahilf-Str.	8,4	König-Str.	25,2	29,6
Casino-Str.	8,4	Rosgasse	23,8	27,4
Theater-Str.	9,3	Sandkaul	27,4	27,0
Lousberg-Str.	9,4	Mörgensgasse	16,6	24,9
Schützen-Str.	10,1	Ros-Str.	25,4	24,1
Bahnhof-Str.	10,9	Jacob-Str. Obere	20,3	22,2
Heppion 1864/7	5,2	„ „ Untere	19,3	22,1
Felsgasse 1864/7	5,0	Rudolf-Str.	—	21,8
„ „ 1875	6,7	Otto-Str.	—	20,2

Die Extreme berühren sich hier, wie so oft. Die günstigsten Wohnungsverhältnisse zeigen die Felsgasse und früher das Heppion, die beiden verrufenen Strassen der Stadt, am Ein- und Ausgange von Schutzmännern bewacht, von aller Welt gemieden, mit ihren grösseren Räumlichkeiten für die zu erwartenden Besucher. Daran schliessen sich der neue Stadttheil zwischen dem Theater und Burtscheid und die Strassen und Alleen in den Neuanlagen; hier wohnen die Wohlhabenden und Reichen, je 6—10 Einwohner auf das Haus. In den Arbeiterstrassen steigt das Verhältniss auf 20—40. Und bei genauerem Nachforschen gestaltet sich dasselbe noch ungünstiger; in den Arbeiterstrassen zerstreut, finden sich nämlich auch Häuser von Reichen und Wohlhabenden, Schulen, öffentliche Gebäude, Geschäftshäuser mit geringerer Einwohnerzahl. Geht man auf die eigentlichen Arbeiterhäuser ein, für welche das Material leider nur nach Zählbezirken vorliegt, so ergaben sich am 1. December 1875 Einwohner pro Haus in der

---

[1]) Dr. de Bey: Die intermittirenden Fieber. Aachen 1877, S. 29. Seinen Zusammenstellungen liegen die Angaben der Polizei über die Häuserzahl von 1864 und die Einwohnerzahl von 1867 zu Grunde. Die Tabellen für das Jahr 1875 habe ich selbst nach dem Actenmaterial angefertigt, welches nach Zählbezirken auf dem Rathhause vorliegt. — Bei meinen Wanderungen habe ich namentlich im Herrn Caplan Jansen von St. Paul einen ebenso liebenswürdigen wie für das Loos des Armen warm fühlenden Führer gefunden.

Königstrasse Hausnummer	Sandkaul Hausnummer	Rosgasse Hausnummer	Vaelserstrasse Hausnummer
1— 3: 56,2	65—69: 38,5	1— 3: 68,5	18—20: 75
5— 7: 68,5	71—75: 46,3	5—5/2: 62	22—26: 50
11—17: 42,5	77—79: 51,0	Rostrasse	
10—14: 55,0	30—34: 55,0	29: 83	
		31—33: 85,5	

Nach dem Verwaltungsberichte des Oberbürgermeisters für 1876 hatte Aachen die ungünstigsten Wohnungsverhältnisse. Auf ein Wohngebäude oder sonstigen Aufenthaltsort kamen in

Aachen . .	3,48	Haushaltungen	mit	15,41	Personen,
Barmen . .	3,46	„	„	„ 16,13	„
Elberfeld .	3,23	„	„	„ 14,73	„
Düsseldorf .	2,94	„	„	„ 14,09	„
Köln . . .	2,65	„	„	„ 12,28	„
Crefeld . .	2,58	„	„	„ 11,74	„

Das Haus ist zu Vergleichen allerdings ein ungeeigneter Massstab, und Aachener Bürger werden mit Recht daran erinnern, dass in den Zählbezirken mit so auffallend grosser Einwohnerzahl eine Hausnummer oft zwei und mehr grosse Wohnkasernen im Hinterhof umfasst. Ich bin daher so weit, als es thunlich war, auf die Anzahl der bewohnten Räume eingegangen; da ergaben sich Einwohner auf einen bewohnbaren Raum (Zimmer, Kammer, Küche) in der

Sandkaul	2,3	Berg-Str.	3,6
König-Str.	3,0	Hoch-Str.	0,53
Peter-Str. von Nr. 76 77 bis zum Thore	3,3	Theater-Str.	0,55
		Schützen-Str.	0,77

Die Ungleichheit der Wohnverhältnisse tritt nach dieser Tabelle noch klarer zu Tage. Von den reichen Leuten auf der Hoch- und Theaterstrasse hat ein jeder zwei Räume zum ausschliesslichen Gebrauch, während in den Arbeiterstrassen durchschnittlich 2,3 — 3,6 Personen in einer Stube hausen. Noch schlimmer ist es in den eigentlichen Arbeiterhäusern, welche ich leider nur nach Zählbezirken zusammengefasst angeben kann. So kamen auf den bewohnbaren Raum in der

Sandkaul			Peterstrasse		
in 9 Häusern . . .	3,0	Einwohner	in 2 Häusern . . .	4,2	Einwohner
„ 5 „ . . .	3,3	„	„ 2 „ . . .	4,3	„
„ 7 „ . . .	3,6	„	„ 4 „ . . .	5,4	„
„ 3 „ . . .	4,1	„	„ 3 „ . . .	6,3	„
Königstrasse			**Bergstrasse**		
in 5 Häusern . . .	4,0	Einwohner	in 5 Häusern . . .	4,0	Einwohner
„ 8 „	4,6	„	„ 5 „ . . .	5,0	„
„ 4 „ . . .	4,9	„	„ 4 „ . . .	8,1	„
„ 4 „ . . .	5,5	„			

Dem gegenüber die Hoch- und die Theaterstrasse mit 0,5 Personen auf den bewohnbaren Raum, — welcher Kontrast

Jene in engen niedrigen Stuben ohne Luft und Licht und ohne Höfe, diese in hellen Sälen mit dem Ausblick auf den Garten!

Es sind die ärmsten der Armen, welche in dem geschilderten Stadtviertel wohnen, und je ärmer sie sind, desto tiefer in die Hintergebäude oder höher hinauf in die Dachkammern ziehen sie. Hier sucht sie niemand anders auf als der Caplan, der Arzt und der Armenpfleger, der Steuerbote, der Executor und der Schutzmann, — alle Andern schaudern zurück vor dem Elend. Vielfach wird der Menschenkenner in diesen Räumen die eigene Schuld der Betreffenden mit entdecken können; die fähigen, die fleissigen Arbeiter wohnen, wie wir gleich noch sehen werden, in der Regel besser. Aber ebenso oft wird er bei genauester Nachforschung auf zufällige Unglücksfälle als Ursache stossen. Und überall wird ihm die furchtbare Rückwirkung der Konjunktur entgegentreten. Die gute Konjunktur zieht schaarenweise Familien nach unsern Industriecentren, die nach beendeter Kampagne ohne Dank für die Vermögen, die sie zu bilden geholfen haben, entlassen werden und sich, wo sie wollen, ein ferneres Unterkommen suchen können, bis eine günstige Konjunktur ihre Hülfe wiederum nothwendig macht oder sie unterdess verderben, sterben.

Weil diese Familien so arm sind, wohnen sie auch verhältnissmässig sehr theuer; die Versicherungsprämien gegen das „Rücken“ sind bei ihnen sehr hoch bemessen. In der Regel scheuen die Hausbesitzer die directen Verhandlungen mit solchen Leuten und vermiethen oft das ganze Haus einem Krämer, welcher am Eingange seinen Laden hält. Während der flotten Zeit war die Tendenz der Miethpreise eine steigende, und sobald der Besitzer merkte, dass der Krämer zu hohe Aftermiethen nahm, erhöhte er auch flugs seinerseits die Miethe und hielt dadurch den Gewinn desselben auf einer mittleren Höhe; in jedem Falle hatte jener freie Wohnung. Als nun aber der Rückschlag eintrat und die Miethpreise zu sinken begannen, da lag dem Hausbesitzer alles daran, das alte Verhältniss beizubehalten, und er überliess dem Krämer die Aftermiether zu voller Ausbeutung. Jetzt sind auch die Arbeiter vollkommen wehrlos; sobald eine Lohnreduktion, Entlassung oder Krankheit eintritt, sind sie nicht in der Lage, ihre Miethe zu bezahlen, und gerathen beim Krämer in Schulden. Aber selbst wenn das nicht stattfindet, ist eine ganz übliche, stillschweigende oder auch ausdrückliche Bedingung beim Miethen, dass der Arbeiter sämmtliche Waaren vom Krämer beziehen muss. Nunmehr beginnt ein schändlicher Wucher durch Lieferung von schlechten Waarenqualitäten zu hohen Preisen, und namentlich die verschuldeten Miether verfallen einer förmlichen Sklaverei, aus welcher sie sich in keiner Weise loskaufen können.

Durch eine solche künstliche Vertheuerung ihrer Lebensmittel und Miethen werden zahlreiche arme Familien vollends ruinirt. Verhältnisse dieser Art sind überaus häufig, und was das schlimmste ist, sie gelten in den Augen der Betreffenden nicht einmal als etwas schlechtes. Es ist mir von glaubwürdiger Seite ein sehr frommer Krämer gezeigt worden, der Sonntags aus freien Stücken den Küster spielt, sich aber nicht scheut, 16 Familien wie Leibeigene zu behandeln. Nicht viel besser ist das Verhältniss dann, wenn der Krämer zwar nicht Miether des Hauses ist, aber im Auftrage des Hausbesitzers Samstags die Miethen einsammelt. Diese Sorte von Krämern sind die Vampyre, welche auf den Schlachtfeldern der Industrie den Verwundeten noch den letzten Tropfen Blutes aussaugen.

Doch eilen wir fort aus diesen Strassen des Elends durch die Comphausbad-Strasse, am Kurhause vorbei, den Damengraben entlang zum Elisenbrunnen, durch den prächtigen Theil der Bäderstadt mit ihren reinlichen Häusern, glänzenden Läden und unerschwinglichen Preisen. Hier ist kein vorlauter Stein, welcher dem mühsam sich dahinschleppenden Badegast („Schmieronkel" genannt) das Gehen erschwerte; hier wie auf der Theater- und Hochstrasse hinauf ist sogar das Pflaster glatt und eben, entsprechend einer luxuriösen Fremden- und Rentnerstadt! Hier begegnet man der vornehmen Welt, den üppigen Schönheiten Aachens, den Badegästen aus aller Herren Länder.

Aachen ist die Stadt der grellen Gegensätze! Indess bei weitem nicht alle Arbeiter wohnen in oben geschilderten Verhältnissen; dass sind nur die Proletarier und Verarmten, deren Zahl schwer anzugeben ist. Ueberall zerstreut finden sich auch Familien mit zwei Stuben, und die Blumen vor dem Fenster verkünden dem Untenstehenden, was er oben zu erwarten hat. Das sind die wohlhabenden, tüchtigen Arbeiter, welche auch bei Krisen noch Arbeit finden und deren Frauen gute Haushälterinnen sind. Vor allem haben die Arbeiter durch eine verfehlte Bauspekulation der 1860er Jahre gewonnen. Im Osten der Stadt entstand das grosse Rehmviertel, welches zum Quartier für die Reichen bestimmt war; indess es zeigte sich damals kein Bedürfniss danach, und der Erbauer war genöthigt, die leer stehenden Häuserreihen an Arbeiter zu vermiethen; so ist jener Stadttheil statt eines plutokratischen ein Arbeiterquartier geworden. Vom Marmorboden führen reichgeschnitzte Geländer die Freitreppe hinauf, und kaum wagt man, unangemeldet einzutreten. Der Grund der hellen Tapete ist noch erkennbar, die Goldleisten am Gesimse und die reiche Stuckatur sind noch erhalten; doch statt des geträumten prachtvollen Stehspiegels gewahrt man ein grelles Oeldruckbild des Papstes, statt des reichen Kamines einen einfachen gusseisernen Kochherd, und wo einst die

Nippessächelchen der gnädigen Frau stehen sollten, rollen die Kartoffeln. Für fünf Thaler monatlich kann der Arbeiter da draussen schon zwei, ja drei schöne Zimmer miethen: hoch, hell, luftig, mit grossem Hof und breiter Strasse, und viele sind es, die dort wohnen. Andere bleiben im Innern der Stadt, theils weil sie der Fabrik näher sein wollen, theils weil sie sich ihrem Vermiether verpfändet haben, theils weil sie z. B. in der St.-Foilanspfarre, der reichsten, zu sehr billigen Preisen Mahlzeiten seitens des Caplans erhalten.

So leben theils schlecht, theils besser die Arbeiter; zahlreiche Spulerinnen, Spinnerinnen und Weberinnen besitzen aber in der Stadt überhaupt keine Wohnung. Stellt man sich im Sommer um 7 oder 8 Uhr Abends vor das Sandkaulthor, so sieht man die Stadt sich entladen und in langen Zügen die Arbeiterinnen ihren heimathlichen Dörfern zueilen; ihnen entgegen strömen die städtischen Mädchen, die auf dem Lande beschäftigt sind, und die beiden Ströme aus- und einziehender Arbeiter beleben die Thore und Steinwege. Am linken Arm hängt der grünlackirte Blechkorb, in welchem sie ihre Nahrung mitgebracht haben, die einen munter sich unterhaltend, die andern auch jetzt nach vollbrachtem Tagewerk eifrig am Strickstrumpf beschäftigt. Sie haben oft eine Stunde weit zu gehen, und dieser weite Gang am Morgen und Abend, die kräftigere Nahrung und bessere Wohnung geben den Landkindern ein gesunderes Aussehen als den städtischen Fabrikmädchen. Vielen Mädchen, z. B. denen aus Vaels und Cornelimünster, den Bergmannstöchtern aus Kohlscheid liegt die Heimath schon zu fern, und nur Samstags gehen sie nach Hause. Montag früh kehren sie dann zurück mit dem Mundvorrath für die ganze Woche: Kartoffeln, einem achtpfündigen Brote, im Innern ein wenig ausgehöhlt, worin sie Butter oder Schmalz verbergen; Mittwochs kommt die Mutter zum Markt und bringt den Töchtern neue Nahrungsmittel, welche diese sich Morgens kochen und während der Pausen aufwärmen. Die Nacht bringen sie in der Fabrik zu, und da Schlafsäle ganz vereinzelt vorhanden sind, suchen sie sich im Sommer Tücher und Wollsäcke in den Noppräumen und in der Feinspinnerei zusammen, im Winter aber flüchten sie sich in die heissen Räume der Grobspinnerei und in die Websäle, und in den gleichen Räumen, wo sie des Tages 14 Stunden bei Staub und Gestank gearbeitet haben, liegen sie auch des Nachts auf Säcken, die mit Flocken und Abfällen ausgestopft sind. Solche Verhältnisse herrschen ganz allgemein in Aachen wie auch namentlich in den ländlichen Fabriken, von denen die Arbeiter weite Wege nach Hause haben. Zwar wird dadurch das überaus traurige Quartiergängerwesen vermieden; auch sind in sittlicher Beziehung keinerlei Klagen laut geworden; aber in gesundheitlicher Hinsicht ist der Schaden offenbar und die Konkurrenz der ländlichen Arbeiterinnen mit ihrer Obdachlosigkeit und ihren geringen Ernährungskosten ist für die städtischen ganz unerträglich und drückt aufs empfindlichste ihre Löhne. —

Aus der Schilderung der Wohnungsverhältnisse allein lässt sich noch kein klares Bild von der Lage der Aachener Arbeiter entnehmen; die Untersuchung wird sich daher in die Fragen vertiefen müssen: wie hoch sind die minimalen Lebenskosten derselben, und in welchem Grade werden sie durch das Einkommen der Arbeiter gedeckt?

Als Minimalsätze der Miethe dürfen wohl diejenigen gelten, welche die Armenprotokolle für 92 Ehepaare und 98 Wittwen ergeben. Es zahlten in den Jahren 1876—1878 monatlich an Miethe:

bei	0	Kindern	ein	Ehepaar	6,64	M.,	eine	Wittwe	5,03	M.
„	1	„	„	„	7,31	„	„	„	6,20	„
„	2	„	„	„	7,71	„	„	„	7,98	„
„	3	„	„	„	8,22	„	„	„	(7,92)	„
„	4	„	„	„	9,65	„	„	„	9,63	„
„	5	„	„	„	(9,42)	„	„	„	—	„
„	6	„	„	„	10,23	„	„	„	—	„
„	7	„	„	„	12,33	„	„	„	—	„
„	8	„	„	„	14,37	„	„	„	—	„

Diese Durchschnittssätze werden bald überstiegen, bald noch nicht erreicht, wie aus der Anlage II ersichtlich ist; im allgemeinen dürfen sie als zutreffend gelten, da sie von Personen gezahlt werden, welche von der Armenverwaltung unterstützt zu werden wünschen und ihre Verhältnisse genau zu Protokoll geben müssen. Zwar vermag ein alleinstehender Mann bereits für 15 Pf. ein Nachtlager zu finden; aber das macht schon 4 M. 50 Pf. im Monat, und er führt als Schlafgänger im Wirthshause doch nur einen liederlichen Lebenswandel, den ein ordentlicher Arbeiter vermeidet.

Ueber das Minimum der Ernährung fehlen natürlich solche Angaben; indess dürften nach sorgfältigen Nachforschungen bei den kompetentesten Männern folgende Sätze als niedrigste anzunehmen sein. Ein alleinstehender Mann braucht 1) zum Frühstück $1^1/_2$ Loth Kaffe = 3 Pf. und zwei trockene Semmeln = 6 Pf., zusammen 9 Pf.; 2) zu Mittag an Kartoffeln und Suppe 20 Pf., mit Fleisch 25 Pf., 3) am Abend: das Frühstück mit einem Stückchen Käse = 12 Pf.; zusammen 56 Pf. täglich, macht im Monat 16 M. 80 Pf., mit der Miethe von 5 M. 3 Pf. = 21 M. 83 Pf. Ein Ehepaar mit zwei kleinen Kindern bedarf 1) zum Frühstück 3 Loth Kaffe = 6 Pf., Milch für 1 Pf., Schwarzbrot für 20 Pf., Fett für 5 Pf., zusammen 32 Pf., 2) zu Mittag Kartoffeln mit Zwiebeln und Fett für 40 Pf., 3) am Nachmittag und 4) am Abend das Frühstück wiederholt, zusammen 1 M. 36 Pf. täglich oder im Monat 40 M. 80 Pf., mit der Miethe von 7 M. 71 Pf. = 48 M. 51 Pf. Niedriger lassen die Sätze sich gar nicht mehr greifen, und sie decken ja nicht mehr Bedürfnisse als sie das höhlenbewohnende Thier in der Wildniss befriedigt; nur das schützende Dach und die kümmerlichste Fristung des leiblichen Daseins durch rein vegetabilische Stoffe wie Cichorien (zum „Kaffe“wasser), Kartoffeln und Brot sind dadurch gesichert. Die sonstigen Ausgaben für Kleidung, Heizung und Beleuchtung, Abgaben, Ausgaben für Unterricht, Erholung und Derartiges sind hier noch gar nicht eingerechnet.

Wird der unumgängliche Lebensbedarf des Arbeiters durch seinen Lohn gedeckt? Sofern er arbeitslos ist und keinen Lohn empfängt, vermag er natürlich aus eigenen Mitteln sein Dasein nicht zu fristen. Aber wenn er Beschäftigung hat? Darauf wird unbedingt weder mit Ja noch mit Nein zu antworten sein; vielmehr werden die verschiedenen Factoren geprüft werden müssen, welche das Auskommen einer Arbeiterhaushaltung bedingen. In erster Linie kommt die Grösse des Bedarfs in Betracht, welcher vom Umfange der Haushaltung bestimmt wird; ein alleinstehender Mann schafft sich leichter seine Existenz als eine Familie, und dieser gelingt es um so schwerer, je kleiner und erwerbsunfähiger die Kinder sind und je mehr sie daher die ganze Zeit der Mutter in Anspruch nehmen. Ferner kommt die Wirthschaftlichkeit der Familie, besonders die Haushaltungskunst der Frau in Betracht, inwieweit sie sparsam, und was noch wichtiger ist, inwieweit sie in richtiger Weise den knappen Verdienst zu verwenden versteht. In letzter Instanz entscheidet freilich die Grösse des Einkommens selbst und dieses ist verschieden bei Textilarbeitern, Nadlern und Maschinenbauern und schwankt mit den Konjunkturen, welche für jeden Industriezweig wieder verschiedene sind.

Der alleinstehende Arbeiter befindet sich fast immer in beneidenswerther Lage; bei einem Durchschnittslohn von 10 Mark wöchentlich vermag er seine minimalen Lebenskosten fast doppelt zu bestreiten. Auch diejenigen Familien, welche schon soweit erwachsene Kinder haben, dass diese 5—7 Mark wöchentlich erwerben können, befinden sich bei Cichorien, Kartoffeln und Brot in ziemlich gesicherter Lage Es ist daraus das Bestreben der Eltern erklärlich, ihre Kinder so früh als möglich zu Verdienst zu bringen und in die Fabrik zu schicken; bei schlechter Konjunktur, wo sie deren Hülfe am nöthigsten hätten, gelingt es ihnen schwer; denn gerade dann werden die Kinder massenhaft entlassen; in guten Zeiten finden die Kinder bald lohnende Beschäftigung. Diese Kinderarbeit in Fabriken unterscheidet sich wesentlich von der im Handwerk und in der Hausindustrie. Solange das Kind in der eigenen Werkstatt des Vaters thätig war, ging seine Arbeit auf in das Gesammtprodukt des kleinen Betriebes und wurde verwerthet in den allgemeinen Einnahmen und im Haushalte der Eltern; das Kind erhielt keinen Lohn, sondern höchstens ein Taschengeld. Beim Fabrikbetriebe arbeitet es ausser Hause, vielleicht in einer ganz anderen Fabrik und einem andern Gewerbe als die übrige Familie, kann in keiner Weise von dieser controlirt werden, empfängt den Lohn gleichberechtigt mit allen Erwachsenen persönlich, und die Frucht seiner Mühen fliesst direct in seine Tasche. Einem Theile der Eltern gelingt es trotzdem, die volle Autorität über ihr Kind zu bewahren und es zu veranlassen, den vollen Erwerb in den Haushalt der Familie einzuwerfen, wofür ihm der Vater ein Taschengeld aussetzt. Andere Eltern sind nicht so energisch, und ihre Söhne besitzen nicht so viel Kindesliebe; sie zahlen bloss ein Kostgeld, und die Kasse der Eltern ist nur um die Versorgung dieses einen Kindes erleichtert, aber auch um nichts mehr. Daraus folgt dann gewöhnlich eine ganz falsche Erziehung: das am meisten verdienende Kind wird verwöhnt und den übrigen Geschwistern vorgezogen, um ihm eine grössere Summe zu entlocken. Oft aber schwillt der Uebermuth der Jugend: die Bursche vergeuden ihr Geld in der schlimmsten Weise, vertrinken, verspielen, verschwenden es, verlassen ihre Eltern, um dann nach der kurzen Glanzzeit der Selbständigkeit, wenn sie wegen nachlässiger Arbeit oder in Folge der rückgehenden Konjunktur entlassen werden, als reumüthige Söhne in den Schooss der hungernden Familie heimzukehren. Die Eltern können nach § 4 des Gesetzes vom 21. Mai 1869 ihre Alimentationsansprüche zwangsweise eintreiben lassen; aber die Beschlagnahme des Lohnes ist mit sehr vielen Umständlichkeiten verknüpft, und ein blosser Wechsel des Arbeitgebers würde genügen, um dieselbe vergeblich zu machen und den Alimentationsberechtigten zu zwingen, den Arrest mit keinem bessern Erfolge von neuem zu beginnen.

Alleinstehende Arbeiter und Familien mit erwachsenen Kindern finden, sofern nicht Arbeitslosigkeit, Krankheit oder Verunglückung eines Mitgliedes störend dazwischen treten, im Allgemeinen ihr Auskommen. Dagegen herrscht unter den Familien mit zwei und mehr kleinen Kindern ein chronischer Nothstand. Hier erwirbt der Mann in der schlechten Zeit gleichfalls nur 40 M. im Monat, und doch beträgt das Minimum der Ausgaben für Obdach und Lebensfristung 48 M. 50 Pf. Die Frau ist durch die Rücksicht auf ihre Kleinen und durch die Hoffnung auf ein folgendes an das Haus gebunden, und wollte sie auch ihre Kinder einer Wartefrau in Verwahrung geben, so würden die 3 M. wöchentlich für jedes Kind und die geringere Ordnung im Haushalt nicht durch ihren Erwerb aufgewogen werden. Bei der erstaunlichen Fruchtbarkeit der

Arbeiterbevölkerung ist aber die Kinderzahl gewöhnlich eine bedeutend grössere als nur zwei. Der Hauptgrund davon sind die frühzeitigen Heirathen; Bursche und Mädchen werden in den Fabriken früh selbständig; sie arbeiten den Tag über zusammen; in der heissen Luft wird der Geschlechtstrieb sehr gereizt; sie gehen des Abends gemeinsam nach Hause, und am Sonntag sieht man zahllose halbwüchsige Knaben, die Cigarre im Munde und den Cylinder schief auf dem Kopfe, ihr unreifes Mädchen am Arme spazieren führen. Mit dem Wahlspruch: „zusammen können wir mehr hungern als einzeln" treten sie in die Ehe; die Mehrzahl der Bräute trägt mit Unrecht den Kranz im Haare. Für Eheschliessungen solcher Art lassen sich vom religiösen und moralischen Gesichtspunkt viele Gründe anführen, und die sittenstrenge rheinische Geistlichkeit trägt nicht wenig dazu bei, die Anzahl der unehelichen Geburten auf ein Minimum zu reduciren. Aber vom volkswirthschaftlichen Standpunkt sind die frühzeitigen Heirathen sehr bedenklich; die Leutchen kennen keinerlei Enthaltsamkeit, und unaufhörlich wächst die Familie heran.

Freilich nimmt sie ebenso rasch ab. Man bedenke die schlechten Wohnungsverhältnisse, die mangelnde Ordnung und Reinlichkeit im Innern des Hauses, vor allem die verfehlte Ernährung der Kinder. Wird z. B. eine Arbeiterfrau aus der Entbindungsanstalt entlassen und ist ihr auch eingeschärft, dem Kinde anfangs nur verdünnte Milch und auf keinen Fall geweichte Semmel zu geben, so wendet sie sich beim Hinausgehen entrüstet zu ihrer Nachbarin und ruft: „Das sollte noch fehlen! Ich will mein Kind ebenso ernähren wie die Reichen!" Und nun beginnt sie dem armen Säugling die entsetzlichsten Dinge, z. B. „Corinthescheermulle," in den Mund zu stopfen. Die Sterblichkeit ist in Folge dessen eine ganz ausserordentliche; fragt man nur die eine oder die andere Frau, welche auf den Treppen der Häuser in der Sandkaul mit ihrem Säugling sitzen: Wie viel Kinder habt Ihr gehabt? so lautet die Antwort sehr oft: Neun! Und wie viel sind noch am Leben? Die Mutter weist auf das Kind im Arm. Einen annähernden Massstab für die verschiedene Sterblichkeit in den einzelnen Berufen und Ständen geben folgende Zahlen. Von den 4525 Personen, welche in der Stadt Aachen in den Jahren 1876 und 1877 starben, standen 58 % in dem Alter unter 15 Jahren; über diesem Durchschnitt standen die Gestorbenen aus der Textilindustrie mit 65.4 %, der Metallverarbeitung mit 66.4 % und dem Maschinenbau mit 66.5 %; von den Gestorbenen aus dem Stande der Gehülfen, Gesellen, Lehrlinge und Fabrikarbeiter waren sogar 72.8 % noch Kinder unter 15 Jahren, und zwar 46,9 % von 0—1 und zu 23 % von 1—5 Jahren; also fast die Hälfte der Kinder der arbeitenden Klasse stirbt vor Ablauf des ersten Lebensjahres.

Das Ehepaar versteht in der Regel von der Haushaltung nichts und führt die liederlichste Wirthschaft. Hat doch die Frau ihre Kinder- und Mädchenjahre an der Spul- und Spinnmaschine zugebracht, so dass die Künste des Nähens und Waschens ihr völlig fremd geblieben sind. Selbst wenn grössere Geldmittel ihr zur Verfügung stehen, ist sie ausser Stande, dem Manne mehr zu bieten als Kaffewasser, Brot und gekochte Kartoffeln, und stellt sie sich einmal an den Kessel, so wird sie zur Hekate, die Unheilvolles zusammenbraut. Daher ist es gekommen, dass selbst während der Glanzjahre zahlreiche solcher Arbeiterfamilien fortfuhren, sich von denselben abscheulichen Speisen zu nähren und in denselben dumpfen Löchern zu wohnen. Bei solcher Lebensweise ergab sich dann am Ende der Woche natürlich ein grosser Ueberschuss, und gewohnt, den Wochenverdienst auch in der Woche auszugeben, häufte der Arbeiter den ganzen Mehrerwerb auf den Sonntag und Montag. Dann wurden zu Mittag ein grosser Schinken, zum Dessert ein Kuchen und andere Esswaaren gekauft, die ausserhalb des Hauses schon für die unwissende Frau vorbereitet waren. Nach dieser soliden Grundlage wanderte der Familienvater mit der Gattin, der theuren, am Arm in den Stadtwald oder auf den Lousberg, trank dort seinen Schoppen Maiwein und beschloss seinen Tag in einer Opernvorstellung im Paulushause, während welcher er sich an Beefsteak und Wein nach den Strapazen des Tages stärkte. Diese Arbeiter gebärdeten sich wie Sklaven, die, eines Tages der Zuchtruthe der Noth entsprungen, alle Genüsse ihrer Herren äusserlich nachahmten, die sogar aus Uebermuth, wenn sie einmal ohne Arbeit waren, in der Kalesche vor die Fabrik angefahren kamen. Bei Leuten solchen Schlages war von einer Erhöhung der Lebenshaltung keine Rede, und bei der Arbeitslosigkeit und Lohnerniedrigung haben sie zwar zahlreiche momentane Vergnügungen, nicht aber eine geistig, sittlich und social höher stehende Lebenshaltung eingebüsst.

Indess ist das doch nur ein Theil der Arbeiter, welcher so gewirthschaftet hat; auch Aachen hat einen alten Stamm ehrbarer und tüchtiger Männer, die für die Zukunft Sorge getragen haben. Sie sind es, welche jetzt in den Fabriken beibehalten worden sind, und daraus erklärt sich die hohe Zahl der Mitglieder der Prämienkassen (welche für Einlagen bis zu 450 M. höhere Zinsen zahlen als die Sparkassen). Im Aachener Bezirk gehörten in den Jahren 1876—1877 von den Arbeitern über 16 Jahre jenen Kassen an in den Maschinenfabriken 60 %, in den Wollfabriken unter den männlichen Arbeitern 41 %, unter den weiblichen 26 %, in den Bergwerken 34 %, in den Eisenfabriken 34 % und in den Nadelfabriken 26 %. Die Maschinenbauer gelten als Blüthe der Aachener Arbeiterschaft; ihre Industrie hat durch die Krisis mit am meisten gelitten;

es haben grosse Entlassungen stattgefunden, und nur die tüchtigsten, wohlhabendsten und sparsamsten Mechaniker sind nachgeblieben. Bis zum Jahre 1875 war die Bewegung in den Prämien- wie in den Sparkassen eine stetig zunehmende; seit 1876 begann der Rückgang, und schon übersteigen die Rückzahlungen die Einlagen ganz bedeutend (vgl. Anlage III).

Trotz der vorgeführten Zahlen ist das Sparen in den Kassen noch nicht in die Massen der Arbeiter gedrungen; dasselbe erscheint ihnen zu sehr auf eine unsichere Zukunft gerichtet und ohne augenblicklich ersichtliches Resultat. Zugleich hat auch der Fabrikantenstand es unterlassen, die allerverbreitetste und gewöhnlichste Gelegenheit zum Sparen, nämlich zum Erwerb eines eigenen Häuschens durch Gründung einer Actienbaugesellschaft, den Arbeitern zu bieten, und so bleibt den Arbeitern nichts anderes übrig als in Genussmitteln zu sparen. Kommt die gute Zeit, so werden Kleider, Wäsche, Möbel wieder angeschafft; es braucht der Arbeiter nicht mehr im Winter zu frieren und Abends im Dunkeln zu sitzen; er kann ein paar Mal in der Woche Fleisch essen, um sich und die Kinder zu kräftigen, und die Metzger erzählen mit Vergnügen von der schönen Zeit, wo kein Arbeiter ohne Fleisch oder Wurst, oft für 50—60 Pfennige, zur Fabrik ging; in der guten Zeit fordern Staat und Stadt die Klassensteuer und der Lehrer das Schulgeld. Alle diese Anforderungen wachsen nunmehr so plötzlich, dass die alleinstehenden Arbeiter und die Familien mit erwachsenen Kindern ihnen nicht ohne Mühe gerecht werden können; beim geringsten Unfall, namentlich bei Krankheit, tritt selbst beim höchsten Lohn die Unterstützungsbedürftigkeit ein. Die Arbeiterfamilien mit zwei kleinen Kindern bleiben selbst in den besten Zeiten Candidaten der Armenunterstützung, und es ist eine von den verschiedensten Privatpersonen, von Staatsbeamten wie vom Chef der Armenverwaltung beglaubigte Thatsache, dass Familien mit drei und mehr kleinen Kindern zu allen Zeiten hilfsbedürftig sind.

Erwägt man nun, dass nur ein Theil des tüchtigen Arbeiterstammes, welcher bei erwachsenen Kindern sich in geordneten Verhältnissen befindet, Ersparnisse in Baargeld gemacht hat, dass ein anderer Theil nur dazu gekommen ist, den in vorhergegangenen schlechten Zeiten reducirten Hausbedarf zu erneuern, dass ein dritter Theil selbst in guten Jahren zeitweise oder auch dauernd die öffentliche Armenunterstützung in Anspruch nehmen muss, und dass endlich die grosse Masse der letztherangezogenen ungelernten Arbeiter, welche zuerst beim Rückgang der Konjunktur entlassen werden und dann die überzählige Industriebevölkerung bilden, sich noch gar nicht in ihren neuen Verhältnissen consolidirt hat, so wird man leicht begreifen, mit welch' vernichtender Gewalt die

Krisis mit ihren Arbeiterentlassungen und Lohnreductionen auf diese Volksklasse gefallen ist. Den besten vorhandenen Massstab dafür geben die Veranlagungen zur Klassensteuer ab, und zwar sind die im Verwaltungsberichte des Oberbürgermeisters veröffentlichten Tabellen von um so grösserem Werthe, als die Einschätzungen wegen Steigerung der communalen Zuschläge von Jahr zu Jahr genauer und strenger vorgenommen werden und die Angaben der Polizei nicht nur die veranlagten steuerpflichtigen Personen, sondern die gesammte steuerfreie, klassen- und einkommensteuerpflichtige Bevölkerung betreffen. An den folgenden Zahlen lässt sich also wenig deuteln und schönfärben.

Bevölkerung der Stadt Aachen	1875	1876	1877/8	1878/9
Civilbevölkerung, davon . . .	74931	75137	75767	76817
1. Steuerfreie B., nämlich . . .	8214	10847	16862	23381
a) mit einem Eink. unter 420 M.	6663	7027	10853	17084
b) mit 420—660 M. Eink. wegen beeinträchtigter Leistungsfähigkeit	1551	3820	6009	6297
2. Klassensteuerpflichtige B. . .	61606	59463	53741	48318
3. Einkommensteuerpflichtige B. .	5111	4827	5146	5118
Es machten aus in Procenten				
1. Die steuerfreie Bevölkerung .	10,9	14,4	22,2	30,4
nämlich a)	8,8	9,3	14,3	22,2
„ b)	2,1	5,1	7,9	8,2
2. Die klassensteuerpflichtige B.	82,2	79,1	70,9	62,9
nämlich mit 420— 660 M. Eink.	47,1	43,6	40,0	35,1
„ „ 660—1200 „ „	23,0	21,6	17,3	15,1
„ „ 1200—2100 „ „	8,6	9,8	9,3	8,6
„ „ 2100—3000 „ „	3,5	4,1	4,3	4,1
3. Die einkommensteuerpflicht. B.	6,9	6,5	6,9	6,7

Das Resultat ist ein erschütterndes. Die vier Jahre 1875—78 haben hingereicht, die steuerbefreite Bevölkerung von 8.214 auf 23.381 Personen zu vermehren, sie also zu verdreifachen, und zwar fand das vorzugsweise durch das Hinzutreten von kinderreichen Familien statt; denn nach Anlage IV repräsentirte eine zur klassensteuerpflichtigen Bevölkerung veranlagte Person im Jahre 1875 eine Familie von 2.81, 1878/79 eine von 2.51 Köpfen; die kinderärmeren Familien erhielten sich also in der steuerzahlenden Bevölkerung; die kinderreicheren aber gingen ein in die grosse Masse der steuerfreien und unterstützten Armen. Dem entsprechend verminderten sich natürlich die zu den niederen Stufen der Klassensteuer veranlagten Personen; ein allgemeiner Rückgang in den Einkommensverhältnissen fand statt. Während 1875 nur 10 Prozent, waren 1878/79 schon 30 Prozent der Bevölkerung steuerfrei; fernere 35 Prozent bezogen ein Einkommen von nur

420—660 Mark jährlich, — oder kurz gesagt: ein Drittel der Aachener Bevölkerung besteht aus absolut Armen (und Proletariern) sans phrase, ein zweites Drittel schwankt auf der schmalen Grenzlinie zwischen Sattsein und Hungern, wo ein einziger Unfall, eine einzige Woche Arbeitslosigkeit die Familie ins Unglück stürzt, nur der dritte Theil der Bevölkerung ist den elementarsten Nahrungssorgen enthoben, aber selbst davon bezieht die Hälfte nur 660—1200 Mark jährliches Einkommen.

Jetzt wird es völlig klar, warum im Jahre 1877 von der Armenverwaltung 2555, vom Vincenzverein 305, vom Elisabethverein und von Privaten ungezählte andere Familien unterstützt worden sind; sie alle zusammen mit ihren Angehörigen ergeben bald die 16862 Personen, welche 1877/78 von der Steuer befreit wurden, und der Erhöhung dieser Zahl für das Etatjahr 1878/79 wird auch nach einer vorläufigen Mittheilung der Armenverwaltung eine Zunahme der von ihr unterstützten Familien entsprechen. 420 Mark jährlich bedeuten kaum 8 Mark wöchentlich, und da wir festgestellt haben, dass eine Familie mindestens 10 Mark für Fristung ihres physischen Daseins und für Beschaffung eines Obdachs bedarf, so müssen sämmtliche Familien mit weniger als 520—575 Mark jährlich irgendwoher ein abgeleitetes Einkommen beziehen.

Die Krisis hat fürchterlich unter dem Arbeiterstande gewüthet. Alle wohlgesinnten Männer, welcher Partei sie auch angehören mögen, können ihr Erstaunen darüber nicht bemeistern, dass die Arbeiter noch überhaupt existiren können, und sie grübeln, wie dieselben es wohl anstellen mögen, sich durch's Leben zu schlagen. Mir scheint das Räthsel unschwer zu lösen: die Ausgaben sind auf das rein physische Minimum reducirt; nur ein schützendes Dach und ein gewisses minimales Quantum an Nahrung, wie Cichorienwasser, Brot und Erdäpfel, müssen beschafft werden; alle übrigen Bedürfnisse bleiben unberücksichtigt. Die in guten Zeiten angeschafften Kleider, Wäsche und Möbel wandern in eines der 21 florirenden Pfandhäuser, und nur eine dürftige Hülle, bestehend in Hemd, Hose und schäbigem Rock, deckt die abgemagerten Glieder; im Winter wird gefroren und Abends im Dunkeln oder auf der Armensünderbank in der Kneipe gesessen, wo es hell und warm ist; die Kinder kommen in die Freischule, und die Steuern müssen erlassen werden; denn wo nichts ist, haben Kaiser und Oberbürgermeister ihr Recht verloren. Wie häufig nichts mehr zu holen ist, beweist die steigende Anzahl der wegen Rückstände

in der Stadt Aachen	verfügten	vollstreckten	fruchtlos vollstreckten
	Executionen		
1875	362	—	31
1876	4256	1153	1419
1877	5838	1450	2111
im Reg.-Bez. Aachen			
1875	8472	2957	1499
1876	14540	4160	3736
1877	19941	6738	5375

Schauen wir der Wahrheit ins Antlitz und sprechen wir sie aus: Aachen ist eine Proletarierstadt!

Die alten Zeiten, wo die Arbeiter als selbstständige Handwerksmeister gleichberechtigt neben einander standen, und auch die neuere Epoche, wo der Abstand in Bildung und Capitalbesitz zwischen dem hausindustriellen Kaufmann und dem „Basen“ nicht so beträchtlich war, — sie sind dahin! Die Kluft zwischen Fabrikant und Arbeiter ist eine fast unübersteigbare geworden: eine erfolgreiche Produktion erfordert soviel Capital, wie es der Arbeiter nie ersparen kann; die kaufmännische Leitung des Unternehmens erheischt soviel Ueberblick und Erfahrung, wie er sie nie erworben hat, und die fortschreitende Technik beansprucht Kenntnisse, die er bei seiner mangelhaften Bildung sich nicht anzueignen vermag. Hier capitalbesitzender Fabrikant, dort reiner Lohnarbeiter; dazwischen liegt in Aachen nichts; denn keiner wird leugnen, dass ein Mittelstand daselbst fast vollständig fehlt. Aachen ist die älteste unter den grossen Industriestädten Rheinlands, vielleicht ganz Deutschlands; dort hat auch der capitalistische Fabrikbetrieb zuerst gesiegt, und die Folgen desselben treten gerade hier mit einer Nacktheit auf, wie ich sie weder sonst im linksrheinischen Gebiete, noch im bergisch-märkischen Lande gefunden. Aber es sind nicht die Folgen des Fabrikbetriebes allein, sondern zugleich die Folgen verkommener socialer Zustände der Vergangenheit und des Luxus und des Lebens einer reichen Bade- und Rentnerstadt.

Die Neuzeit hat nur die reichsstädtische Erbschaft angetreten. Auf dieser gegebenen Grundlage entwickelten sich die Zustände weiter und gerade nicht zum Bessern: in der ersten Hälfte des Jahrhunderts die Ausbeutung der Arbeiter durch Truckwesen und andere unwürdige Mittel, zu gleicher Zeit der Uebergang zur Fabrikweberei mit einer nicht unbeträchtlichen Lohnreduction, dann der Druck auf die Löhne durch die Verwendung von Kindern und vielen ländlichen Mädchen und endlich die völlige Organisations- und Widerstandslosigkeit der Arbeiter. Ausserdem ist Aachen nachgewiesenermassen die theuerste Stadt im ganzen Königreich: Mieth- und Lebensmittelpreise stehen aussergewöhnlich hoch, und doch sind die Löhne durchschnittlich niedriger als in anderen rheinischen Städten ähnlicher Grösse.

Daher jene Wohnlöcher, jene ungesunde Ernährung, daher jenes Proletariat, das in der Blüthezeit des Lebens bei einer Familie von drei kleinen Kindern stets der Armenunterstützung anheimfällt, daher jene Hülfsbedürftigkeit bei den geringsten persönlichen Unfällen und jene Massennoth bei Krisen.

Das sind Thatsachen! Das ist die Wahrheit!

Daraus folgt noch nicht, dass man sämmtliche Verhältnisse der Stadt völlig umstürzen, ebenso wenig, dass man sie verschweigen soll, — es folgt vor der Hand nur, dass die besitzenden und gebildeten Klassen den Muth haben sollen, die Wahrheit festzustellen und öffentlich einzugestehen und die Finger auf jene wirthschaftlichen und socialen Wunden zu legen, welche den Aachener Arbeiterstand auch politisch fieberkrank machen.

V. Die Lage der Fabrikanten.

Der Aachener Fabrikantenstand hat sich in den letzten hundert Jahren herangebildet. Ganz allmählich und anfangs unter grossem Widerstreben der von ihm bedrohten Kleinmeister vollzieht sich der Uebergang vom handwerksmässigen zum capitalistischen Betriebe. Zuerst concentriren sich in den Händen des Kaufmanns nur die Betriebscapitalien für den Ankauf von Rohstoffen, für das Halten eines Waarenlagers und für die Lohnzahlungen, welche früher zerstreut im Besitze von Woll- und Tuchhändlern und von Handwerksmeistern gestanden hatten; dazu treten dann die grossen Anlagecapitalien wie Walkmühlen, Wollküchen und Lagerhäuser (Comptoir), die aus dem öffentlichen Eigenthum der Stadt und der Zunft in den Privatbesitz von Kaufleuten übergehen; endlich kommen, den Fortschritten der Technik folgend, die Reste der Capitalien der hausindustriellen Meister, die Werkzeuge und Werkstätten, in Gestalt von Maschinen und Fabrikgebäuden, hinzu. Der Entwicklungsprocess ist vollendet, der capitalbesitzende Fabrikant ist entstanden, und er bietet dem capitallosen Lohnarbeiter eine Werkstätte in seinem Etablissement. Die technischen und kaufmännischen Kenntnisse wie das in der Industrie angelegte Capital, welche früher ziemlich gleichmässig unter allen bei der Fabrikation beschäftigten Personen vertheilt waren, sind nun bei wenigen concentrirt.

Während der Blüthezeit des Absatzes nach Amerika in den Jahren 1845—53, ja bis 1860 haben sich die meisten grossen Vermögen gebildet. Wer damals intelligent, energisch und geschäftsgewandt war und wem das Glück hold blieb, dem gelang es, immer grössere Bestellungen zu übernehmen, und zu deren Ausführung zog er immer grössere Capitalien und eine wachsende Zahl Arbeiter an sich. Eine Fabrik nach der andern wurde etablirt, und jede einmal angelegte Fabrik trug den natürlichen Trieb nach Ausdehnung und nach Ausnutzung von Raum- und Dampfkraft zur Minderung der Generalkosten in sich. Je grösser die einzelne Anlage wurde, ein desto grösseres Capital beanspruchte die Etablirung einer neuen Fabrik, welche erfolgreich concurriren wollte; je directer die kaufmännischen Beziehungen der grossen Firmen zum Auslande wurden, und je mehr die Commissionshäuser aus Aachen verschwanden, desto mehr wurden die kleinen Geschäfte in ihrem Absatzgebiete beschränkt und machten sich innerhalb desselben eine unerträgliche Konkurrenz. So kam es denn, dass die grossen Vermögen rascher wuchsen als die kleinen und der Capitalunterschied zwischen reichen und wohlhabenden Leuten sich verschärfte. Eine Illustration bieten uns dafür die Veranlagungen zur Einkommensteuer, die zwar an sich sehr unzuverlässig, bei welchen die Fehlerquellen jedoch im Wesentlichen die gleichen geblieben sind; für unsern Zweck sind sie noch viel zu mild; denn da die grossen Einkommen nicht so genau eingeschätzt werden als die mittleren, so ist der Vermögensunterschied in Wirklichkeit ein viel grösserer, als er bereits nach der Tabelle zu Tage tritt. Es waren in der Stadt Aachen (vergl. Anlage V für den Regierungsbezirk) zur Einkommensteuer veranlagt Personen mit einem Einkommen von Mark:

Jahr	3000 bis 4800	4800 bis 9600	9600 bis 18000	18000 bis 36000	36000 bis 72000	72000 bis 120000	Summe
1854	379	172	43	13	—	—	607
1859	358	228	66	20	4	—	676
1864	452	256	86	23	6	—	823
1869	546	289	89	40	12	2	978
1873	639	362	123	56	17	3	1200
1874	658	408	140	47	25	1	1279
1875	757	427	145	45	23	5	1402
1876	745	419	152	46	20	5	1387
1877/8	854	432	158	45	20	3	1512
1878/9	824	436	153	47	17	3	1480
Die Zunahme betrug: 1854 = 100 gesetzt:							
1859	94	132	153	154	100		111
1864	119	148	200	176	150		135
1869	144	168	207	307	350		161
1873	168	210	286	430	500		197
1874	173	237	325	361	650		216
1875	199	248	337	346	700		233
1876	198	243	353	353	625		228
1877/8	222	251	367	346	575		249
1878/9	217	252	355	361	500		231

Die Zunahme betrug von 5 zu 5 Jahren:

Jahr	3000 bis 4800	4800 bis 9600	9600 bis 18000	18000 bis 36000	36000 bis 72000	72000 bis 120000	Summe
1854/59	94	132	153	154	—		111
1859/64	126	112	130	115	150		121
1864/69	120	112	103	173	233		118
1869/74	120	141	157	117	185		130
1874/78/9	125	106	109	100	77		115

In den 20 Jahren 1854—73 hat die Zahl der einkommensteuerpflichtigen Personen sich fast verdoppelt; doch ist diese Zunahme in den verschiedensten Einkommenstufen eine ungleich rasche gewesen. Die Anzahl der zu 3000—4800 M. veranlagten Personen ist von 100 auf 168, die der zu 4800—9600 M. veranlagten von 100 auf 210 gestiegen; dagegen hat die Zunahme in den höheren und höchsten Stufen von 100 auf 286, 430 und 500 betragen. Die Anzahl der wohlhabenden Leute in Aachen hat sich also kaum verdoppelt, während die der Reichen und Reichsten sich verdrei-, vier- und fünffacht hat. Im Jahre 1854 zählte der wohlhabende Mittelstand 551 Personen mit einem Einkommen von 3000—9600 M. gegen 56 Reiche mit 9600—36000 M., im Jahre 1873 gab es 1001 Wohlhabende gegen 199 Reiche mit 9600—120000 M. Einkommen. Im Jahre 1853 gab es 10, 1873 nur 5 Wohlhabende gegen 1 Reichen. Noch greller würde das Anwachsen der grossen Vermögen ins Auge springen, wenn man als Ausgangspunkt der Vergleichung das Jahr 1845 nähme.

Ein bedeutender Zuwachs des Vermögens hat im Jahrfünft 1869—74 stattgefunden. Die Steigerung betrug 30 Prozent, und zwar wird auch hier die der wohlhabenden Klassen mit 20 und 41 Procent durch die der Reichen und Reichsten mit 57, 17 und 85 Procent überragt. Es floss die Zunahme des Einkommens aus allerlei Quellen; nicht zum wenigsten hat der flotte Gang der Aachener Industrie dazu beigetragen; es werden Fabrikanten genannt, welche 150000 M., andere, die 60 bis 90000 M. im Jahre verdient hätten. Unter den Männern, welche plötzlich wohlhabend wurden, gab es eine Reihe Commis, Kaufleute und Geschäftsmänner niederen Ranges. Durch einen Zufall von der Welle des Glücks zu den stolzen Höhen des Reichthums emporgetragen, kannte der Uebermuth vieler dieser Leute keine Grenzen; ohne die innere Gewähr für eine würdige Verwendung der grossen Mittel, suchten sie in äusserem Glanze die einzige Repräsentation ihrer neu erworbenen Stellung. Auch in Aachen beginnt eine Zeit der unsinnigen Verschwendung, der luxuriösen Häuserbauten, des Equipage-Haltens, der Feste im Kurhause, der Putzsucht der Frauen und aller Maasslosigkeiten in Essen und Trinken der Männer; der grössere äfft den kleineren nach. In einer einzigen Carnevalsnacht sprudelt in der „Erholung“ aus 300 Flaschen der Champagner, sechs Jahre später nur aus 25. Dort ruft bei schäumendem Kelche ein Parvenu in die Gesellschaft das übermüthige Wort: „Wer heutzutage nicht 20000 Thaler zu verzehren hat, der ist ein Lump!“ — Wie alt sind Sie? fragt ihn trocken der Oberforstmeister zur Rechten. — „Ein und fünfzig Jahre! Doch wozu diese Frage?“ — Dann sind Sie 50 Jahre Ihres Lebens ein Lump gewesen!

Man wird den Luxus in einer Stadt wie Aachen, welche mit Burtscheid zusammen immerhin nur 100000 Einwohner zählt, erst dann begreifen, wenn man eine Reihe von Thatsachen nicht ausser Acht lässt, welche nachdrücklichst darauf hinwirken. In den Vordergrund ist der Umstand zu stellen, dass Aachen ein bedeutender Badeort ist; waren im Jahre 1872 doch 27881 Fremde und Kurgäste daselbst angekommen, unter diesen viele reiche Leute, Ausländer mit grossen Ansprüchen an das Leben, denen gemäss die prächtigen Hôtels und Badehäuser eingerichtet sind und für welche Musik und Vergnügungen, allerhand Glanz und Schimmer entfaltet werden. Dadurch wird das Leben auf einen grossstädtischen Fuss gebracht und Aachen zur luxuriösesten und theuersten Industriestadt. Unter den Einwohnern finden sich viele Personen, welche damit gleichen Schritt halten können; denn eine Menge Rentner hat sich daselbst niedergelassen und vermehrt die Pracht der Stadt. Von den Einkommensteuerpflichtigen des Regierungsbezirks lebten 1854/59 nur 40 Procent, 1864/69: 44 Procent, 1873/78 schon 52 Procent in der Stadt Aachen; also nicht nur in einzelnen Häusern, auch in einzelnen Orten concentriren sich die grösseren Vermögen. Noch grösser als die Mittel ist der Hang zum Geldausgeben. Die Aachener sind ein Völkchen für sich; „Franzosen teutscher Nation“ nennt sie ihr Geschichtschreiber Meyer und nicht mit Unrecht; denn französische Sympathieen hat noch bis heute die alte Generation bewahrt; die Kinder der reicheren Stände erhielten und erhalten noch vielfach eine französische Erziehung in belgischen Pensionaten; das Volk ist mit wallonischen Elementen untermischt; das deutsche Element hat etwas von der flämischen derben Lebenslust, und Typen niederländischer Meister begegnet man oft unter den Frauen. Diesen Charakterzug des Volks, gern in grossem Style zu leben, darf man nicht ignoriren: er giebt in letzter Instanz den Schlüssel zu seinem wirthschaftlichen und socialen Verhalten. „Der Aachener will geehrt sein!“ viel Aeusserlichkeit und Ceremoniell, viel Flitter und Schimmer, — das liegt in seiner Natur. In langem Gänsemarsche zieht die Einwohnerschaft dem Luxus nach: voran die Badegäste, dann die Rentner, die Fabrikanten, die Beamten, die Bürgerschaft, die Arbeiter und zuletzt die Proletarier.

Jedoch keineswegs alle Fabrikanten haben den Vorwurf der Verschwendung während der guten Zeit auf sich geladen. Gemäss dem erhöhten Einkommen haben sie alle auch in der äusseren Erscheinung ihr Dasein verziert; aber die Familien mit altererbtem Besitz haben sich nicht auffällig von ihren traditionellen Lebensgewohnheiten entfernt. Es giebt eine ganze Reihe von Männern, welche in geistigen Culturgenüssen, in der Aufopferung ihrer Zeit und Arbeitskraft für die öffentlichen Angelegenheiten des Staates, der Gemeinde und des socialen Lebens ihre Ehre gesucht und gefunden haben. Indess ist wohl zu beachten, dass gerade in Aachen in dieser Hinsicht und in Wohlfahrtseinrichtungen zu Gunsten der Arbeiter weniger geschehen ist als an anderen Orten; die Fabrikanten haben sich darauf beschränkt, als berufene Capitalbildner des Volks theils ihre Etablissements auszudehnen, theils ihren Ueberfluss in Fonds anzulegen.

Darüber hat aber der Fabrikantenstand eine seiner wichtigsten Aufgaben versäumt. Jeder Culturfortschritt pflanzt sich erst in Generationen durch veredelndes Beispiel von geistig und moralisch höher stehenden Klassen auf die niedern fort. Ein solch' würdiges Vorbild hat der Fabrikantenstand den Arbeitern diesmal in ganz ungenügender Weise geboten. Durch einen glücklichen Zufall waren Beiden die grössten Mittel in die Hände gespielt worden, es fehlte aber beiderseits an einer tieferen innern Durchbildung, dem Resultate von langjähriger Selbstzucht und Selbstüberwindung, welche allein befähigt hätten, den unverhofften Glücksgewinn würdig zu verwenden. Daher auf der einen Seite hier und da ein lüsternes Geldprotzenthum, auf der andern vielfach jene ausschweifende Rohheit und Genusssucht der untern Klassen. Rechtlich und politisch zu mündigen und freien Männern erklärt, gab es sittlich und geistig noch viele Knechte.

Die seit dem Jahre 1873 über Aachen hereingebrochene Krisis hat in ihren Folgen auch die Fabrikanten hart betroffen, jedoch die verschiedenen Klassen derselben in verschiedener Weise. Vier Gruppen lassen sich unterscheiden. Obenan steht etwa ein Dutzend oder mehr grosser, alter und capitalmächtiger Firmen, welche mit amortisirtem Anlagecapital arbeiten, deren Besitzer einen grossen Theil ihres Einkommens aus Fonds und Grundbesitz beziehen und welche ihren Fabrikbetrieb aufrecht erhalten, um die Henne nicht zu tödten, welche ihnen die goldenen Eier gelegt hat. Diese Firmen streichen in den flotten Zeiten die grossen Gewinne mit Vergnügen ein und können während der schlimmen Jahre ruhig einen eigentlichen Gewinn aus der Fabrik entbehren. Jedoch resultiren ihre Verluste zum überwiegenden Theile aus der Entwerthung ihrer Papiere; denn gerade sie sind es, welche selbst nach Krisen ihr Geschäft verhältnissmässig mit dem grössten Nutzen fortbetreiben. Das folgt erstens aus ihren Absatzverbindungen; ihr Markt ist das ferne Ausland, welches für ihre Stapelartikel ein treuer Abnehmer bleibt; die Commissionshäuser, z. B. in Südamerika, besorgen das gewinnbringende Geschäft, und erst in den letzten Jahren haben sich auch kleinere Firmen mit schlechteren Fabrikaten hineingedrängt, welche in ihrer Noth um ein Absatzgebiet den Commissionshäusern sehr billige Angebote gemacht haben. Der zweite Vortheil der alten Firmen beruht auf ihren Zahlungsbedingungen: sie können Credit geben, ohne solchen zu verlangen; im Nothfall decken sie das Geschäft mit ihrem Privatvermögen. Bei so günstigen Verhältnissen gelingt es ihnen stets, für den überwiegenden Theil ihrer Produktion noch lohnenden Absatz zu finden, und der Rest geht dann noch so mit und wird mit seinem Verluste durch die Gewinne des Haupttheils gedeckt. Im Allgemeinen geniessen die alten und grossen Firmen nun die Früchte ihrer geschäftlichen Solidität und des Umfangs ihres Geschäfts, indem die traditionellen Bestellungen in ihren Händen bleiben. Sie sind es, welche den wesentlichsten und lohnendsten Bedarf nach glatten Stoffen decken, und daraus erklärt sich eine gewisse Schwerfälligkeit in ihrer Fabrikation, indem sie nicht zu anderen Artikeln übergehen, weil sie festen Absatz haben und in der Lage sind, gute Zeiten abzuwarten. Diese Firmen gelten, soweit ihre Theilhaber gerade nicht Actionäre nothleidender Industrieen sind, welche ihren Absatz im Inlande finden, gewöhnlich als Freihändler.

Weit ungünstiger ist die Gruppe derjenigen Firmen gestellt, welche zwar ein sehr grosses Geschäft, aber mit fremdem Capitale betreiben. Diese vermögen sich durch ihre Handelsbeziehungen allerdings Absatz zu verschaffen, aber nicht, lange Credite zu geben, und können durch plötzliches Drängen ihrer Gläubiger in die Verlegenheit gesetzt werden, grosse Lagerbestände auf einmal, z. B. auf Auctionen, verkaufen zu müssen, wodurch sie sich den empfindlichsten Verlusten aussetzen. Noch schlimmer stehen die kleineren Häuser mit ähnlichen Creditverhältnissen und mit kleinem Fabrikbetriebe; sie haben weder den einen noch den andern Vorzug, und sie sind es, welche ernstlich unter der Krisis leiden; von ihnen ist eine Reihe Etablissements eingegangen. Ein solches Einstellen der Fabrikation fällt einer vierten Gruppe, welche einen kleinen, mehr hausindustriellen Betrieb führt, am leichtesten; hier haben die Unternehmer nur geringe Capitalanlagen, welche sie aufgeben müssen. Eine Reihe solcher arbeitsloser kleiner Geschäftsleute ist vorhanden; ein Unterkommen als Commis oder Werkführer zu finden, hält gegenwärtig schwer und ist auch gegen das Ehrgefühl des früher selbständigen Mannes.

Von grossem Einfluss auf die Lage der letzteren Gruppen ist das rheinische Creditwesen. Dasselbe hat die Entwicklung der Industrie ausserordentlich gefördert, indem es bis zu 20 Procent des Umsatzes Credit gewährt. Viele Fabrikanten hatten mit Hülfe dessen in der Zeit des Aufschwungs ihre Operationen über ihr Vermögen ausgedehnt und sind daher arg verschuldet; ihre Abnehmer sind es vielfach nicht minder und beanspruchen nicht nur den in Aachen üblichen Credit von sechs, sondern sogar in einzelnen Fällen von 18 Monaten. Dadurch wird jeder geregelte Geschäftsverkehr erschwert. Zunächst werden die Fabrikanten genöthigt, beim Einkauf der Rohstoffe längere Fristen für sich in Anspruch zu nehmen; das zwingt sie wiederum, sich an Zwischenhändler zu wenden, namentlich können sie die Wolle dort nicht einkaufen, wo sie am besten und billigsten ist. Die Banken ihrerseits, theils von ihren eigenen Gläubigern gedrängt, theils die Noth der Schuldner und die Gelegenheit, frühere Verluste wieder einzuholen, benutzend, theils in der Absicht, sich grössere Sicherheit zu verschaffen oder zweifelhafter Schuldner zu entledigen, theils um ihre Kunden, von denen sie merken, dass sie lohnende Wechsel anderweit billiger discontiren lassen, zu zwingen, diese Operationen bei ihnen selbst vorzunehmen, um so am Discontiren wie an den Provisionen zu verdienen, — legen den Fabrikanten erschwerende Bedingungen auf. So sollen beispielsweise statt 6 Procent bei einem Jahresumsatz von 100000 Mark, 7 Procent gefordert und die Bedingung auferlegt worden sein, 150000 M. mit dem Banquier umzuschlagen. Man hat mich versichert, dass mindestens 30 kleine Geschäftsleute in Aachen durch ein ähnliches Verfahren zu Grunde gerichtet worden sind, abgesehen von den geheimen Schäden, welche andere erlitten. Mit der Reichsbank können die kleineren Häuser nicht so leicht arbeiten, weil sie die erforderlichen Sicherheiten nicht zu bieten vermögen.

Der Wechsel der Mode hat jede Gruppe in verschiedenem Maasse betroffen. Die alten und grossen Firmen sind von demselben wenig berührt worden; sie decken noch heute den Haupttheil der auswärtigen Nachfrage nach glatten Stoffen. Um den Rest derselben entbrannte eine heftige Concurrenz im Inlande; jeder Fabrikant suchte seinen Antheil zu erbeuten, theils durch Drücken des Lohnes, theils durch Verschlechterung der Waare. Aber die Portionen genügten nicht; die Einen wurden auf den Weltmarkt hinausgedrängt und begannen in Konkurrenz mit den alten Firmen zu treten; die Andern sahen sich vor die Nothwendigkeit gestellt, der Fabrikation von Kammgarnstoffen sich zuzuwenden. Für die Kaufleute mit überwiegend hausindustriellem Betriebe war dieser Uebergang technisch unschwer zu vollziehen: sie brauchten nur eine

Jacquardvorrichtung im Werthe von 60 M. auf jeden Stuhl zu setzen; in geschäftlicher Hinsicht vermochten sie aber nicht sofort neue Verbindungen anzuknüpfen, der Mode zu folgen und sich neue Muster zu verschaffen; die meisten haben daher den Betrieb eingestellt. Bei den grösseren Fabrikanten traten zu den geschäftlichen Schwierigkeiten noch die technischen; das Anbringen einer Jacquardmaschine an einen mechanischen Stuhl kostet mindestens 300 M., und vor allem gerathen die gesammte Appretur, Spinnerei und andere Maschinen in Stillstand. Die pecuniär weniger gut gestellten Firmen konnten diese Schwierigkeiten nicht überwinden und haben ihren alten Betrieb entweder eingestellt oder führen ihn ohne erheblichen Gewinn weiter. Mehrere Häuser sind voll Energie, obwohl mit grossen Opfern, zur Fabrikation gemusterter Waaren übergegangen, und diejenigen, welche es zuerst thaten, haben auch lohnenden Gewinn gefunden; später hat sich derselbe bei zunehmender Konkurrenz sehr vermindert. Neu gegründete Fabriken sind gleich auf Kammgarnstoffe eingerichtet worden; alle haben sie aber mit Schwierigkeiten zu kämpfen. Dazu kommt endlich noch die grosse Frage, ob jene Stoffe sich noch lange für die Männerbekleidung in der Mode halten werden.

Die Klagen über schlechte Zeiten sind ganz allgemein, obwohl jeder Einzelne persönlich in seinen Aeusserungen vorsichtig ist, um seinen Credit nicht zu verderben und den Banquier nicht noch rücksichtsloser zu machen. Die äussere Repräsentation bleibt daher vielfach dieselbe, und die Saison von 1877/78 soll sehr glänzend verlaufen sein. Aber die Wirkungen der Krisis treten auch äusserlich zu Tage. Der Uebermuth ist zurückgedämmt, das Geldprotzenthum drängt sich nicht mehr widerlich in den Vordergrund, und die Regierungsräthe, über deren Köpfe man hinwegsah, spielen wieder ihre Rolle. Die Rosskämme der Stadt gehen arbeitslos und können kaum die Hälfte der Luxuspferde gegen früher verkaufen. Die Verluste kommen freilich in den Tabellen der Einschätzung zur Einkommensteuer nicht zum Vorschein. Die einkommensteuerpflichtige Bevölkerung bleibt sich fast gleich und schwankt zwischen 6.5—6.9 Procent der Gesammtbevölkerung; ja, sogar die höheren Klassensteuerstufen von 1200 bis 3000 Mark theilen dasselbe Schicksal; denn auch sie bewegen sich nur zwischen 12.1—13.9 Procent. Scheinbar hat sich die Anzahl der Einkommensteuerpflichtigen im Jahre 1876—77 von 1387 auf 1512 nicht unerheblich vermehrt, jedoch nur scheinbar; es liegt dies an einem veränderten Einschätzungsverfahren. Nach der früheren Praxis wurde das Einkommen sämmtlicher Familienglieder zusammengerechnet und das Einkommen der Haushaltung als einfaches Object versteuert; dadurch war aber zahlreichen erwachsenen Söhnen, die noch zu Hause wohnten, die Möglichkeit genommen, gewisse politische Rechte auszuüben. In Folge der Entscheidung eines Gerichts wurden nun seit 1877/78 alle diese Personen auch selbständig veranlagt. Daraus folgte einerseits die Zerschlagung mehrerer grösserer Einkommen, andererseits die Zunahme der kleineren. Von jenen 125 neuen Steuerpflichtigen entfielen nur 12 auf die unterste Stufe von 3000—3600 M., dagegen 76 auf die zweite und 21 auf die dritte Stufe; es waren also vielfach Söhne reicher Familien, die ihr Einkommen mit 3600—4800 M. declarirt hatten. Jedoch muss man sich hüten, aus den Veranlagungen zur Einkommensteuer Schlüsse auf die unschädliche Wirkung der Krisis zu ziehen. Es ist ja allen Eingeweihten bekannt, dass z. B. in einer rheinischen Gegend, wo die Kommunalsteuerzuschläge so hoch sind, dass die Abgaben bei richtiger Bemessung 20 Procent des Einkommens beanspruchen würden, die Kommissare nur die Hälfte des wirklich ermittelten Einkommens als steuerpflichtig angeben. In Aachen vermag ich den Grad der früheren Ungenauigkeit nicht zu bestimmen; soviel ist jedenfalls sicher, dass auch hier viele der reichen Leute Steuerdefraudanten genug gewesen sind, um sich in niedrigere Stufen einschätzen zu lassen, und daher gegenwärtig keiner Zurücksetzung in eine tiefere Stufe bedürfen; ebenso sicher dürfte aber sein, dass in zahlreichen Fällen die gegenwärtige Veranlagung bis hart an die Grenze des wirklichen Einkommens heranreicht, und mehrere Kommissare, denen als Vertrauensmännern vielfach die Geschäftslage vorgetragen ist, versichern, dass häufig doch ganz erhebliche Verluste zu tragen sind. Aeusserlich tritt das weniger zu Tage; im Innern des Hauses zeigt sich aber die Einschränkung.

Von Glücksgewinnen der Fabrikanten ist beim gegenwärtigen Rückgange der Industrie keine Rede; einen Unternehmergewinn beziehen sie kaum mehr; selbst die Verzinsung ihres Geschäftskapitals ist vielfach schwer zu erreichen, und das Einkommen hat sich demnach in den meisten Fällen beträchtlich vermindert; einige Firmen haben Schulden machen müssen, und soweit Vermögen ausserhalb der Industrie angelegt waren, sind sie sogar vielfach verloren gegangen. Trotz allem dem lässt sich behaupten, dass im Durchschnitt die Fabrikanten mit Zähigkeit an ihrem Geschäftskapital festhalten und ihnen dies um so leichter gelingt, je älter und grösser ihre Firma ist. Wenn endlich normale Verhältnisse wiederkehren, werden sie mit grösserer Produktionskraft in die neue Epoche eintreten als vor der Glanzzeit; — die Arbeiter werden aber in ihrer Lage sich kaum gegen früher verbessert haben. Beide sind sie durch den Aufschwung der Industrie viele Sprossen auf der Leiter des socialen und wirthschaftlichen Glücks emporgetragen worden: die Einen haben sich mit Zähigkeit an den Balken des Kapitals geklammert; die Andern sanken halt- und kraftlos wieder zu Boden. Der Vermögens- und Einkommensunterschied zwischen grossen und kleinen Fabrikanten, zwischen Fabrikanten- und Arbeiterstand ist verschärft worden. Das sind die Wirkungen der Krisis!

Zweiter Abschnitt.

Die linksrheinische Seiden- und Sammet-Industrie.

I. Das Monopol und die Entstehung einer Kaufmannschaft.

Die alte Reichs- und Kaiserstadt Aachen ist ein Ort der grellen Kontraste und des socialen Elends; darum fort aus ihren engen alten Häusern und dampfenden Fabriken, hinaus durch die ewigen Nebel, mit denen, alles Leben ertödtend, die Stolberger Zinkhütte uns zurückscheuchen will, auf die weiten Fluren des Jülicher-, Clever- und Gelder-Landes! Hier raucht kein anderer Schlot als der des heimatlichen Heerdes; hier ruft die Glocke die Bewohner nie zu anderem Zwecke als zum Gebet; hier haust auch der gemeine Mann auf angesessenem Erbe, nennt die Wohnung noch sein eigen und bringt das Leben in gesunder Arbeit auf den väterlichen Aeckern und Wiesen hin; hier — vielleicht — findet das Elend keine Stätte, giebt es kein Proletariat, und diese fruchtbaren Gefilde bleiben von den Erdbeben der Industrie verschont.

Doch nur gemach, auch hierhin ist die Industrie gedrungen mit ihren Segnungen, aber auch mit ihrer Qual. Obwohl äusserlich unbemerkbar, paart sich dem Ackerbau ein ganz bedeutendes Gewerbe. Von welcher Seite wir uns auch seinem Centrum, Crefeld, nahen mögen, schon in weiter Ferne, vor allem bei Viersen, Dülken, Süchtelen, Grefrath, Kempen, St.-Tönis, Vorst, Anrath, Hüls hält kein Zug, ohne dass nicht Dutzende von Männern, mit den Kettstöcken auf dem Rücken und den Beuteln mit Einschussbobinen zur Seite, hinausspringen und den Städtchen und sauberen Dörfern zuschreiten. Folgen wir ihnen durch die grünen Hecken und horchen hinauf zu den zweistöckigen, rothgedeckten Häuschen, so schallen uns fast allenthalben der Schlag der Lade, das Schnurren des Haspels oder der laute Tritt der Jacquardmaschine entgegen. Verwundert hält der Bauer mit verschossenem Sammetkittel im Pflügen inne, die dem Spulrad entsprungenen Kinder bringen das Geklapper ihrer Holzschuhe auf einen Augenblick zur

Ruhe und die hohen blauäugigen Frauen, die verdeckten Körbe mit den Bobinen auf dem blonden Haupte tragend, bewillkommnen den Fremdling mit freundlichem Gruss. Und gelangen wir gar nach Crefeld selbst, so verräth uns die Erscheinung jedes Arbeiters, jedes Gespräch und in der Mussezeit auf den Strassen nicht am Wenigsten die Färbergesellen, nach ihren Händen die Schwarzen, die Rothen und die Blauen genannt, dass in diesem Mittelpunkte die Spinne hängt, welche ihre seidenen Fäden von der Maas bis zur Mosel und über den Rhein hin aussendet und alle Ortschaften auf den Bergen wie in der Ebene in ihr je näher liegendes, desto enger geflochtenes Netz einbezogen hat.

Vor zwei Jahrhunderten stand kein Seidenwebstuhl in der Gegend. Die Leinweberei, längst zurückgedrängt aus ihren anderen Sitzen, gewährte in Crefeld wie im rheinischen Tieflande ihren Dienern nur ein kärgliches Auskommen; der Verlust des Absatzes in England in Folge der Konkurrenz Irlands, verbunden mit der Entwickelung der Seidenweberei, griffen ihre Existenz in den Grundvesten an. Die Leinweber verschwinden in der ersten Hälfte des XVIII. Jahrhunderts: die einen flüchten sich in Gegenden mit billigeren Lebensanforderungen wie Viersen und Jülich; andere bleiben in der Stadt, verbrennen ihren Stuhl, sie strecken die Waffen und geben sich an's Seidenweben; die dritten, trotzige und unvernünftige Gesellen, setzen den Kampf gegen des Lebens Noth mit dem Leinwebstuhl fort, ihr Tumult im Juni 1741 ist das letzte Aufflackern vor gänzlichem Erlöschen, sie sterben, die veralteten Waffen in der Hand.

Die Leinweberei war das Einzige, woran die neue Industrie anknüpfen konnte; doch war die Technik, namentlich beim Sammetweben, eine wesentlich andere und weder der Leinnoch der Tuchstuhl waren zum Seidenweben zu gebrauchen; im Grunde brachte der Leinweber nur die Gewohnheit des Stillesitzens mit. Sonst fehlte Alles. Der Rohstoff wie die Technik entstammten fremden Ländern, die Färberei und Appretur befanden sich in fernen Städten, vor Allem fehlte es an Kapital, um das Unternehmen zu beginnen, die Werkzeuge zu beschaffen, die Arbeiter auch in schlechten Jahren zu bezahlen. Um so höher ist das volkswirthschaftliche Verdienst derjenigen Familie, welche mit einer in hundert Jahren nicht ermüdenden Thatkraft jene Industrie in's Leben gerufen und entwickelt hat, welche heute eine Zierde Rheinlands ist, Deutschland durch seinen Fleiss versorgt, beide Hemisphären sich tributär gemacht hat und auf dem Weltmarkt einen geachteten Namen führt.

Heinrich von der Leyen, ein holländischer Mennonit, erwarb im Jahre 1668 das Bürgerrecht in Crefeld.[1] Er war ein Kaufmann, welcher neben Leinen, Nürnberger Tand, Hanf und Aehnlichem auch Rohseide führte, welche er in Köln färben liess, und Näh- und Stickseide, welche er aus Holland bezog; und zwar war es zum grössten Theile nur ein Kommissionsgeschäft für Crefelder, Amsterdamer und andere Häuser, welches er betrieb. Daneben wurden schon in den 1670er Jahren Gallons, ein Jahrzehnt später auch Sammetbänder gewebt; einer der Söhne legte eine Seidenzwirnerei, ein anderes Brüderpaar eine Sammetfabrik an, welche mit dem älteren Seidenstoffgeschäft verschmolzen wurde. So wuchs die Kapitalmacht heran, welche zu einer weiteren Ausdehnung der Industrie nöthig war. Vor Allem galt es, die ausserhalb gelegenen Hülfsgewerbe auch in Crefeld zu etabliren. Die im Jahre 1724 gegründete Färberei vermochte zwar noch nicht alle Farben herzustellen, doch selbst sie wurde bald zu eng und aus der Stadt, wo das Grundwasser fünf Meter tief liegt, in das nahe Alt-Leyenthal verlegt, wo das Wasser offen in Gräben zu Tage tritt, in denen die Färber nach Erinnerung alter Leute im Sommer und Winter die Seidenstränge gespült haben. Die Industrie nahm um diese Zeit einen solchen Aufschwung, dass die Regierung der Stadt Crefeld, wenn sie noch zwanzig Jahre in solchem Flor bliebe, die Prognose stellte, dass sie „ein so grosses Renommé von Handel und Kaufmannschaft haben würde, wie die allerberühmtesten Kauf- und Handelsstädte in ganz Deutschland.“[2])

Die vorbereitenden Arbeiten wie Winden und Kettenscheren fanden im Fabrikgebäude statt; als der Umfang der Geschäfte anwuchs, genügte aber der Raum für das Winden nicht mehr, und es wurde in die Wohnungen der Arbeiter verlegt. Die Hauptarbeit, das Weben, war von Anfang an häusliche Beschäftigung; die Firma stellte bei eintretendem Bedürfniss einen Webstuhl neu in der Wohnung des Meisters auf, ihm wurden dann Gesellen zugetheilt, für deren Beaufsichtigung er einen Antheil am Weblohn erhielt. Bei günstiger Konjunktur wurden einige Gesellen zu Meistern, Lehrlinge zu Gesellen erhoben, neue Lehrlinge herangezogen; bei schlechtem Geschäftsgange wurde der fünfte, vierte, dritte Stuhl bei den grösseren Meistern stillgesetzt und ihnen die Arbeitszeit bestimmt; eine Kontrolle war in dem Städtchen (von 866 Einwohnern im Jahre 1722 und 5928 in 1787) leicht auszuüben. Entlassen oder gar

---

[1]) Keussen: Geschichte der Stadt Crefeld (1865), mit einer vortrefflichen Gewerbegeschichte auf S. 455—503 nach den Geschäftsbüchern der Familie von der Leyen.

[2]) Düsseldorfer Staatsarchiv: Acta betreffend das Fürstenthum Mörs, No. 123. Ueber die Beschaffenheit desselben 1725.

zu sehr im Verdienst reducirt durfte kein Meister werden, denn die aufstrebenden Konkurrenten jenseit des Rheins gaben sich alle Mühe, die tüchtigen Arbeiter zu „verführen“ oder sie doch zum Verrath der Fabrikgeheimnisse zu bewegen. Es wurde daher viel auf Lager gearbeitet, was bei den Artikeln mit stabilem Absatz wohl möglich war, und dadurch den Arbeitern eine verhältnissmässig gesicherte Existenz bereitet, welche die der früheren Leinweber vortheilhaft übertraf. In Nothzeiten thaten die Kaufleute wohl auch einen tiefen Griff in die eigne Tasche, lediglich um ihre kostbaren Arbeiter nicht einzubüssen. So wurden z. B. im Jahre 1787, wo durch Steigen der Rohseidenpreise um 50 Procent eine Stockung der Fabrik herbeigeführt wurde, die Arbeiter mit wohlfeilem Brot versehen und auch mit Geld für die nöthigen Lebensmittel beschenkt.

Obwohl vollkommen abhängig, fremde Stoffe auf fremdem Geräth verarbeitend, hatten die hausindustriellen Lohnweber doch wenig von den Konjunkturen zu leiden; vielmehr der capitalmächtige Fabrikant war es, auf den alle Wechsel der Nachfrage fielen. Bei solcher Ungunst der Arbeiterverhältnisse, denen sich Schwierigkeiten beim Absatz hinzugesellten, strebte er wenigstens die Productionsbedingungen vortheilhaft zu gestalten. Es gelang im Jahre 1750 im rheinpreussischen Gebiet die Befreiung der Rohseide von allen Zöllen, Licenten und Accisen zu erwirken; geschickte Arbeiter aus Frankreich und Italien wurden verschrieben, und als einmal Andreae in Mülheim a/R. einen solchen auffing und zurückhielt, wandte sich von der Leyen schleunigst an Friedrich d. Gr., welcher die kategorische Epistel verfasste: wofern die Mülheimer den Kerl nicht freilassen, sollen meine Soldaten ihn holen. Auch Maschinen liessen die von der Leyen sich aus Holland und Frankreich kommen und bezahlten das Geheimniss der sog. Soesjes sehr hoch.

Die Kardinalfrage blieb jedoch, zum Schutze gegen die Schwankungen der Nachfrage und gegen die in den Jahren 1750 und 51 entstandene Konkurrenz von Lingen & Co. und Preyers & Co. den Verkaufspreis der Waaren auf einer gewissen Höhe zu erhalten. Die von der Leyen gingen geschickt zu Werke. Die Zeit der Fremdherrschaft benutzend, verschafften sie sich am 9. Dec. 1759 ein Monopol auch auf Band- und Zwirnmühlen, während sie auf Seidenschnupftücher schon früher ein Patent erhalten hatten. Nach Beendigung des siebenjährigen Krieges wandten sich die Konkurrenten mit Beschwerden an den grossen König und vertraten das Freihandelsprincip: durch viele Fabriken vermehre sich die Aemulation und die Güte der Arbeit, das Land werde peuplirt, Accisen und Zölle vermehrt. Indess die von der Leyen bestanden auf ihrem Schein und wirksamer noch waren die ersten Proben neu erfundener

Stoffe, die Kapweine, ein Schlafrock und andere Geschenke, welche an die Kabinetsräthe, Minister und den König selbst gingen, welcher in der Folge die Firma zum Hoflieferanten erhob, seit jener Zeit bei ihr Bestellungen machte und von Zeit zu Zeit sich Berichte über den Stand der Crefelder Industrie erstatten liess. Die Konkurrenten waren nun gezwungen, sich auf andere Geschäftszweige zu legen und sie zu grosser Vollendung zu bringen; das waren die Sammete und Sammetbänder, zwei Artikel, welche einen gleichmässigen Absatz hatten und bei denen sie sich daher nicht der Gefahr aussetzten, ihre Arbeiter bei längerer Arbeitslosigkeit ernähren zu müssen, es sogar riskiren konnten, auf Lager zu arbeiten. Die Firma von der Leyen war selbst nach heutigen Begriffen bedeutend zu nennen; sie beschäftigte in den 1760er Jahren 15—18 Zwirnmühlen mit 300, 200 Bandmühlen mit 1000 und 500 Webstühle mit 1500 Arbeitern;[1]) von den übrigen Kaufleuten hatten die Gebrüder Floh 100 Sammet- und Preyers & Co. 30 Sammet- und 209 Sammetbandstühle.

Diese kleine Anzahl von Fabrikanten regelte nun alles unter sich, wie es ihren Interessen entsprach; öffentliche Reglements gab es nicht, alles ordnete sich nach Ereignissen und Umständen; bei gewissen unangenehmen Vorfällen wurde direct an die Regierung berichtet, welche über jeden Fall speciell beschloss. Derart waren z. B. die Kabinetsordres Friedrichs d. Gr. über die Flucht der Arbeiter und ihre Verführung, von welchen jene Firmen die Depositare waren.[2])

Indess gelang es weder den Ring der Arbeiter noch den der Kaufleute geschlossen zu erhalten. Nach dem Einmarsch der Franzosen 1794 kümmerte sich Niemand mehr um das Monopol, nach Beseitigung der anfänglichen Zollschwierigkeiten wurden neue Handelsverbindungen eröffnet und die Industrie bedeutend ausgedehnt. Im Jahre 1809 zählte man in Crefeld 11 Fabriken für Seidenwaaren, welche 6.264 Arbeiter beschäftigten und für $5\frac{1}{4}$ Mill. Frcs. jährlich umschlugen; im gesammten übrigen Roërdepartement gab es 21 kleinere Fabriken für Seidenwaaren und Seiden- und Sammetbänder mit 2000 Arbeitern und einem Umsatz von 2 Mill. Frcs.[3]) Durch das Entstehen neuer Häuser wurden die Arbeiter mehr gesucht, sie gingen von einem Hause zum andern über, die Quasi-Erbunterthänigkeit gegenüber der von der Leyen'schen Familie

---

[1]) Von den 500 Stühlen gingen 140 auf Sammet, 102 auf Seidentücher mit Damastblumen, 118 auf façonnirte Tücher, 7 auf Seidendamast, 43 auf Soesjes, 28 auf Gros de Tours, 97 kleinere Stühle auf brochirte Bänder und figurirtes Sammetband. (Keussen, a. a. O. S. 475 und 481.)

[2]) Düss. Staatsarchiv. Acta des französ. Roërdepartm. Bericht des Unterpräfecten von Crefeld an den Präfecten v. 24. August 1810.

[3]) a. a. O. Acta Statistik. — A. Dorsch: Statist. du Dep. de la Roër, 1804, giebt sogar 12000 Seidenarbeiter für Crefeld an.

hörte auf und sie wurden unabhängiger. Die Kaufleute ihrerseits wurden gezwungen, sich zu specialisiren, in Folge dessen trat eine grössere Vielseitigkeit der Industrie ein, aber auch gleich damals schon eine Verschlechterung der Waaren.

Trotz der Aufhebung des Monopols hielt die Zunahme der Seidenfabriken sich in sehr engen Grenzen. Der Grund hiervon lag in dem für Anfänger zu grossen Capitalerforderniss bei einer Organisation, wo der Fabrikant zugleich als Seidenhändler ein grosses Lager an Rohseide, wie als Seidenwaaren-Kaufmann ein Lager fertiger Stoffe halten musste, wo er sein eigner Färber und Appreteur war, wo er alle Webstühle anschaffen, und was noch kostspieliger war, sie zu einem gleichmässigen Lohne in Betrieb erhalten musste. Während der ersten Hälfte unseres Jahrhunderts entstanden für alle jene gewerblichen Thätigkeiten selbständige Unternehmungen, welche die Aufträge gegen Lohn ausführten, und die Arbeiter kauften die Webstühle an; dadurch wurden die Anforderungen an das Kapital des Kaufmanns sehr bedeutend ermässigt und es etablirten sich von nun an viele kleine Leute mit nur geringem Betriebskapital. —

Die Fabrikanten waren früher sämmtlich auch Rohseidenhändler. Bei dem hohen Antheil, welchen die Seide am Werthe des Fabrikates hat und bei den mannigfaltigen Sorten, welche für die verschiedenen Stoffe stets vorräthig sein müssen, waren sie gezwungen, einen grossen Theil ihres Betriebskapitals in Rohstoffen festzulegen. Dies war um so gefährlicher, namentlich für Anfänger, als wohl kein anderes Gespinnst so plötzliche Preisschwankungen erleidet als die Rohseide; beispielsweise betrug der Kokonspreis in Bergamo 1819: 4.27, 1820: 2.15 Lire. Das im ersteren Jahre angekaufte Lager war im folgenden also um die Hälfte entwerthet und der Fabrikant fast konkurrenzunfähig gegenüber seinem Nebenbuhler, der einige Monate gewartet hatte. Je vielseitiger der Bedarf an Rohseide und je grösser die Zahl der kapitalarmen Firmen wurde, desto nothwendiger erwiesen sich die Zwischenhändler, welche die grossen Auslagen und das Risico des Lagers trugen. Die Anzahl der Rohseide-, Chappe- und Twisthändler war 1877 schon auf 52 angewachsen. Sie beziehen die Rohseide in normalen Jahren zu 80 Procent aus Italien, den Rest aus Asien; der Antheil des letzteren Welttheils betrug 1853: 3 Procent, während der grossen Raupenkrankheit 1859/60 jedoch fast 50 Procent. Die deutsche Seidenzucht liefert trotz der fortgesetzt gezahlten Haspelprämien einen kaum nennenswerthen Beitrag; die klimatischen Verhältnisse lassen eine erfolgreiche Zucht von Maulbeerbaum und Raupe nicht zu. Ebensowenig ist es gelungen, sich in der Zwirnerei selbständig hinzustellen; die alten Betriebe, wie sie im XVIII. Jahrhundert existirten, sind schon längst eingestellt, neuere Versuche aber in Elberfeld und namentlich seitens einer Actiengesellschaft 1855—1861 in Crefeld völlig fehlgeschlagen. Die letztere Anstalt prosperirte nur so lange, als die asiatischen Seiden in grossen Mengen eingeführt und verarbeitet wurden; auch soll sie technisch nicht richtig geleitet worden sein.

Der auflebende Verkehr mit Rohseide liess den Missstand immer heftiger empfinden, dass ihr effectives Gewicht im Privatwege so schwer zu ermitteln ist. Die Seide ist ja in weit höherem Grade hygroskopisch als die anderen Gespinnste, indem sie dem Feuchtigkeitszustande der umgebenden Luft sehr rasch folgt und damit an Gewicht bis zu 30 Procent zunehmen kann, ohne eigentliche Nässe zu zeigen. Diese Eigenthümlichkeit hat schon früh eine unparteiische Institution nothwendig gemacht, welche das Handelsgewicht auf Wunsch der Käufer bestimmte; so entstand zuerst im Jahre 1759 die Seidentrocknungsanstalt zu Turin. In Crefeld und Elberfeld hatten die bedeutendsten Fabrikanten ihre eigene Kondition und suchten sich mit den Verkäufern zu verständigen, so gut es ging; in letzterer Stadt bestand auch eine private Anstalt, welche jedoch wenig benutzt wurde. Endlich am 14. Oct. 1844 wurden für beide Städte Actiengesellschaften sanctionirt, welche unter öffentlicher Kontrolle stehen und durch ein vereidetes Personal verwaltet werden; aus jedem Ballen werden Probestränge gezogen, eine bestimmte Zeit hindurch getrocknet und auf Grund dessen unter Hinzurechnung von 11 Procent zulässiger Feuchtigkeit das Handelsgewicht der angemeldeten Menge roher Seide bestimmt. [1])

Eine förmliche Verfälschung des Gewichts begann seitens der Chinesen, als diese in Folge der Raupenkrankheit seit 1859 ihr Product sehr gesucht sahen, und erreichte in England einen solchen Umfang, dass vorsichtige Fabrikanten sich von dem Vorhandensein einer Erschwerung und ihrem Grade durch eine sachverständige Untersuchung zu überzeugen genöthigt sahen; durch die Veröffentlichung der Resultate von Entschälungen und Abkochungen hat die Anstalt dem Publikum schätzbare Winke gegeben. Seit dem 28. Mai 1862 übernahm sie die Nettoverwiegung der Ballen und ihre Verpackung; sie prüft ferner die Elasticität des Fadens, wieviel Gewicht er nämlich tragen kann und wie stark er ist; auch untersucht sie durch Auseinanderdrehen, wie häufig die Zwirnung auf einen halben Meter stattgefunden hat. Seit dem 8. September 1859 wurde ihr endlich die Titrirung übertragen, d. h. die Feststellung des Gewichtes einer Fadenlänge von 400 französischen Ellen; die Bemühungen der Anstalt, einen internationalen Titre nach metrischem System zu vereinbaren, wurde

[1]) v. Müllmann: Statist. d. R. B. Düss. II. S. 632 und die Jahresberichte des verdienstvollen Directors Lose.

auf den internationalen Kongressen in Wien (1873), Brüssel (1874) und Turin (1875) zwar angenommen, gelangten aber nicht zur Durchführung, weil Lyon dem deutschen Gedanken Widerstand leistete und weil freilich der Turiner Titre bereits internationale Geltung besitzt.

So hat sich die Anstalt zu einer öffentlichen Wage und einem öffentlichen Verificationsbureau entwickelt; für eine Reihe von Operationen, welche in der Industrie vorkommen, hat sie gleichmässige Normen festgestellt, Willkür, Uebervortheilung und Chicane verhütet und den Handelsstand häufig bewahrt, sein Geld auszugeben für — Wasser.

Unter den Hülfsgewerben hat wohl die Färberei die glänzendste Entwickelung genommen. Seit dem Jahre 1842 hatten die Lohnfärbereien die eigenen Anstalten der Fabrikanten verdrängt und den Ruhm des noir prussien selbst in Lyon als unübertroffen verbreitet; seit jener Zeit datirt ihre Ausdehnung in Crefeld (Anlage VI). Es betrug die Zahl der:

Jahr	Färbereien	Arbeiter	Auf eine Färberei kamen Arbeiter
1845	20 in Seide	270	13,5
1852	20 „ „	300	15,0
1864	29 „ „	584	20,1
1870	34 „ „ und Baumw.	791	23,2
1876	44 „ „ „ „	1074	24,4

Diese Färber arbeiten nicht gleich den Wupperthaler Rothfärbern auf eigene Rechnung, sondern gegen Lohn und die meisten gelten daher in der socialen Rangordnung als Handwerker. Ihre Technik hat sich in den letzten dreissig Jahren ausserordentlich gehoben; heute erhalten sie eine allgemeine Bildung zuerst auf der Gewerbeschule, dann sind sie praktisch thätig in den Färbereien der Schweiz und Lyons und treten endlich in ein bestehendes Geschäft ein oder gründen ein neues; eine wissenschaftliche Bildung auf einer höheren technischen Schule soll nur Wenigen zu Theil geworden sein. Dadurch wird es erklärlich, dass die Kommis grösserer Firmen, welche beträchtliche Bestellungen auszutheilen haben, noch eine so grosse Macht über Viele besitzen; jene führen nämlich manchmal ein Kommissionsgeschäft von Farbstoffen und geben gut gelohnte Arbeit nur demjenigen Färber, welcher die stillschweigend eingegangene Bedingung erfüllt, beim Kommis oder in einem befreundeten Laden die Materialien zu entnehmen; selbst aufmerksame Fabrikanten kommen unvermuthet grossen Unterschleifen auf die Spur.

Die in Strängen gefärbte Rohseide wird auf Bobinen gewunden (gehaspelt, gespult), ähnlich wie wir den Nähzwirn auf eine hohle Holzaxe mit Rädchen zu beiden Seiten aufgerollt kennen. Im vorigen Jahrhundert fand diese Verrichtung in der Fabrik selbst statt, allmählich wurden aber die Gebäude zu klein, neu entstehende Firmen hatten gar nicht die Räumlichkeiten hiezu, kurz die Winderei wurde in die Wohnungen der Arbeiter verlegt. Indess blieb der Standort dieses wie aller andern Hülfsgewerbe die Stadt Crefeld und deren nähere Umgebung, weil die Fabrikanten nur bei bequemer Benutzung derselben sich den wechselnden Bestellungen mit Leichtigkeit anpassen können. Das Winden geschieht entweder auf einer Trittmaschine oder auf einer grösseren durch eine Handkurbel in Bewegung gesetzten oder auf einer sog. Schweizermaschine; letztere ist für Chappe und Baumwolle eingerichtet und es läuft hier das Garn vom Strange direkt auf die Bobine, während bei der sorgfältigeren Seidenwinderei sich noch eine Rolle als Mittelglied dazwischen schiebt. Die erstere Maschine kostet 20—50, die andern 90, 150, 200—300 Thaler. Die Hauptarbeit bildet in beiden Fällen das Ordnen der zerrissenen und verwirrten Fäden; dazu bedarf es flinker Finger und namentlich die Frauen sind es, welche sich dazu eignen. An der ersteren Maschine arbeiten sie dann allein oder ein kranker Mann, welcher das Weben nicht mehr verträgt. An der zweiten wird die Kurbel von einem Kinde oder noch häufiger von einem Greise, Blinden, Krüppel langsam gedreht und gestattet somit die Ausnutzung auch der sonst am schwersten zu beschäftigenden Kraft; auch habe ich ein Mädchen gesehen, welches mit der einen Hand die Kurbel drehte, mit der andern an der Leine einer sehr entfernt stehenden Wiege zog, deren Insassen die Mutter, welche durch das Spulen vollständig in Anspruch genommen war, in den Schlaf sang. Zu beiden Seiten der Windemaschinen sind Frauen paarweise beschäftigt, meist die Mutter mit ihren Töchtern; Kinder sind für diese Arbeit nicht aufmerksam genug, werden aber auch vielfach nach der Schule z. B. von 4—8 Uhr verwendet, wofür sie in Viersen 1 Mark wöchentlich erhalten. Die eigentliche Lehrzeit beginnt meist mit dem 14. Jahre, obwohl auch Fälle regelmässiger Beschäftigung mit 10—12 Jahren vorkommen; es werden schriftliche Kontrakte geschlossen auf zwei Jahre, im ersten erhalten die Mädchen in Crefeld 2 - 3, im zweiten 6 Mark wöchentlich, in Viersen 1, bezw. 1.60—1.70 Mark täglich; dagegen wohnen und speisen sie, wie allgemein die Lehrlinge auf dem linken Rheinufer, bei ihren Eltern. Die Arbeit findet in aufrechter Stellung statt unter mässiger körperlicher Bewegung und Anstrengung; in grösseren Windereien mit ein paar Maschinen genügen die sonst geräumigen Stuben nicht dem vermehrten Arbeitspersonal.

In flauen Geschäftszeiten beträgt die Arbeitszeit meist 12—13 Stunden, etwa von 6—12 und 1—8 Uhr; dann arbeitet an einer grossen Maschine nur eine Person auf jeder Seite, bei flottem Gange steigt aber das Verdienst und es wird bis in die Nacht gearbeitet. Gerade jetzt sind aber Arbeiterinnen schwer zu haben, denn die Webermeister setzen alle ruhenden Stühle in Betrieb und behalten ihre Töchter zu Hause. Der Zuzug zu diesem Hülfsgewerbe kann daher nur durch das Mittel ganz aussergewöhnlicher Löhne bewirkt werden, wie denn auch die schon an sich hohen Wind- und Scherlöhne in den Jahren 1871—73 die erhebliche Steigerung von 50—75 Procent erfuhren. Verstärkend auf die Lohnhöhe traten in der Winderei die Besitzverhältnisse der Maschinen hinzu. Dieselben gehören zwar ihrer grossen Mehrzahl nach den Arbeitern selbst, ein bedeutender Theil jedoch, — ein Windereibesitzer schätzte ihn in Crefeld auf 30 Procent, in Viersen wird er noch grösser sein, — den Commis oder denselben nahestehenden Personen. Diese sorgen natürlich für eine gewisse Höhe der Löhne und bringen den Löwenantheil für sich in Sicherheit. Da nämlich die Accordsätze für gute wie schlechte Garne die gleichen sind und sie die festen, unzerreissbaren für sich nehmen, so erhalten sie weniger Mühe erfordernde, lohnendere Arbeit; hier und da fällt auch etwas für diejenige Winderin ab, die sich durch Geschenke oder sonst angenehm zu machen versteht. Aufmerksame Firmen dulden einen derartigen Nepotismus nicht, andere bemerken ihn nicht oder lassen es hingehen, dass ihre Kommis sich einen Nebenerwerb, wenn nur nicht auf ihre Kosten, verschaffen.

Die Winderei von Seide, Chappe und sogar von Baumwolle, soweit sie in der Seiden- und Sammetindustrie verwendet werden, ist noch eine völlig gesicherte Domäne der Hausindustrie, selbst mechanische Webereien lassen noch ausserhalb winden, denn der Vortheil des Dampfes als bewegende Kraft sinkt gegenüber den wohlfeilen Motoren eines Greises, Blinden und Kindes auf Null herab. Die Ausnutzung der Hauptthätigkeit, nämlich des Zusammenknüpfens und Ordnens der Fäden ist in der Hausindustrie eine bei weitem grössere und gestattet die intermittirende Beschäftigung von Frauen, Mädchen und Kindern, die zu regelmässiger Arbeit in die Fabrik nicht gehen können.

Dem Ausgeben der Seide in das Haus zum Färben, Winden und Weben tritt ein Missstand störend in den Weg, nämlich die überaus schwierige Kontrolle über die ehrliche Zurücklieferung; der weitläufige Austrocknungsprocess kann ja nicht jedesmal wieder vorgenommen werden. Durch das übliche Verwiegen hat man den Diebstahl niemals vermieden, selbst die von der Leyen vermochten keine ausreichende Aufsicht zu führen und wandten sich an die Regierung zu Mörs, welche unter dem 28. Juni 1735 eine Verwarnung erliess, wonach die Arbeiter bei Ueberführung des Diebstahls mit Festungsarbeit bedroht und die Eltern für ihre Kinder verantwortlich gemacht wurden; die Käufer des Materials galten als Diebshehler. Damit wurde der Diebstahl keineswegs unterdrückt; besonders in schlechten Jahren war der Anreiz zu Entwendungen des kostbaren Materials so mächtig, dass dieselben grosse Dimensionen annahmen. So wurde im August 1805 eine weitverzweigte Gesellschaft von Seidendieben entdeckt, welche an Juden verkaufte; 37 wurden gefangen, das schreckte für einige Zeit ab. In den 1850er Jahren schätzte man den Werth der jährlich gestohlenen Seide auf etwa eine halbe Million Mark; die kritische Lage der Industrie steigerte noch das Uebel. Da bildete sich am 16. Juni 1861, im Jahre der höchsten Seidenpreise und der grössten Nothlage der Weber, der Verein gegen Seidendiebstahl in Crefeld, dem ein ähnlicher in Elberfeld folgte. Er setzte Prämien von 150 Mark und darüber aus für erfolgreiche Denunciationen von Entwendungen von Seide, Garnen, Seidenwaaren und Webergeräthen. Zugleich vereinbarten sämmtliche Seidenfabrikanten, verdorbene Stücke den Webern niemals, den Färbern möglichst selten zurückzugeben; diese verpflichteten sich, nur durch die vom Verein bestellten Verkäufer die verdorbenen Waaren veräussern zu lassen. Alle Händler in Rohseide, Garnen und Seidenwaaren, Fabrikanten und Färber verpflichteten sich dem Verein sich anzuschliessen; am 5. März 1877 gehörten demselben 340 Mitglieder an; die wenigen Fabrikanten, welche ausserhalb stehen, werden von der öffentlichen Meinung als Hehler bezeichnet; ob mit Recht oder Unrecht, lasse ich dahin gestellt.

Die öffentliche Moral hat sich in dieser Hinsicht bedeutend gebessert. Früher sollen sich Männer sogar öffentlich des Seidendiebstahls gerühmt haben, bis der energische Polizeicommissar sie einsteckte. Das war damals eine That; heute gilt es als ehrenrührig, ein Seidendieb genannt zu werden. Freilich ist die Gelegenheit zum Stehlen noch nicht völlig beseitigt, beim Aus- und Verpacken der Rohseide, beim Ausgeben zum Winden und Weben verschwindet so manches Pfund, indess ist es diesem Rechtsschutzverein doch gelungen, dem Seidendiebstahl als einer öffentlichen Calamität ein Ende zu bereiten. Sehr störend erweist es sich in der Neuzeit, dass der Elberfelder Verein sich aufgelöst hat.

Die gefärbten und auf Bobinen gewundenen Garne laufen alle wieder im Comptoir zusammen, ein kleiner Theil derselben wird daselbst von Frauen zu Ketten vorgerichtet, indem durch das sogen. Scheren die nöthige Anzahl von Fäden in der erforderlichen und gleichen Länge abgemessen und zweckmässig zusammengelegt wird. Die geschorene Kette sammt dem auf Bobinen gewundenen Einschuss erhält nun der Weber mit den dazu gehörigen Kämmen und Riethen nach Hause, bei gemusterten Stoffen ausserdem noch die Jacquardmaschine und die Patronen. Das Aufbäumen und Passiren (Einbringen der

Fäden in die Kämme) der Kette, das Spulen des Einschussgarnes und vor Allem das Weben selbst geschieht im Hause des Webers. Nur ein geringer Theil wird auf mechanischen Stühlen gewebt, die Organisation ist dann die allgemein fabrikmässige. Von der gesammten Weberei soll gleich ausführlicher gehandelt werden.

Viele und namentlich die schweren Seidenzeuge sind wie sie vom Webstuhl kommen, fertige Waare. Sie gelangen auf den „Galgen“, auf welchem der Fabrikant oder in grösseren Häusern der Kommis sie besichtigt und sein „Passirt“ spricht. Hierauf werden sie von Frauen und alten Männern von kleinen Fehlern gereinigt, dann zusammengelegt und glatt gepresst; die natürliche Schönheit der Seide und die Vollkommenheit des Gewebes macht ihre Zierde aus. Bei andern Seidenzeugen und beim Sammet findet eine mehr oder weniger complicirte Appretur statt. Schon 1845 gab es in Crefeld neben 7 Appreturen im Besitz von Fabrikanten, welche sich auf die Hauptartikel, wie Sammete und Atlas beschränkten, 10 Lohnanstalten; gegenwärtig hat sich die Zahl der letzteren auf 30 vermehrt. Die fertigen Stoffe und Sammete werden von Frauen zusammengelegt, die Bänder theilweise in Strängen lose aufgehängt, damit sie nicht verdrücken; wenn sie versendet werden sollen, werden sie von Mädchen auf Pappekartons aufgerollt. —

Die Organisation der Industrie ist also im Wesentlichen eine solche: das Färben, Winden und Weben findet ausserhalb, das Vorbereiten der Kette und das Verpacken der Waaren innerhalb der Fabrik statt; für die Appretur haben die grösseren Firmen eigne Anstalten, während die kleineren dieselbe gegen Lohn ausführen lassen. Wie überwiegend die Verrichtungen ausserhalb sind, erhellt aus einer Statistik der Löhne, welche die Crefelder Kaufleute im Jahre 1877 gezahlt haben; sie betrugen für das Färben 3.3, das Winden 1.5, das Weben 12.3, das Appretiren 1.2 und für das Scheren nur 0.5 Mill. Mark. Ein Anfänger ist heute von allen Kapitalanlagen entlastet; in einem Comptoir mit ein paar Stuben für das Kettenscheren und Verpacken kann er sich bereits etabliren und braucht nur ein geringfügiges Betriebscapital zur Zahlung der Arbeitslöhne, da die Rohseide von ihm auf neun Monate Ziel gekauft und erst nach Eingang seines Guthabens bezahlt wird. So wird es denn erklärlich, dass bei einem jeden Ansteigen der Konjunktur, wenn die Bestellungen regnen, neue Firmen wie die Pilze hervorwuchern, um zum Theil dann bald, aufs Trockene gesetzt, wieder zu verschwinden. Beispiele liefert ein jedes Jahrzehnt. Die 13 Fabrikanten im Jahre 1828 vermehrten sich durch den Aufschwung in den 1830er Jahren nur auf 28, seitdem aber hob sich ihre Zahl in Folge jeder Konjunktur: 1841--45 auf 100, 1849—57 auf 170 und 1868—72 auf 200—300.

Die verhältnissmässig stärkste Zunahme der Kaufmannschaft fällt in die 1840er Jahre und trifft mit der Entstehung der Lohnanstalten zusammen; zu gleicher Zeit hörten fast alle älteren Firmen zu existiren auf. Sie fanden ihr Geschäft nicht mehr lohnend genug und das hatte seinen Grund darin, dass sie bei ihren alten Gewohnheiten verharrten und daher von energischeren Anfängern überflügelt wurden. Die Firma von der Leyen nahm sich zwar einen jüngern Associé und suchte frisches Blut in die alten Adern zu bringen, es gelang ihr auch zeitweise ganz gut, aber bald kam die frühere Autokratie des Chefs wieder zum Vorschein. Die von der Leyen, die Floh, die Heydweiler und Andere gaben ihr Geschäft auf, und es ist ein volkswirthschaftliches Verdienst der jüngeren Häuser, die Crefelder Industrie zu neuer Blüthe gebracht zu haben. Wie verschieden war der Geist, der beide beseelte! Bei den Verhandlungen über die Webeschule im Jahre 1839 erklärten die Jungen sich für die Gründung derselben, indem sie sie als zweckmässig für eine bessere und gründlichere Ausbildung angehender Fabrikanten und nach grösserer Vervollkommnung strebender Weber erkannten; die Alten dagegen befürchteten, dass die durch eine langjährige Erfahrung und durch bedeutende Kosten angeeigneten Vortheile in der Weberei dann Gemeingut Aller werden und allenthalben Konkurrenzunternehmungen bei billigeren Löhnen entstehen würden; die Weber verstünden ihr Handwerk hinlänglich und würden durch den Besuch der Schule sich nur zu höheren Dingen berufen glauben. Man sieht, das Salz war dumm geworden. Diese Altersschwäche tritt bei den meisten Firmen in gewissen Perioden ein. Der unternehmungslustige Vater arbeitet sich empor, der Sohn hält das Geschäft auf der Höhe, der Enkel geniesst die Bildung eines einjährig Freiwilligen, sitzt ein paar Jahre auf dem Comptoir und macht Reisen in fremden Ländern, aber er lernt oftmals nicht mehr tüchtig arbeiten und wird bei seinem Reichthum später zu vornehm, das Unternehmen mit Aufmerksamkeit selbst zu leiten; er zieht sich daher in eine angenehme Stadt als arbeitsloser Rentner zurück, bis endlich nach Zersplitterung des Vermögens seine Nachkommen den Kampf ums Dasein mit energischer Arbeit wieder aufnehmen müssen.

Auf den jungen Häusern ruht daher die Zukunft der Industrie; gegründet werden sie gewöhnlich von einem Kommis im Verein mit einem Werkmeister; dieser leitet die technische Fabrikation, jener den kaufmännischen Vertrieb; beide haben sie nur geringe Ersparnisse und arbeiten hauptsächlich mit fremdem Kapital. Bei einem solchen Geschäfte treten nun häufig alle Nachtheile eines kleinen und kleinlichen Betriebes hervor, und dieser ist darauf angewiesen, einerseits am Betriebskapital soviel als möglich zu sparen, anderseits durch beschleunigten und vergrösserten Umsatz das eigne Kapital rasch zu vermehren. Er ist um so mehr dazu gezwungen, als er anfangs neue Weber und Arbeiter durch höhere Löhne an sich heranlocken muss, oftmals durch Abspenstigmachen und Verleitung zum Vertragsbruch. Solche Neulinge sehen am ehesten ihren Kommis allerlei Unregelmässigkeiten durch die Finger, suchen Muster bei den Webern abzugucken und liefern ihren Käufern gar nicht nach der Factura. Bei rückgehender Conjunctur sind sie in Folge ihres Kapital- und Kreditmangels in der grössten Verlegenheit, sie entlassen rasch ihre Arbeiter, verstehen sich zu den niedrigsten Waarenpreisen; unfähig grössere Verluste zu tragen, verschleiern sie ihren falliten Zustand durch Wechselreiten und fristen ihr Dasein durch Drücken der Löhne. Alle diese Gefahren liegen für die Anfänger ohne technische, kaufmännische und moralische Tradition näher als für grössere Firmen; sind sie doch in erster Reihe auf den augenblicklichen Vortheil angewiesen.

Während der Crefelder Fabrikant fast von allen rein gewerblichen Thätigkeiten durch Lohnanstalten entlastet ist, findet sich eine einzige Funktion wohl ausnahmslos mit ihm verbunden, die des Seidenkaufmanns. In Lyon ist das anders; dort ist der Fabrikant in der Hauptsache Techniker, welcher seine Specialität hat, die er zur höchsten Leistungsfähigkeit entwickelt, und der seine Waaren an die grossen Pariser Kommissionshäuser absetzt. In Deutschland bahnt sich eine grössere Specialisirung gleichfalls an, auch zählt man in Crefeld nicht weniger als 41 Grosshändler in Seidenwaaren; die Hauptmasse der fertigen Stoffe vertreiben jedoch die Fabrikanten auf eigene Rechnung. Das hat den grösseren Vortheil, dass sie die jeweilig lohnendsten Artikel mit einer Leichtigkeit aufgreifen, welche stets ein Ruhm Crefelds gewesen ist; Lyon verstand das nicht sofort, als die Mode sich von den gemusterten auf die glatten Stoffe warf. Und gerade in Crefeld lässt es sich nicht leugnen, dass es vielfach die jungen Firmen waren, welche mit der ganzen Energie jugendlicher Streber eine Vielseitigkeit und Beweglichkeit anbahnten, welche den älteren Häusern mangelte, deren Leiter häufig zu weich gebettet sind und nicht genug Detailkenntniss und Unternehmungslust besitzen. Wem es da glückte, der wurde geachtet und aus der Ecke im „kaufmännischen Verein" avancirte er in die Mitte an den runden Tisch unter dem grossen Candelaber und verlässt nunmehr den Club statt um 10 oder 11 schon um 9 Uhr.

Diese Vereinigung von Seidenfabrikant und Seidenkaufmann hat aber auch ihre Schattenseiten. In technischer Hinsicht treten dieselben noch weniger hervor, jedoch kann es für die Zukunft, wo ein Fortschreiten zum mechanischen Betriebe immer mehr sich als nothwendig herausstellen wird, bedeutsam werden, dass an der Spitze der Unternehmungen Kaufleute stehen, welche zu wenig Techniker sind, um solche Neuanlagen beurtheilen zu können, und die sich daher scheuen werden, ihre Betriebskapitalien in denselben zu riskiren. Deutlicher zeigen sich die Nachtheile in kaufmännischer Beziehung. Der kaufmännische Leiter der neugegründeten Firma mit seiner den Werkmeister überragenden Persönlichkeit und Bildung hat als Kaufmann ohnehin mehr Sinn für Handel, für Export als für die Fabrikation und er glaubt es seinem früheren Principal nachthun zu müssen. Häufig mit grossem Geschick greift er eine Specialität auf, poussirt sie aber ohne Einsehen in die Bedürfnisse des Markts und beschleunigt damit die Ueberproduktion. Ein jeder Fehlgriff des Kaufmanns fällt auch gleich auf den Fabrikanten; bei seinem Kredit- und Kapitalmangel muss er sich nun die niedrigsten Waarenpreise gefallen lassen und aus den falschen Speculationen der zahllosen kleinen Handelsleute ohne Uebersicht des Marktes summirt sich die volkswirthschaftlich so gefährliche Ueberproduktion. In Frankreich dagegen schiebt sich zwischen Konsument und Fabrikant als Mittelglied der Pariser Kommissionär; sein mächtiges Haus vermag schon eher die Preise zu halten und durch die Verbindungen in aller Herren Länder eine Ueberschätzung der Nachfrage zu verhüten; in ihm potenziren sich mehrfach die Kapitalkraft und Intelligenz zahlreicher kleiner Firmen in Crefeld. Umgekehrt ist hier auch der grösste Fabrikant Detaillist, versucht den kleinsten Vortheil zu erhaschen und begegnet dem geringsten Anfänger auf den gleichen Märkten. Es streiten mit einander die beiden Principien: gute, tüchtige Fabrikation und Absatz an wenige Grosshändler und — Massenproduktionund Massenabsatz an Jedermann.

Es hat lange gedauert, bis Crefeld den Absatz seiner Waaren in eigene Hände nahm. Die von der Leyen verkauften die Seidenzeuge nur neben andern Waaren auf den Messen, auch das reiche, durch viele Handelsverbindungen unterstützte Elberfeld[1]) führte Crefelder Waaren. In der ersten Hälfte unseres Jahrhunderts scheinen für den Absatz nach Osten die Leipziger, nach Süddeutschland die Frankfurter Messe, nach Skandinavien und den überseeischen Ländern Hamburg und Bremen von Bedeutung gewesen zu sein. Für den so wichtigen Markt Amerika spielte Paris den Vermittler, erst seit 1838 versuchte man sich dort durch ein eignes Personal vertreten zu lassen. Gegenwärtig ist Crefeld überall bekannt und hat auf allen Märkten seine Agenten. Aber etwas fehlt: ein tonangebender und kauffähiger Markt im Inlande; Deutschland ist auf die Pariser Moden und Muster angewiesen und damit behaupten Lyon und St. Etienne ihr Uebergewicht in diesen Artikeln. Auf Crefeld mit seinen billigen Löhnen und seiner

[1]) J. C. Bohn's, Wohlerfahrener Kaufmann 1789, I. S. 566.

tüchtigen Schwarzfärberei sind bei der internationalen Arbeitstheilung die halbseidnen Stoffe (zur Besatzconfection), die leichten und mittleren Sammte und die Sammetbänder auf Hand- und Kraftstühlen gefallen, auf Viersen und Mülheim a./R. die gleichen Artikel mit Ausschluss der Stoffe, auf Elberfeld die halbseidenen und seidenen Stoffe auf Kraftstühlen und auch gemusterte Stoffe. Lyon's Stärke liegt in mittleren und schweren ganz seidenen Stoffen, in schweren Sammten und feinen gemusterten Stoffen; St. Etienne zeichnet sich aus in mittleren und schweren Seidenbändern, in Besatz- und Franjenartikeln, in Sammetband auf Kraftstühlen. Ganz gefährliche Konkurrenten sind seit altersher Zürich in den leichten glatten Seidenstoffen und Basel in leichten und mittleren Seidenbändern. England leistet am meisten in leichten und mittleren halbseidnen Stoffen auf Kraftstühlen und in leichten und mittleren Seidenbändern.

In den ihre Stärke ausmachenden Artikeln beherrscht die Crefelder Industrie den einheimischen Markt, ja es ist ihr gelungen, sich sogar zu ganz bedeutendem Export aufzuschwingen. Schon im Jahre 1864 blieb (nach den Berichten der Handelskammer) vom Gesammtwerth der Waaren mit 31 Mill. Mark nur die Hälfte im Zollverein, ein Drittel ging nach England und der Rest nach Amerika und Frankreich; dies Verhältniss hat sich im letzten Jahrzehnt noch günstiger gestaltet, denn im Jahre 1872 blieben von 77 Mill. M. nur 31 in Deutschland, 25.4 Mill. wurden nach England, 3.4 nach Frankreich, 5.6 ins sonstige Europa und 11.7 über See ausgeführt. Unter den Artikeln haben sich die Seiden- und Sammetwaaren stets so ziemlich das Gleichgewicht gehalten. Im Jahre 1840 z. B. gingen von 6450 Webstühlen 3000 auf seidene und halbseidene Stoffe, 1500 auf Sammet, 1000 auf Plüsch, 800 auf Sammet- und 150 auf Seidenband, im Jahre 1877: 14794 Stühle auf Sammet und 11567 auf Stoffe. Der Aufschwung der Crefelder Industrie ist ein grossartiger gewesen; sie beschäftigte 1840: 6450, 1862: 15000 und 1872 gar 33310 Webstühle. In den gleichen Jahren hob sich die Bevölkerung der Stadt von 25900 auf 51445 und 58500, gegenwärtig zählt sie 68000 Einwohner.

Der Crefelder Fabrikantenstand (und hier darf man die Häuser in Viersen und in den kleineren Orten mit einschliessen) hat das Verdienst, seine Industrie zu grosser Entwicklung gebracht zu haben und geniesst — wohl mit Recht — den Ruf einer geschickten und unternehmungslustigen Kaufmannschaft. Dennoch könnten die Deutschen noch viel z. B. von den Pariser Häusern lernen [1]). Diese nämlich, die grössten überhaupt existirenden Detailkäufer fertiger Seidenwaaren, versenden in einer neuen bequemen Hausirform, in Briefcouverts, ihre Muster

[1]) Jahresbericht der Handelskammer von Elberfeld für 1875.

an deutsche Familien, zu deren Ermittlung sie ein Heer von Agenten reisen lassen, und liefern ihnen einzelne Kleider gegen Baarzahlung beim Empfange. Indem sie in dieser Weise, unterstützt durch die in Deutschland naturwüchsige Neigung, Fremdes vor allem zu lieben und werth zu achten, leicht den Eingang in das einzelne deutsche Haus finden, überspringen sie den Grossisten und Detaillisten, zahlen den Eingangszoll von höchstens $2^1/_2$—3 Procent auf ihre meist kostbaren Waaren und drücken die heimische Industrie in einer Form aus dem eigenen Markte, die diese jenen um ihres grösseren Patriotismus willen nicht nachmachen kann. Fast ohne alle Spesen und ohne alles Risico führen sie durch diese neue Form brieflichen Hausirhandels ihren Erzeugnissen die besten Abnehmer zu und dürften dem deutschen Handel allmählich vorzugsweise nur die Käufer auf Borg überlassen.

II. Die allgemeinen Verhältnisse der Seidenweberei.

Die zahlreichste und wichtigste Arbeiterklasse bilden die Weber; sie sind hausindustrielle Lohnarbeiter, welche fremdes Material nach fremden Bestellungen verarbeiten.

Doch hat es auch sogen. Weber auf eigene Rechnung gegeben. Aus Viersen [1]) finden sich Nachrichten aus dem Jahre 1786 über Sammetbandweber (Lindwirker hiessen sie damals), welche Seide kauften, sie verarbeiteten und die Waaren an Crefelder Grossisten absetzten. Sie verdienten viel und prunkten mit ihren Kronenthalern zum grossen Aerger ihrer ländlichen Nachbarn. Da kam 1812 das Sammetband ausser Mode, die meisten Weber verarmten und wurden von dem grossen Hause Diergardt als Lohnwirker aufgesogen. Nur vereinzelt gelang es ihnen, ihre Selbständigkeit bis in die Mitte unseres Jahrhunderts hinüber zu retten. Ihr Product waren die Bänder der Landestrachten, die buntfarbigen Sammetbänder des Elsasses, der Schweiz, der Minden-Bückeburger Gegend, welche bei aufsteigender Konjunktur willige Käufer fanden; bei herabgehender Nachfrage aber, wenn das Lager des Fabrikanten überfüllt und dieser für den Absatz seiner eignen Bänder besorgt war, da geriethen die Weber in die grösste Verzweiflung. Kam unter solchen Umständen einer nach Viersen, so meinte der Fabrikant mit Achselzucken, er könne das Band nicht brauchen und bot nur einen Spottpreis; dann versuchte es der Wirker in Crefeld, Süchtelen, überall mit gleichem Erfolge. Nach

[1]) Schröteler: Herrlichkeit und Stadt Viersen 1861. S. 223. — Norrenberg: Geschichte der Herrlichkeit Grefrath 1875, S. 72.

Hause heimgekehrt, begann er am folgenden Tage den nämlichen Rundgang; vom Wandern ermattet, von so vielen abschlägigen Antworten mürbe gemacht, unter der Nothwendigkeit für die Familie etwas mitzubringen, nach vielem Zeitverlust verkaufte er endlich zu einem Preise, der oft nicht einmal die Auslagen und die verlorene Zeit deckte. Da nach vielen herben Verlusten entschlossen sich die Weber zum schweren Schritt, sie gaben die selbständige Stellung auf und tauschten die damals freilich vortheilhaftere, abhängige Lage des Lohnarbeiters ein; der Preis der Kaufleute dafür war: die Uebernahme des Risicos der Materialanschaffung und des Waarenabsatzes.

Dieser Schritt enthielt äusserlich eine um so tiefere Degradation, als die damaligen Weber nicht nur fremdes Material, sondern dasselbe auch auf fremden Stühlen verarbeiteten. Im XVIII. Jahrhundert hatte es so wenig Seidenweber gegeben und dieselben waren so mittellos gewesen, dass die Fabrikanten ihnen die grössten Erleichterungen hatten bieten und bei einer Ausdehnung der Produktion eigene neue Stühle aufstellen müssen. Die Zunahme der Anzahl der Kaufleute wie der Weber zog einen öfteren Wechsel derselben nach sich, das patriarchalische Verhältniss begann sich zu lockern, die Kaufleute brauchten nicht mehr zu befürchten, dass bergische Monopolisten ihnen die Arbeiter abspenstig machen würden, und sahen sich des Zwanges ledig, dieselben auch in Nothzeiten zu beschäftigen. Um so weniger durften und wollten sie aber hindern, dass die Weber lange Zeit hindurch für fremde Firmen arbeiteten und der alte Principal blieb nur nomineller Eigenthümer ohne etwelchen Nutzen von seinem Webstuhl. Zu gleicher Zeit wurden die Weber der Gewerbesteuer unterworfen und immer mehr gelangte bei ihnen der Gedanke zum Durchbruch: wir sind freie Handwerksmeister und können wirken, für wen wir wollen. Den Fabrikanten war es auch schon recht, wenn die Weber Eigenthümer ihrer lange besessenen Stühle wurden, es konnte ihnen dann auch mehr anvertraut werden; den neu entstehenden Firmen war damit ein grosses Hinderniss der Etablirung aus dem Wege geräumt, wenn sie von den Auslagen für Webstühle entlastet wurden. So geschah es denn, dass einzelne Meister ihre Werkzeuge ankauften.

Indess es bedurfte einer stärkeren Veranlassung, um einen radicalen Eigenthumswechsel herbeizuführen. Es kam das Jahr 1848, der Selbständigkeitssinn der Weber schwoll mächtig an, sie wollten nicht mehr auf fremdem Geräth arbeiten und eine ihrer wesentlichen Forderungen war: Ankauf der Webstühle. Dieselben wurden auf ihr Conto übertragen, und von einer günstigen Konjunktur unterstützt, wurden sie durch Terminzahlungen in kurzer Zeit Eigenthümer ihres lang ererbten Besitzes. Seit jener Zeit etablirt sich jeder Weber mit eigenem

Stuhl, zu welchem er sich das Geld schon früher erspart hat oder für welchen ihm ein Fabrikant die geringfügige Summe (etwa 90 M. für einen einfachen Sammetstuhl) vorstreckt.

Allein kaum erfreuten sich die Weber ihres neuen Eigenthums, als Verhältnisse eintraten, welche den früheren gleichen und bereits ähnliche Zustände hervorgerufen haben. Die schweren Seidenstoffe nämlich leiden durch die starke Erschütterung eines leichten Stuhles und bedürfen daher eines sogen. Lyoner Stuhls; dieser ist aber so theuer (etwa 120 bis 180 M.), dass der Arbeiter ihn nicht anschaffen kann, zumal er keine Garantie dafür hat, dass er in fortwährendem Gebrauche bleibt. Noch grösser sind seine Bedenken gegen den Ankauf einer Jacquardmaschine, denn bei jedem Wechsel der Breite und des Musters muss auch die gesammte Vorrichtung und der Harnisch wechseln, und weil die gemusterten Stoffe in Deutschland nicht heimisch, überhaupt seit Jahrzehnten durch die glatten verdrängt sind und die wenigen vorhandenen Stoffe dem Wechsel der Mode rasch unterliegen, so wäre der Weber gezwungen, ein beträchtliches Kapital (jedesmal 200—300 M.) für eine Jacquardvorrichtung anzulegen, welches keine Verzinsung finden würde. Die Lyoner Stühle wie die Jacquardmaschinen sind daher Eigenthum der Kaufleute, und sind diese ausser Stande, dieselben im Gange zu erhalten, so ertheilen sie dem Weber einen sogen. Behülfschein entweder umsonst oder lassen sich von dem andern Fabrikanten eine Miethe zahlen. Einige gestatten jedoch nicht, auf ihren Maschinen zu arbeiten, wenn sie in der Werkstätte noch eigene Muster haben, deren Nachahmung sie befürchten; sie lassen dann den Jacquard abheben und geben dem Weber andere, freilich weniger lohnende Arbeit. —

Eine Ausdehnung der Seidenindustrie konnte im vorigen Jahrhundert in dem Städtchen Crefeld nicht die genügende Anzahl Arbeiter finden und man war schon gleich damals genöthigt, diejenigen Verrichtungen in nahe Ortschaften zu verlegen, bei welchen es die Betriebsform zuliess: das war die Weberei. Schon 1750 werden zwei Filialen erwähnt, welche die von der Leyen in Geldern und Aldekerk angelegt hatten. In immer weiteren Kreisen dehnte sich nun die Weberei auf das Land hinaus; am Anfange unseres Jahrhunderts wurden die Sammetbänder schon allgemein auf dem Lande[1]), die Sammetstoffe noch hauptsächlich in der Stadt Crefeld gemacht; in den 1840er Jahren aber waren den Sammetbändern auch schon die einfachen Sammte und die glatten halb- und ganzseidenen Stoffe auf das Land gefolgt. Unter dem Drucke der Schweizer Konkurrenz ging die Weberei immer weiter den

---

[1]) Golbery: Considerations sur le departm. de la Roër. S. 121. — (Ladoucette:) Voyage dans le pays entre Meuse et Rhin. 1818.

billigen Löhnen, auf denen ja die Leistungsfähigkeit der Crefelder Industrie beruht, nach und theilte die Stoffe mit dem geringsten Materialwerth und von der einfachsten Technik bis an die Mosel und über die holländische Grenze an das Landvolk aus. Diese Strömung hat wohl 150 Jahre gedauert und vielleicht hat sie bald ihre Grenzen erreicht; bald werden auch jene Löhne schon zu hoch sein, in plötzlichem Umschlage werden dann die entferntesten Stühle stillgesetzt werden und der Kreislauf von neuem durch die Etablirung der mechanischen Weberei in den Städten beginnen.

Die entferntesten Weber leisten am wenigsten; ihnen gilt das Gewerbe als Winterbeschäftigung für den sonst müssigen Knecht oder für die Magd. Auch in den näher liegenden Bezirken, wo die Weber schon den grössten Theil des Jahres am Stuhle sitzen und die Feldarbeit von der Familie besorgen lassen, gehen sie zur Saat- und Erntezeit aufs Feld und die Fabrikanten haben sich schon auf diese Ausfälle an Lieferungen eingerichtet, welche bei den Sammten, welche nur eine Saison haben, auch weniger nachtheilig sind. Diese Arbeiter fertigen die einfachen Stapelartikel an; die schwierigeren und kunstvolleren, theureres Material enthaltenden Stoffe werden ihnen nicht anvertraut, diese werden ein paar Meilen im Umkreise von Crefeld gewebt, in jenen eigentlichen Weberdörfern, welche in der Einleitung namhaft gemacht wurden und fast alle mit der Industriebahn erreichbar sind.

In der Stadt Crefeld haben sich nur die Kunst- (Paramenten-), Muster- und Modestoffweberei erhalten; diese erfordern sehr kunstreiche Arbeiter, viel Aufsicht und es würde beschwerlich fallen, die Jacquardvorrichtungen alle auf das Land zu transportiren. Zwar finden sich auch heute Stühle auf glatte Stoffe z. B. für Regenschirme und vereinzelt sogar auf Sammte; auf denselben arbeiten aber entweder Greise, welche am Ende ihres Lebens ihre Arbeitsweise nicht ändern wollen oder Mädchen, welche der Vater nicht seiner Aufsicht entlassen will und für welche die Bewegung der schwereren und complicirteren Stühle zu viel Kraftanstrengung erfordert, oder solche Meister, welche aus momentaner Arbeitslosigkeit vorziehn, schlecht gelohnte Stoffe zu weben als völlig zu feiern. Im Allgemeinen kann man aber sagen, dass die Sammtband-, Plüsch- und Sammetstühle ihren Standort ausserhalb der Stadt haben und zwar um so weiter, je einfacher die Gewebe sind. Die Nothwendigkeit der Auswanderung ergiebt sich für den Weber aus folgender Berechnung. Nach der Kreisstatistik betrug im Jahre 1869 der Jahresbedarf einer Familie mit drei Kindern: an Nahrungsmitteln 300 M. in Crefeld gegen 270 M. auf dem Lande, an Wohnung 75 gegen 54 M., an Wäsche und Kleidung 60 gegen 51 M., die übrigen Ausgaben blieben sich wohl die gleichen. Ferner findet der Meister in der Stadt keine Gesellen oder nur gegen einen übermässigen Lohn; vor allem leisten ihm die eigenen Töchter keine Unterstützung in der Weberei, denn sie finden in den Hülfsgewerben eine unvergleichlich besser gelohnte Beschäftigung. Der Meister muss also allein arbeiten und verdient in der Stadt etwa 18 Mark wöchentlich; da sagt er sich denn, dass er auf dem Lande mit Gehülfen auf drei Stühlen Sammet leicht 36 Mark verdienen kann, von denen ihm nach Abzug von 12—15 Mark an die Gehülfen doch noch immer 21—24 Mark verbleiben. Daher kommt es, dass in der Stadt Crefeld die Weber meistentheils allein arbeiten, im Jahre 1867 hatten nur 17,3 Procent derselben zwei und mehr Webstühle, während in dem Landkreise Crefeld, Kempen, Erkelenz, Geldern, Gladbach die entsprechenden Zahlen 49,8, 48,9, 43,4, 43,4 und 34,5 Procent lauteten [1]. Dort ist die Weberei lohnender als die Feldarbeit, die ganze Familie sitzt am Webstuhl und Gehülfen sind billiger zu haben. Erst in ganz entfernten, rein landwirthschaftlichen Gegenden, wie in den Kreisen Grevenbroich und Rees beweisen die 20,9 und 29,6 Procent, dass es meist nur ein einziger Stuhl ist, welcher den einsamen Bauer oder seinen Knecht im Winter beschäftigt.

Das Heer der Weber steht schlagfertig und wohlausgerüstet im Felde; vom grossen Hauptquartier aus, der Stadt Crefeld, leiten die Fabrikanten die Kampagne, unterstützt von ihren Intendanten, den Rohseidehändlern, ihren Adjutanten, den Kommis, und ihren Stabsofficieren, den Werkmeistern. Unter ihrer unmittelbaren Aufsicht finden alle Vorbereitungen zum Siege in der Färberei, Winderei und Schererei und die Vollendungsarbeiten in der Appretur und Packkammer statt. Alle diese Hülfsgewerbe haben ihren Sitz in der Stadt, nur die Winderei zieht bereits den Webertöchtern nach in die Vorstädte und näher gelegenen Ortschaften hinaus. Die Arbeiter sind mit Ausschluss der Färber in all diesen Beschäftigungen weibliche, ihre Verrichtungen sind sämmtlich äusserst leichte und alle städtischen Mädchen bis in den Mittelstand hinauf von ihnen und von der damit zusammenhängenden Kravattenfabrikation und Konfektion absorbirt. Aber sie reichen nicht hin, die Nothwendigkeit städtischer Concentration steigert die Löhne ganz unverhältnissmässig hoch, jeder Aufschwung der Industrie führt eine Unzahl Mädchen der Stadt zu und ein ausserordentlicher Ueberschuss derselben in dem Jungfrauenalter von 18—25 Jahr tritt ein (Anlage VII). Damit ist die industrielle Physiognomie Crefelds als Weberstadt völlig verändert; die typische Figur des Spulanen (Spuljungen), jenes Vetters des Pariser Gamin und Berliner Schusterjungen, über

---

[1]) G. v. Hirschfeld: Die rheinische Hausindustrie in der Concordia 1874, S. 161.

dessen rohe, aber witzige Einfälle einst des Abends Gelächter die Strassen hinabschallte, ist verschwunden; die Mädchen treten ihr Regiment in Crefeld an! Fünfzig Procent Ueberschuss der Mädchen in der Wonnezeit des Jugendlebens, — welche Folgen!

Die Ausdehnung der Weberei von Seide, Sammet, Baumwolle und gemischten Stoffen in entlegene Gegenden erschwerte die persönliche Verbindung mit den Crefelder, Gladbacher und Elberfelder Fabrikanten und hatte die Anlage von Factoreien zur Folge: die Firma setzte den Lohn fest und bezahlte ihren Factor ausserdem. Theils waren die an einem Orte für ein Haus arbeitenden Weber nicht zahlreich genug, um dem Factor ein auskömmliches Verdienst zu sichern, theils suchte dieser durch Uebernahme von Bestellungen auch anderer Firmen sich mehr Geld zu machen; kurz die Stellung der Factoren war anfangs die von Kommissionären, welche gegen Provision zu festgesetzten Löhnen die Ketten für verschiedene Firmen unterbrachten. Dies hatte den naheliegenden Missbrauch zur Folge, dass sie durch Verminderung des Lohnes ihre Einnahmen vergrösserten; die Fabrikanten erfuhren das und hörten auf, die Provision zu zahlen. Nun waren die Factoren lediglich auf die Differenz des vom Fabrikanten ausgesetzten und von ihnen gezahlten Weblohns angewiesen, sie übernahmen für immer mehr Firmen Kommissionen und drückten die Löhne immer tiefer. Je weniger eine Gegend Fabrikanten hatte, desto mehr hatte sie Factoren; es gab unter diesen einige so niedrig stehende Individuen, dass sie wöchentlich einige Mal mit dem Schiebkarren in den Ort kamen; je roher und wucherischer solche Factoren waren, desto grenzenloser war die Ausbeutung der Arbeiter. Bei flottem Geschäftsgange war der Weber gesucht und konnte seine Bedingungen stellen, in flauen Zeiten aber, wenn die Fabrikanten selbst keine Arbeit mehr hatten, hielten die Factoren noch einige Ketten aufbewahrt und gewannen 25—30 Procent an dem ohnehin schon stark reducirten Weblohn. Diese Erpressung wurde noch verstärkt durch das Trucksystem und das Halten von Branntweinschenken.

Die Fabrikanten thaten nichts gegen die im stillen schleichende Corruption; sie waren zufrieden, nur ja nichts mit den Arbeitern direct zu thun zu haben. An die Oeffentlichkeit wurden diese Verhältnisse gebracht durch eine Petition der Seidenweber in Kempen vom 25. Oktober 1848 an den Handelsminister; zahlreiche Ortsbehörden unterstützten das Gesuch und es zeigte sich, dass dieser Missbrauch namentlich bei den Baumwollwebern, welche für Gladbach arbeiteten, vorkam. Am 10. Februar 1849 kam es zu einer Vereinbarung zwischen Webern, Fabrikanten und Factoren, wonach den letzteren 10 Procent vom Weblohn bewilligt wurde, für baumwollene Hosenzeuge und Biber wurde ein besonderer Satz normirt; zudem wurden die Behörden angewiesen, gemäss den §§ 49 und 71 der Gewerbeordnung bei der Koncessionirung solcher Factoren ihre Zuverlässigkeit zu prüfen [1]).

Factoren, und zwar jetzt mit festem Gehalt, haben sich hauptsächlich nur noch in entfernten Gegenden erhalten. Die grossen Factoreien von Elberfeld für Orleansgewebe gingen nach Entstehung mechanischer Fabriken ein, an vielen kleinen Orten etablirten sich selbständige Kaufleute; der Ausbau der Industriebahn in unserem Jahrzehnt ermöglicht den Webern persönlich das fertige Stück zu überbringen. Obwohl er einen halben Arbeitstag verliert, lässt auch der ärmste Weber in Viersen sich die Fahrt nach Crefeld die zwölf Groschen kosten, weil über viele Fehler im Stück durch persönliche Rücksprache leicht ein Ausgleich stattfindet, für welche sonst Abzüge gemacht würden. Für die entfernter wohnenden Weber sind z. B. in Lobberich, Breyel, Grefrath Liefertage eingerichtet, an denen ein oder zwei Mal im Monat ein Associé, Prokurist oder Kommis der Firma die Gewebe entgegen nimmt und beurtheilt. In die ganz entlegenen sogen. Kolonieen kommen nur Boten, welche neue Ketten und Kämme mitbringen und die fertige Waare in die Stadt fahren, wo sie beurtheilt wird und für welche der Bote in der nächsten Woche das Geld mitbringt. Aus der äussersten Zone, wo die versprengten Weber die Anlage einer Factorei nicht lohnen, senden sie ihre Stücke mit der Post nach Crefeld.

Eine technisch controllirende Besichtigung der Gewebe auf dem Stuhl findet durch den Werkmeister statt und dieser hat grossen Einfluss darauf, ob der Weber überhaupt Arbeit und ob er eine lohnende (z. B. gute statt verbrannter Ketten, gemusterte Stoffe statt Sammet) erhält. Daher wird er bei guter Laune erhalten; der Tag der Besichtigung ist ein Tag der Tractamente, manches Huhn, Schinken, Eier wandern umsonst oder zu halben Preisen in seine Küche. Ja sogar das Factorenunwesen, wobei in schlechten Zeiten namentlich von den verschuldeten Webern grössere Provisionen erpresst werden, kommt noch vereinzelt vor und ich selbst bin einem schieläugigen, fuchsrothen Wucherer in einem Dorfe des Kreises Erkelenz auf die Schliche gekommen. Zum Theil liegt die Schuld an den Fabrikanten, welche kein Auge für die Missbräuche ihrer Beamten haben, zum grossen Theil an den Webern selbst, welche sich dergleichen gefallen lassen. —

Eng mit den Geschicken ihrer Meister verknüpft sind die der Gesellen. Bis zum Jahre 1848 waren die ersteren nur die Aufseher über die auf den Webstühlen der Fabrikanten arbeitenden Gesellen; hiefür wie für die Benutzung ihrer Wohnräume

---

[1]) Königl. Regierung zu Düsseldorf, Acta I. III. 9. 7.

erhielten sie ein Drittel des Weblohns; von den übrigen zwei Dritteln hatten die Gesellen die Auslagen für das Spulen, das Säubern der Kette, das Oel für die Lampe, das Papier und Derartiges zu bestreiten und das Aufbäumen selbst zu besorgen. Alle Gründe nun, welche die Meister mit mehreren Stühlen aus der Stadt drängten, vertrieben schon weit früher den Gesellenstand und wiesen demselben die mittlere Zone als Standort an. Aber auch hier war die Existenz bei nur zwei Dritteln des Lohns eine sehr prekäre, und als mit dem Ankauf der Webstühle im Jahre 1848 das Haupthinderniss der selbständigen Niederlassung geschwunden war, hörte das eigentliche Gesellenwesen fast ganz auf. Als kleine Meister beziehen sie den vollen Lohn und haben das doppelte Risico des Gesellen nicht mehr zu tragen, nämlich ob ihr Meister überhaupt eine Kette erhält, und falls er eine bekommt, ob es doch nur eine einzige ist und der Geselle daher entlassen werden muss. Die gegenwärtig noch vorhandenen männlichen Gehülfen sind meist die eignen Söhne vor Ableistung der Wehrpflicht, die erwachsenen Söhne, etwaige Verwandte oder es bleiben auch mehrere Brüder zusammen. Wo ein Meister es noch für vortheilhaft hält, einen Arbeiter zu beschäftigen, zahlt er ihm z. B. in Viersen ein Fixum pro Meter und giebt ihm ausserdem die Kost.

Das Gesellenwesen hat in der Seidenweberei niemals eine Rolle gespielt; das eigentliche Verderben brachten über ihn die — Gehülfinnen. Bei ihren geringeren Anforderungen an das Leben vermögen sie mit zwei Dritteln des Lohnes noch immer zu bestehen, sie verspüren nicht den Drang nach selbständiger Etablirung, und — was auch in der mechanischen Weberei ihnen den Sieg verschafft hat — sie arbeiten mindestens ebenso rasch, wenn nicht flinker und tüchtiger als der Mann. Bei ihnen ist die Disciplin leichter herzustellen, die Genauigkeit der Arbeit und die Gewissenhaftigkeit im Einhalten der Verträge grösser, an Intelligenz und Gewandtheit fehlt es dem Weibe nicht, nur am Jacquard und an den schweren und breiten Stühlen sind die Ansprüche an ihre physische Konstitution zu grosse. Im Weibe hat die Industrie eine gelehrige Kraft und die Gemeinde im Weben eine Arbeit für ein schwer zu beschäftigendes Geschlecht gefunden.

In Crefeld und den Nachbarorten, wo die Frauen in der Winderei beschäftigt sind und das Weben der schweren und complicirten Stoffe für sie zu schwierig ist, hat die Frauenweberei seit den 1840er Jahren zwar auch zugenommen, doch ist sie selten im Vergleich zu den entfernteren Zonen. Hier haben in Folge derselben sich eine Reihe sittlicher Missstände entwickelt, welche Herr Caplan Dr. Norrenberg[1]) in seiner Pfarre Viersen eingehend schildert. Töchterlose Wittwer, allein-

[1]) Zweiter Jahresbericht des kathol. Arbeiterinnen-Vereins. 1878. S. 17 u. 34.

stehende Junggesellen, Männer mit schwächlichen Frauen sind zumeist darauf bedacht, Mädchen auf ihren Webstuhl zu bekommen. Die Frau wird eventuell in die Fabrik geschickt und die Gehülfin besorgt die Küche und die übrigen Hausarbeiten; finanziell ist das eine glückliche Speculation. Der Meister, der den ganzen Tag mit der letzteren allein in einer Stube arbeitet, tritt bald mit Versuchungen an sie heran; die Begabung der aus den ärmeren Ackerbaudistricten herübergekommenen Mädchen ist eine sehr geringe, die Verführung hat bei ihnen leichtes Spiel und sie werden bald die Beute des Mannes. Es sind Fälle vorgekommen, wo fremde Mädchen und zwar im Alter von 16 Jahren im Ehebruch geschwängert worden sind. Die Frau, die jedesmal von Eifersucht gequält nach Hause zurückeilt, tobt und wüthet und stürzt sich, da ihr durch den Hinweis auf die Nothwendigkeit des Doppelverdienstes die Unmöglichkeit einer Aenderung vorgehalten wird, schliesslich selbst in die Arme der Unzucht. In andern Fällen ist die Fabrikarbeit der Frau auf die Faulheit des Mannes zurückzuführen, der obwohl arbeitsfähig während ihrer Abwesenheit die Pfeife im Munde und die Schnapsflasche zur Seite über dem brodelnden Kessel wacht oder sonst im Hause herumdämelt.

Während der Meister am Webstuhl sitzt, säubert sein Weib ihm die Kette von allen Knötchen und Unreinlichkeiten und die Kinder sitzen auf einem Schemel vor dem Spulrade und lassen durch ihre Trittbewegung die Fäden von der grossen Bobine auf die kleinen Spulen ablaufen, die in dem Schiffchen befestigt werden, mit welchem der Vater durch die Kettfäden schiesst. Ihre Arbeitszeit ist eine sehr verschiedene. Ein Sammetweber, welcher wenig einzuschiessen hat und viel Zeit bei dem Aufschneiden der Decke verbraucht, setzt täglich das Spulrad etwa auf zwei Stunden in Bewegung, ähnlich ein Weber von schwierigen Stoffen; dagegen geht bei einem Weber von glatten Seidenstoffen das Spulrad den ganzen Tag und dann muss noch die Mutter helfen. Je mehr Stühle im Webwinkel und je weniger Kinder, desto länger bleiben die Kleinen an die Arbeit gefesselt und auf sie passen die Schreckensbilder, wie sie namentlich die Gladbacher Baumwollfabrikanten entwerfen. Kinder von fünf Jahr an sitzen dann in der unbequemsten Lage, mit zusammengezogenen Beinen und gebücktem Rücken in überfülltem Raume am Spulrade und versäumen darüber die Schule. Oder falls sie dieselbe auch besuchen, müssen sie oft um 6 oder halb 7 Uhr Morgens an die Arbeit, so dass sie z. B. in Hüls gar keine Fortschritte machen, weil sie schon ermüdet in die Schule kommen; in den Freistunden und des Abends bis 8 Uhr wird den kleinen Fibelschützen keine Ruhe gegönnt und Eltern mit grosser Kinderschaar senden einige davon in grössere Werkstätten, um das tägliche Brot zu verdienen. Entsetzen packte mich, als ich in Barmen oben in einer Dachkammer in den letzten Tagen des Septembers um $^1/_2$ 8 Uhr Abends, also bei völliger Dunkelheit, einen siebenjährigen Knaben fand, der vergebens der schmalen Luke näherrückte, um den Faden zu sehn, den er über seinen Finger ablaufen liess.

Mit dem 14. und 15. Jahr beginnt für die Knaben das Weben, oft aber auch schon mit dem 11. und 12. Jahr und der Polizeidiener in Anrath hatte beispielsweise an einem Tage 14 Kinder zu holen, welche darüber die Schule versäumt hatten. Die Kinder der Weber erlernen das Gewerbe rasch, sie haben die Technik stets vor Augen, sehen hier und da einen Handgriff ab und sind gewissermassen zum Handwerk geboren. So hat sich in der Crefeld-Viersener Gegend ein erblicher Stand von Webern herangebildet, schon in zweiter, dritter Generation am Spulrad aufgewachsen und hinter dem Webstuhl gross geworden, bereits mit allen leiblichen, geistigen und sittlichen Eigenthümlichkeiten einer traditionellen Arbeit; jedes Geschlecht hat der langen Reihe von Erfahrungen einige kleine Geheimnisse neu hinzugefügt und die Geschicklichkeit der Hand erhöht, welche mit der Zeit eine erbliche Qualität geworden ist.

Die fremden Kinder machen gewöhnlich eine Lehrzeit von drei Jahren durch, meist ohne schriftlichen Kontrakt. In den ersten zwei Jahren erhalten sie gewöhnlich die Hälfte, im dritten Jahr zwei Drittel des Weblohns; sie wohnen und essen bei ihren Eltern, nur landfremde Lehrlinge wie früher die aus Hessen oder von der Eifel wohnten beim Meister und wurden von ihm beköstigt. Aber wie das Gesellenwesen, so löste sich auch das Lehrlingswesen auf; auf der Höhe einer günstigen Konjunktur, wo auch die schlechteste Arbeit gut bezahlt wird, ist dasselbe fast gänzlich geschwunden; nach Krisen und in normalen Zeiten finden sich wieder Knaben ein, welche etwas lernen wollen, bevor sie selbständige Meister werden. Die Fabrikanten brechen namentlich während flotten Geschäftsganges in laute Klagen aus über die schlechten Leistungen der Weber; nicht zum geringsten Theile tragen sie selbst aber die Schuld daran. Durch die künstliche Ueberspannung der Production stellen sie die unfähigsten Leute als Weber an, Bauern und andere Arbeiter; da ist denn doch ein Lehrling, welcher $^1/_2$—1 Jahr bereits gewebt hat, mindestens ebenso befähigt, und diese Gruppe junger und ungelernter Neulinge in der Industrie ziehen dann dem gesammten Weberstande den Vorwurf mangelhafter Leistung zu.

Die technischen Fertigkeiten des professionellen Weberstandes in der Crefelder Gegend sind ganz vortreffliche, auch die höhere technische Bildung ist verhältnissmässig weit verbreitet und zu den kunstvollsten Mustern finden sich immer zehn statt eines Webers. Die feineren Künste des Patronirens sind vielen bekannt und durch zahlreiche Webeschulen, besonders durch die städtische verbreitet worden. An den Webern liegt es also nicht, wenn die gemusterten Stoffe in Crefeld keinen Boden gefunden haben; die Schwierigkeiten, welche sich einer Einführung derselben entgegenstellen, sollen an einem anderen Orte von allgemeineren Gesichtspunkten aus behandelt werden.

III. Die Geschichte der Seidenweber.

Die Lage der Seidenweber war im vorigen Jahrhundert eine gleichmässige und gesicherte. Die wenigen grossen Firmen hatten beträchtliche Kapitalien in ihren eigenen Hülfsgewerben stecken und die geschickten Weber waren so selten und unentbehrlich, dass die Unternehmer an einer fortlaufenden Ausnutzung ihrer Kapital- und Arbeitskräfte ungemein interessirt waren; sie fabricirten viel auf Lager und zahlten andauernd Löhne von einer gewissen Höhe; dafür hielten sie sich schadlos am Waarenpreise. Das änderte sich allmählich in unserem Jahrhundert: das Absatzgebiet dehnte sich aus, sowohl die internationale Konkurrenz fremder Länder wie die innere neu etablirter Firmen trat ein und die Waarenpreise begannen zu schwanken und zu sinken; die Fabrikanten, namentlich die jüngerer Firmen, fühlten keinerlei Verpflichtung, ein für sie kostspieliges patriarchalisches Verhältniss anzubahnen, sie hatten auch nicht die Mittel, viel auf Lager arbeiten zu lassen, sondern beschäftigten die Arbeiter, solange sie einen Vortheil dabei fanden, und entliessen sie, wenn die Preise ihnen keinen Nutzen mehr boten; die Anzahl der geschickten Arbeiter war schon sehr gewachsen, die Furcht vor ihrer Verführung und dem Verrath der Fabrikgeheimnisse aufgegeben und alle Motive der Rücksichtnahme auf sie geschwunden, — die Arbeiter sind es, welche nun einen grossen Antheil am Wechsel der Konjunktur in Gestalt von Arbeitslosigkeit und erniedrigtem Lohn zu tragen bekommen. Dann fallen sie in ihrer Noth der Sorge von Gemeinde und Staat anheim.

Nachdem die ersten wenigen guten Jahre des Rückfalls von Crefeld an Preussen, wo noch der Westen und schon der Osten seiner Ausfuhr offen standen, verrauscht waren, als sowohl Frankreich wie auch Polen und Russland verschlossen wurden und im Rheinland selbst die Binnenzölle hemmend in den Weg traten, als schlechte Ernten die Preise der Lebensmittel furchtbar in die Höhe trieben, als das baare Geld zu mangeln anfing und die heimischen Märkte von ausländischen Waaren überschwemmt wurden, da wimmelte es von Arbeitslosen und Landstreichern, welche kaum alle im Strassenbau beschäftigt werden konnten [1]). Es verlor Crefeld seinen sicheren Stapelartikel, die keinem Wechsel der Mode unterliegenden Landestrachten in Russland und Polen in Folge der überschwänglichen Zollerhöhung; die Fabrikation wurde gezwungen, die Richtung auf mehr oder weniger der Mode folgende Zeuge zu nehmen. Dadurch setzte es sich der Konkurrenz von Lyon und Zürich aus; beide Orte arbeiteten unter günstigeren Lohnverhältnissen für die Fabrikanten: ersteres mit einem nach der Konjunktur schwankenden, letzteres mit sehr niedrigem Arbeitslohn. Letzteres griff den Crefelder Stapelartikel, glatte Seidenstoffe, mit aller Energie auf, verwandte so schlechtes Material dazu, wie ein rheinischer Weber sich nicht gefallen liess, und nachdem die wenigen Jahre ansteigender Nachfrage, in denen Crefeld den alten Umfang seiner Industrie aufrecht erhalten und damit die Ueberproduction beschleunigt hatte, vorüber waren, schlugen die Züricher Seidenstoffe die Crefelder so entscheidend auf der Leipziger Messe, dass diese sich vor die Alternative einer Aufgabe der Stofffabrikation oder einer Herabsetzung des Lohnes gestellt glaubten. Der damals allgemeinen Tendenz in der deutschen Industrie folgend, erniedrigten alle vierzehn Firmen bis auf eine den Weblohn für glatte Seidenstoffe um 15 Procent, bei der herrschenden Ungleichheit aber nicht alle Löhne und nicht in gleichem Verhältniss; zugleich wurden die aus sehr verschiedenen und zum Theil aus ganz alten Zeiten stammenden Anwerbelöhne (Handgelder) nach einem gemeinsamen Massstab möglichst geebnet. Daneben beantragten sie bei der Regierung eine Zollerhöhung und suchten sich durch verbesserte Färberei und sorgfältigere Fabrikation konkurrenzfähig zu erhalten [2]).

Die Arbeiter hatten schon im Oktober durch Plakate Drohungen ausgestossen, dennoch wurden am 3. November 1828 die Löhne nach der neuen Taxe ausgezahlt. Da brach der Unwille unter den Seidenstoffwebern hervor; in der Nacht zogen sie mit Geschrei durch die Gassen und warfen missliebigen Fabrikanten die Fenster ein. Am nächsten Vormittag ein neuer Auflauf; gegen Mittag zog der Haufe zum Thor hinaus, um Nachts die Stadt wieder heimzusuchen. Da traf eine Schwadron Husaren ein. Das waren die Thaten des „Wippchen's Corps", dessen Erinnerung noch bis heute im Volke fortlebt und dessen Spottruf sich als Karnevalslied erhält:

He finale, popp, popp, popp,
Eene löpt de Berg herop,
Kleivott, Look en de Box,
Jethe looks Lohn!

---

[1]) C. W. Grote: Hist.-geogr.-stat.-literär. Jahrbuch für Westfalen und Niederrhein 1818, II, S. 180.

[2]) Rathhaus zu Crefeld, Acta 73, Heft 6, Bericht v. 4. u. 11. Nov. 1828, — auch 3. Heft 6 u. 11.

Den Kaufleuten fuhr ein panischer Schrecken durch alle Glieder; von der Leyen deponirte eine Lohnliste auf dem Rathhause, welche in streitigen Fällen gelten sollte, sie kam aber nie zur Anwendung. Seine Kollegen suchten sich nachträglich am 1. December Muth zu machen durch Errichtung einer Sicherheitswache, welcher alle Männer von 21—50 Jahren beitreten mussten; sie hatten die Kraft des Volkes fürchten gelernt und wussten 20 Jahre später sich davor zu hüten. Das war das Vorspiel zukünftiger Ereignisse.

Jene Lohnreduktion erwies sich keineswegs als wirksam, einige der grössten Fabrikanten mussten noch ausserdem eine Anzahl von Webstühlen, welche sie nicht beschäftigen konnten, von den Webern einziehen; dazu traten verschlimmernd die Ereignisse des Jahres 1830. In der Folgezeit hob sich aber trotz der Schweizer Konkurrenz die Seidenbranche wieder und fand namentlich in Nordamerika guten Absatz, während auf dem Kontinent die Leipziger Messe der lohnendste Markt blieb.

Mit wechselnder Gunst eilten die Jahre dahin, bis 1846 sämmtliche Umstände sich gegen Crefeld verschworen zu haben schienen. Die Mode war ungünstig, der Absatz in Nordamerika und im Zollverein stockend, die Handelsvermittlung mit dem Orient durch die Einverleibung Krakau's unterbrochen, die Missernte in Europa allgemein; die Fallimente auswärtiger Häuser erschütterten allen Kredit. Von 8000 für Crefeld arbeitenden Webstühlen geriethen 1000 in der Stadt und 2000 auf dem Lande in Stillstand, direkt kamen 4500 Personen, indirekt 12,000 ausser Brot. Das folgende Jahr brachte zwar eine bessere Ernte, sonst zeigte es das gleich trübe Bild. Einige Fabrikanten, die geringen Löhne auf dem Lande benutzend, liessen dort mehr als in der Stadt arbeiten und erhöhten dadurch hier das Elend. Die städtischen Arbeiter begannen auszuwandern; während Crefeld sonst jährlich um 1000—1200 Einwohner zunahm, verminderte es sich in diesem Jahre um 51 Personen, obwohl die Geborenen die Gestorbenen um 400 übertrafen. Auf dem Lande überall das gleiche Bild: eingezogene Stühle, lange Ablieferungstermine und geschmälerter Verdienst; Meister arbeiteten für Gesellenlohn, Fabrikanten mit gewöhnlichen Meisterlöhnen konnten nicht mehr konkurriren. Allenthalben grosse Lagerbestände, Geld- und Kreditmangel, Fallissements! Voll Besorgniss ruft der Magistrat aus: Nur ein Mal Geldmangel für Bezahlung der Löhne zur rechten Zeit, — wer weiss, was dann geschehen kann [1])!

Kam das Jahr 1848 mit seinen Ereignissen. Mehrere Bestellungen wurden zurückgenommen, die Lagerbestände schwollen an, die Arbeitslosigkeit und das Elend erreichten

[1]) a. a. O. Acta 14. Heft 8. Zeitungsbericht April — Mai 1847. — Jahresberichte der Handelskammer.

den höchsten Grad. Die einfachsten Rücksichten gegenüber den Arbeitern wurden nicht mehr genommen, die Missbräuche der Kaufleute und ihrer Untergebenen traten in ungeschminkter Nacktheit zu Tage, die totale Abhängigkeit der Weber war offen dargelegt. Es zeigte sich, dass die patriarchalischen Zustände thatsächlich mit der Wurzel beseitigt waren, die ihnen entsprechenden Rechtsverhältnisse sich aber erhalten und thatsächlich wie rechtlich die Arbeiter an den Folgen der schlimmen Konjunktur zu tragen hatten. Ein Gedanke, welcher seit Jahrzehnten bei ihnen gedämmert, gedieh nun zur Reife: dass, wenn die Fabrikanten nicht mehr die alte Pflicht fühlten, in Nothzeiten etwas für ihre Weber zu thun, diese sich selbst die Rechte nehmen müssten, welche ihnen eine sociale und wirthschaftliche Selbständigkeit verbürgten. Nicht nur um die Beseitigung einzelner Missbräuche handelte es sich, welche der grosse Sturm mit Leichtigkeit wie Schnitzel davonkräuselte, es handelte sich um viel mehr, um eine ganz neue Rechtsauffassung des Weberstandes, um eine veränderte Organisation desselben, um seine Erhebung vom ausgebeuteten, besitzlosen, mit fremdem Werkzeug thätigen Arbeiter mit völlig schwankendem Verdienst zu selbständigen Handwerksmeistern mit ganz gleichmässig gesichertem Einkommen. Der proletarische Weber sah sein Ideal im kleinen Bourgeois. Da gab es keinen Arbeiter, der nicht unfreiwillige Muse gehabt hätte, im Stübchen allein und im Wirthshause mit den Genossen alle Vergewaltigungen zu durchdenken und zu besprechen. Ein Register von Beschwerden und Forderungen war entstanden, so lang, so stürmisch gefordert und so — berechtigt, dass dieselben nicht länger versagt werden konnten.

Es war die höchste Zeit, als am 18. März je vier Mitglieder der Handelskammer, des Gewerbegerichts und des Gemeinderaths zusammentraten, Fabrikanten und Weber cooptirten und unter Vorsitz des Oberbürgermeisters die Missstände zu untersuchen begannen. Aber noch fehlte es an ernsterem Zwange und an einem Drucke von aussen. Die Excesse vom 21. März wurden eine heilsame Mahnung. Die Angst der Bürger stieg aufs Aeusserste, die Einen fürchteten wieder für ihre Fenster, die Andern sahen bereits das rothe Gespenst. Unter diesen Eindrücken kam die Vereinbarung vom 27. März zu Stande[1]).

Was brachte das Jahr 1848 den Webern?

Vor allem die Abstellung von Missbräuchen der Werkmeister und Faktoren; die Provision der letzteren wurde fixirt und ihre Zuverlässigkeit von der Behörde geprüft.

Einen zweiten Erfolg erzielten sie mit dem Ankauf sämmtlicher Webstühle. Und mit diesen ihren eigenen Ge-

---

[1]) Kgl. Regierung zu Düsseldorf I. III. 9. 7.

räthen liessen sie sich gesetzlich zu selbständigen Handwerksmeistern erklären. Ob sie damit ihre Staats- und Gemeindelasten vermehrten und die Fabrikanten von manchen Verpflichtungen, z. B. von Beiträgen zu den Unterstützungskassen, entbanden, — das galt ihnen gleich. Ihren Abschluss fanden diese Bestrebungen in der Bildung der Weber- und Wirkerinnung, welche für die inneren Angelegenheiten an Stelle des willkürlichen Beliebens der Kaufleute die Selbstverwaltung der Weber setzen sollte. Mit einem Schlage entpuppte der Arbeiter sich als Handwerksmeister und selbst das zierliche zünftlerische Zöpfchen fehlte nicht, denn kein Meister sollte mehr als vier Webstühle (ausgenommen auf Sammet) beschäftigen und kein Fabrikant Mädchen (ausgenommen die Töchter verstorbener Meister) zum Weben annehmen.

Und auf einen Wurf erreichten die Weber noch ein weiteres Ziel. Was half ihnen die formelle Selbständigkeit des Handwerksmeisters, was nützte ihnen der Ankauf ihrer Geräthe, was besserte sich ihre Lage durch ein Verbot der Abzüge seitens der Faktoren, wenn ihr Lohn, die Basis ihrer Existenz, ein so schwankender war, dass sie keinen geordneten Haushalt zu führen vermochten? Der Brennpunkt, in welchem seit nunmehr fünfzig Jahren alle Bestrebungen der Crefelder Weber zusammenlaufen, ist die Sicherung eines gleichmässigen Verdienstes und dessen Anerkennung durch eine vereinbarte geschriebene Lohnliste. Garantie eines Jahr aus, Jahr ein gleichmässigen Einkommens, das war es, was die Weber durch die Vereinbarung vom 27. März 1848 erreicht zu haben glaubten, als sie diejenigen Sätze, welche bei den die höchsten Löhne zahlenden Firmen üblich waren, als allgemein verbindliche feststellten. — Durch diese Lohnliste wird der Kernpunkt des Gegensatzes zwischen Arbeiter und Kaufmann getroffen; sie sichert den ersteren ein fixes Quantum vom Produktionsertrage der Industrie und setzt den letzteren eine feste Schranke. Durch sie wird ein ewiger und unversöhnlicher Gegensatz kurzer Hand entschieden. In der Lohnliste sehen noch heute die Weber das alleinige Heil gegen ihr Elend, um sie schaaren sie sich in einhelliger Ueberzeugung, und wenn sie je dereinst als Jünger ihrer Volkspropheten wieder einmal den Fabrikanten entgegentreten sollten, so wird es geschehen drohenden Blickes mit jenem Büchlein in der Hand. Gleichmässigkeit der Lohnsätze ist ihre Forderung, Lohnliste ihre Losung!

Es war am Mittag des 27. März 1848, als die Vereinbarung auf dem Rathhause unterschrieben war. Eine freudige Stimmung bemächtigte sich der Stadt; die Fabrikanten sahen das Gewitter vorüber ziehen, die grollenden Weber waren froh, ihre Absichten friedlich erreicht zu haben, und hofften arglos auf die Einhaltung der gegebenen Versprechungen. Mehrere tausend Arbeiter, Arm in Arm, die Kommissionsglieder und Fabrikanten in ihrer Mitte, ein Musikkorps an der Spitze, deutsche Fahnen schwingend, zogen jubelnd durch die Strassen und boten der Stadt ein nie gesehenes Schauspiel. Abends waren einige Häuser illuminirt, das Fest der Arbeiter dauerte bis in die Nacht.

Auch Viersen hatte sein Revolutiönchen. Die Weber zogen vor des Freiherrn von Diergardt Haus und trugen ihre Beschwerden vor. Jener antwortete in einer beruhigenden und sehr schönen Rede; am andern Morgen wurde erhöhter Lohn ausgezahlt, aber bei jedem Weber ein Stuhl stillgesetzt. Das kam so unerwartet, die Arbeiter waren vollkommen perplex und konnten nicht einmal recriminiren, denn der Freiherr war in der nämlichen Nacht — nach Berlin abgereist. —

So war denn die grosse Umwälzung in der Lage der Seidenweber durchgeführt, die Selbständigkeit derselben und ein gleichmässiger Verdienst waren schriftlich garantirt, — und gerade jetzt fügte es das Schicksal, dass die Lohnschwankungen in bisher unbekanntem Masse begannen und unter dem Schutze einer rechtlichen Institution, des Arbeitsbuches, durch das Vorschusswesen [1]) eine förmliche Sklaverei der Weber sich ausbildete.

Die zweite Hälfte des Jahres 1848 wurde leicht überwunden. Nothstandsvereine bildeten sich überall, der Staat gab 20000 Thaler und eine Ausfuhrprämie von 10 Procent auf Seidenwaaren; das wurde von den Fabrikanten benutzt. Die Konkurrenz Frankreichs war wegen der inneren Wirren unbedeutend, auch in der Schweiz wurde nicht viel gearbeitet, eine Ueberführung des amerikanischen Marktes war daher nicht zu befürchten. Im nächsten Jahre stieg die Nachfrage, die Rohseide war billig, die Fabrikanten versorgten sich mit derselben, die Arbeiter verdienten gute Löhne und hatten billige Lebensmittel.

Die günstige Konjunktur traf besonders die Sammetbandbranche, mit dem Centrum in Viersen. Die dortige Industrie hatte einen solchen Aufschwung genommen, dass in der kurzen Zeit von 1838—51 die Anzahl der Fabriken von 3 auf 16 gestiegen war; 1852 wurden etwa 25 Procent Arbeiter mehr als im Vorjahre beschäftigt und im folgenden Jahre ging eine

---

[1]) a. a. O. I. III. 5. 1. Bericht des Regierungs-Ass. Bredt v. 10. Juli 1853. — I. III. 24. 2. Jahresber. des Fabr.-Gerichts zu Gladbach vom 12. Okt. 1841, 2. Dec. 1844 und 6. Okt. 1853. — I. III. 5. 1. Eingabe von Berger u. Co. in Gladbach v. 6. Juni 1853. — I. III. 2. 2. Bericht der Crefelder Handelskammer v. 28. Sept. 1855, — Petition der Crefelder Weberinnung v. 2. Nov. 1858 u. 22. Febr. 1860, — Bericht an den Oberpräsid. v. 20. Dec. 1859. — Jahresberichte der Handelskammer v. Gladbach für 1854 und 1857.

beträchtliche Anzahl Arbeiter aus anderen Gewerben zur Sammetfabrikation über. Diese Weberei ist äusserst leicht zu erlernen und wurde so ausserordentlich hoch bezahlt, dass z. B. ein elfjähriger Knabe in Viersen am Sammetbandstuhl 5 Groschen täglich verdiente, andere Knaben brachten es sogar auf 10 — 15 Groschen und die Männer verdienten 6—7 Thaler wöchentlich. Allenthalben fehlte es an Arbeitern, besonders den jungen Firmen; Fabrikanten und Kommis zogen aufs Land hinaus, durchstrichen die Dörfer und beredeten Jedermann, Weber zu werden. Waren die Arbeiter nicht durch ein gewöhnliches Gespräch zu fangen, so bestellten sie sie ins Wirthshaus; versagte auch dieses Mittel, so war die beliebteste und wirksamste Lockspeise dieser „Seelenverkäufer", Geld als Vorschuss anzubieten, welches später abgearbeitet werden sollte; schon engagirte Weber wurden durch Angebote höheren Vorschusses abspenstig gemacht; das Vorschussgeben war zu einem periodisch wiederkehrenden Werbemittel geworden. Wie gewonnen, so zerronnen! Wucherisch erhalten, wurden diese Summen auch leichtsinnig verausgabt; fast nie zu dauernden Anlagen verwendet, gingen sie in Spiel und Trunk wieder auf; die Kurzsichtigen waren es, welche die Vorschüsse annahmen. Nicht weil die Arbeiter Vorschüsse bedurften, wurden sie ihnen ausgetheilt, sondern ihren Leichtsinn benutzend, wurden dieselben ihnen fast aufgedrungen. Da gab es Seidenweber mit zwei bis drei Stühlen, die mit 60—100 Thalern, andere mit sechs Stühlen, die mit 200 bis 300 Thalern beliehen waren. Dieses System herrschte vor allem auf jenem Grenzgebiet zwischen Viersen und Gladbach einerseits und Erkelenz, Heinsberg, Waldfeucht anderseits, wo die Sammet- mit der Baumwollenindustrie in einen Kampf um die Weber trat. Crefeld war stets der angreifende Theil; in unregelmässigen Ueberfällen drang es in des phlegmatischen Feindes Land ein und suchte dessen Arbeiter sofort thatsächlich wie rechtlich in Fesseln zu schlagen, damit sie beim Rückgang der Löhne nicht wieder fortgingen. Das Vorschusswesen war schon alt, von grösserer Bedeutung wurde es erst beim Aufschwunge der Sammetindustrie in den Jahren 1843—1844 und gelangte zur üppigsten Entfaltung 1853 und in den folgenden Jahren.

So lange die Konjunktur eine günstige blieb, war an ein Zurückfordern des Vorschusses nicht zu denken: ein anderer Kaufmann hätte denselben gern auf das Arbeitsbuch übernommen. Das Buch war ja dem Arbeitgeber Bürgschaft genug; ohne dasselbe konnte der Weber andere Beschäftigung nicht finden und es trieb ihn, so lange er noch ehrlich war, endlich der Hunger wieder zur Arbeit und er beeilte sich, so rasch als möglich ein Stück zu liefern, um entweder zur Abrechnung oder zu einem neuen Vorschuss zu gelangen. Trat aber der Rückschlag ein, wie nach der grossen Krisis von 1857, so wurden die Weber namentlich von den jungen Firmen massenhaft entlassen und das Arbeitsbuch in ihre Hände gedrückt, die Angabe ihrer Schuld und oft auch eine Bemerkung über ihre sittliche Führung enthaltend. Mit dieser Zeugenschaft ihres Leichtsinnes klopften sie nun an anderen Thüren vergebens um Arbeit an, gewissermassen zur Sühne sündiger Selbsterniedrigung. Fast niemals fand der Weber einen andern Fabrikanten, denn keiner wollte für einen Fremden in arbeitsloser Zeit eine Schuld übernehmen. Kaufte aber ein Arbeitgeber den Weber vom Andern los, so geschah es nur um den Preis einer noch höheren Summe und eines noch tieferen Druckes.

Oder die Weber wurden in Arbeit behalten und von dem ohnehin verkürzten Lohne kleinere und je nach der Verlegenheit der Fabrikanten auch grössere Raten abgezogen. Der Mangel dauerte dann um so länger, je grösser die erhaltenen Vorschüsse gewesen. War ferner der Kaufmann ausser Stande, mehr als zwei Webstühle zu beschäftigen, so konnte der Weber auf den dritten doch keine Arbeit erhalten, da der neue Arbeitgeber nach dem Gesetz die auf drei Stühlen lastende Schuld auf einen hätte übernehmen müssen. So war der Weber in eine wohlberechnete Abhängigkeit verstrickt, welche ihn allen Zumuthungen seines Brotherrn in Bezug auf Lohn und Material preisgab. Das nannte man die „goldene Kette", an welcher der Arbeiter lag. Durch Lohnherabsetzungen während der höchsten Nothzeit wurde der Loskauf immer schwieriger, jede geordnete Wirthschaft fast ganz unmöglich, die Demoralisation auf allen Lebensgebieten war eine ausserordentliche und das Abhängigkeitsverhältniss glich, nach den Worten der Staatsregierung, der Leibeigenschaft früherer Jahrhunderte.

Die verpfändeten Weber waren ebenso billige wie zu Allem willige Arbeiter und mit dem Vorschusswesen wurde sinnreich das Trucksystem verflochten, ja es kam sogar ein Fall vor Gericht, in welchem der Arbeiter contractlich gebunden war, seinen Lohn in Waaren zu nehmen.

Die hohen Vorschüsse und damit des Uebels ganzer Kern beruhten auf den gesetzlichen Bestimmungen über das Arbeits- und Quittungsbuch [1]). Indess war weder das eine, noch das andere seiner Umständlichkeit wegen üblich, man begnügte sich mit sogenannten Losscheinen, in welchen die Schulden

[1]) Meine Beiträge zur Geschichte der Gesetzgebung und Verwaltung zu Gunsten der Fabrikarbeiter in Preussen in d. kgl. preuss. statist. Zeitschrift 1877, S. 73 u. 74. — Motive zum Gesetzentwurf betr. die Aufhebung der bisherigen französischen Bestimmungen über die Arbeitsbücher in den Drucksachen des Abg.-Hauses 1860, Bd. IV. No. 165 und der Commissionsbericht.

des Arbeiters oder Meisters an den bisherigen Arbeitgeber ohne Rücksicht auf einen besondern Webstuhl vermerkt wurden; der neue Arbeitgeber, welcher sich den Losschein vorzeigen lassen musste, galt für die Tilgung dieser Schuld nach Massgabe specieller Vorschriften, und wenn der Arbeiter keinen Losschein hatte, für diese Schuld unbedingt haftbar. Durch dieses Institut des Buchführens wurden die Kaufleute einmal hinsichtlich ihrer Vorschüsse durch Einhalten am Lohne, zweitens hinsichtlich des Vertragsbruchs der Arbeiter sicher gestellt und das Abspenstigmachen seitens der Konkurrenten verhindert.

Unaufhörlich seit dem Jahre 1839 trug das Fabrikgericht zu Gladbach unter Beeinflussung seines Präsidenten, des Freiherrn von Diergardt, auf die Beseitigung des Vorschusswesens an, und auch die Rechtskräftigkeit der formlosen Losscheine wurde durch die Erkenntnisse des Landgerichts zu Düsseldorf vom 12. Oktober 1838 und des Rheinischen Revisions- und Kassationshofs vom 14. December 1852 verneint; die grosse Mehrzahl der Gewerbe- und Handelsgerichte legte jedoch denselben die Rechtskraft der Quittungsbücher bei. Endlich nahm sich der Freiherr von Diergardt ernstlicher der Angelegenheit an; er beschäftigte einen Weber, welcher einem früheren Arbeitgeber 400 Thaler schuldete, und wurde auf Ersatz des Vorschusses verklagt. Die Sache kam bis zum Obertribunal und dieses wies den Kläger ab aus dem Grunde, dass die Losscheine nicht die Quittungsbücher ersetzen könnten. Nun begannen einzelne Gewerbegerichte die letzteren auszugeben; der Justizminister verbot es; in Crefeld fuhr man trotzdem fort und verausgabte vom 1. Oktober 1858 bis zum 9. Juli 1859 für 4648, seit dem 9. Juli 1859 für 821 Webstühle Quittungsbücher.

Die Weber standen dieser Bewegung gegenüber schwankend da. Waren sie ja doch auch Arbeitgeber, und wie sie den Fabrikanten, so waren ihnen die Gesellen verschuldet. Da warf sich denn die ehrsame Weber- und Wirkerinnung der Stadt Crefeld in die Brust und petitionirte am 15. März 1858 um Arbeitsbücher für ihre Gesellen und Lehrlinge, um die Dauer ihrer Lehrzeit nachweisen zu können. Als dieses Gesuch aber gar keine Folgen hatte, da riefen die Weber: nun aber auch gar keine Bücher, und setzten in ihren Petitionen an das Abgeordnetenhaus vom Jahre 1858 und 1860 die Missbräuche des Vorschusswesens klar auseinander sowie die Nothwendigkeit, dass sie als „freie, selbständige Handwerksmeister“ keinerlei Buchführung unterliegen dürften. Unterstützt wurden sie in ihrer Agitation von den Besitzern der Baumwollfabriken in Gladbach, den geschworenen Feinden der Sammetkaufleute, welche durch höhere Löhne ihre Arbeiter verführten und durch längere Arbeitszeit die Kinder lohnender und ohne gesetzliche Kontrolle in der Hausindustrie beschäftigten.

Bei genaueren Nachforschungen erwies es sich, dass das Vorschusswesen und das Losscheinsystem nur in den Webergegenden um Crefeld und Viersen herrschten; im bergischen Lande waren diese Missbräuche gar nicht bekannt und in den Kohlen-, Eisen-, Tuch- und Tabakbezirken gab es nur grosse Etablissements mit Fabrikarbeitern ohne Besitzthum, welches doch Vorbedingung der Kreditgewährung ist. Nur in Aachen war das Arbeitsbuch noch üblich, doch auch nicht allgemein; die Vorschüsse beliefen sich nur auf einen Thaler und wurden den Tuchwebern bei Ablieferung eines Viertels oder Drittels des Stücks, eines sogenannten Quartiers, als Theilzahlung gewährt. Mit der Ausgabe von Quittungsbüchern handelte es sich also um die Einführung eines völlig neuen Instituts und die Regierung schlug daher die Aufhebung der betreffenden französischen Gesetze über das Arbeits- und Quittungsbuch vor, welche in Anbetracht der eklatanten Missbräuche des Vorschusswesens am 8. Juni 1860 ohne Widerrede erfolgte.

Zu ernsteren Beschwerden hat die Aufhebung des Arbeitsbuches nicht geführt und ein begründeter Wunsch nach seiner Wiedereinführung ist nicht ausgesprochen worden. Das Ertheilen grösserer Vorschüsse ist damit beseitigt worden, jedoch ist es Sitte geblieben, den Webern etwa fünf Thaler bei jeder Kette im Voraus zu geben, für deren Rückerstattung man im Lohne eine Garantie hat. Das führt bei ansteigender Konjunktur zu dem Missstande, dass die Weber nachlässig arbeiten, weil sie einen grossen Theil ihres Lohnes anticipirt haben und der Sporn zu fleissiger Arbeit fehlt. Der gegenwärtig in einigen Fabriken geforderte Losschein hat einzig die Bedeutung einer Quittung über vollständige Ablieferung des anvertrauten Rohmaterials und Geräthes an den früheren Arbeitgeber. Der Behülfschein hingegen enthält die Erlaubniss für den Weber, mit dem Lyoner Stuhl, den Kämmen, dem Jacquard und Harnisch für ein fremdes Haus arbeiten zu dürfen.

Die Konsequenzen des Vorschusswesens traten am schrecklichsten nach der Krisis von 1857 zu Tage. Nunmehr begann ein Rückgang, welcher verstärkt wurde durch die grosse Seidenraupenkrankheit seit 1859. Die Lage der Weber wurde eine andauernd schlechte und erreichte im Jahre 1866 ihren tiefsten Stand, als während des Krieges drei Viertel aller Stühle in der Stadt ausser Thätigkeit gesetzt wurden. In den fünf Jahren 1858—62 stiegen die Zuschüsse der Gemeindekasse für Armenpflege von 34251 auf 47730 Thaler und diese Last wurde so unerschwinglich, dass die Stadt das alte System der Armenpflege aufgab und zum Elberfelder System überging; dennoch wuchsen auch noch jetzt die Zuschüsse 1863—66 von 37298 auf 59469 Thaler[1]). Von einem Einhalten der Lohnliste war keine Rede, zumal die Konkurrenz der billigen Schweizerlöhne sich wieder sehr fühlbar machte. Wie 1828 die Seidenstoffweber gegenüber Zürich, so wollten nun die Sammetweber nicht von den alten Lohnsätzen abgehen und suchten sich zu widersetzen. Indess vergeblich, zu Thaten kam es nicht, es blieb nur beim Gesange:

Schweizer Lohn, do welln wir net für werken,
Viderallala, viderallala,
Do söken wir liewer Perken (Regenwürmer).

Mit dem Jahre 1860 können wohl alle äusserlich bemerkbaren Missbräuche und Uebergriffe der Fabrikanten und ihrer Beamten als beseitigt angesehen werden, und es tritt seit Mitte des Jahrhunderts derjenige Faktor immer deutlicher und isolirter hervor, welcher im Grunde einzig die Lage der Seidenkaufleute wie der Weber bestimmt, — der Einfluss der Konjunktur. Die grossartigste, glänzendste und folgenreichste ist diejenige gewesen, welche im Jahre 1868 anhob, 1872 ihren Höhepunkt erreichte und endlich 1878 in ihrem Rückgange zum Stillstand gelangt zu sein scheint. Zur Zeit ihrer Blüthe mag die gesammte rheinische Seiden- und Sammetindustrie wohl mindestens 50000 Webstühle und 150000 Personen beschäftigt haben.

Die Sammetweberei war bereits in den 1860er Jahren gewinnbringend gewesen; die billigen Löhne hatten die Konkurrenz überall niedergeworfen und durch die Verwendung von billiger Baumwolle und Chappe- (Abfall)seide, aus welcher gegenwärtig sieben Achtel aller Sammte bestehen, hatte man die Waare der Konsumtion der weitesten Kreise zugänglich gemacht. Da fügte es das Glück, dass 1868 die Mode auch der andern Stärke Crefelds, den glatten Seidenstoffen, sich zuwandte. Zugleich stieg der allgemeine Begehr in Deutschland, in der ganzen Welt; Lyon und St. Etienne, die Metropolen der Seidenindustrie, waren durch den Krieg brachgelegt und für sie trat Crefeld als Lückenbüsser ein. Die ganze Welt kam und wollte Waaren haben, Waare um jeden Preis und zu jeder Güte. Crefeld war nicht vorbereitet auf diese abnorme Nachfrage, abnorme Zustände traten ein; die Anzahl der Fabrikanten und Weber verdoppelte sich,

Vor allem fehlte es an Webern. Weithin ins Flachland und auf die Berge ziehen die Werkmeister als Werber für die neue Kampagne; selbst die Fabrikanten verschmähen nicht, ihnen zu folgen. Alle früheren Weber finden sofort Beschäftigung, ihre Frauen und Kinder müssen heran; die Leinweber und Tuchmacher erhalten Sammetstühle. Für die

[1]) Seyffardt: die Reform des Armenwesens (1874) und Bericht der städt. Armen-Deputation zu Crefeld (1878).

jungen Rekruten bilden Schenke und Kirmess den Werbeplatz; thun es Worte nicht, so vermag es ein Handgeld von fünf Thalern; genügt nicht das Bier, so wird vom Weine eingeschenkt; Frauen und Kinder werden bewirthet, Tanz und Spiel machen sie zu Bundesgenossen gegen den störrischen Willen des Vaters. Der Geselle, der eben ausgelernt, wird zum Meister erhoben und selbst der Knabe, der just das vierte Stück gewebt, begegnet seinem ehemaligen Lehrherrn am „Galgen". Webstühle werden bald beschafft, 10 bis 15 Thaler Vorschuss auf einen jeden gern geliehen, alte Webstühle, schon seit Jahren ausser Gebrauch, werden hingegeben oder verkauft, alte Jacquardvorrichtungen vom Boden herabgeholt und aufgesetzt. Der Webwinkel des ärmsten Mannes wird plötzlich zum würdigen Gegenstand eines Besuches, sein Weib und Kind lohnendes Objekt freundlicher Aufmerksamkeit. „Wieviel erhalten Sie für diese schlechte Kette?" ist die leutselige Frage des eintretenden Werkmeisters. Eine Summe wird genannt. „Ich gebe Ihnen eine gute Kette und zehn Procent Lohn mehr!" Eine gute Kette, erhöhter Verdienst, ein Handgeld von ein paar Thalern sind dem Weber eben recht, ein guter Trunk nicht unwillkommen; er schlägt ein in die gebotene Hand. So jagt ein Kaufmann dem andern die Arbeiter ab, grosse wie kleine Firmen, und raisonniren dann Abends im „Kaufmännischen Verein" über die Unzuverlässigkeit der Weber.

Die Löhne steigen 1870 um 10 Procent, in der Sammetbranche im folgenden Jahre sogar um 40 Procent. Den Tag über, ja bis Mitternacht wird gearbeitet; Mann, Frau und Töchter sitzen am Webstuhl, die Kinder am Spulrad, die eine Mark Strafe für Schulversäumniss macht sich im Monat reichlich bezahlt. Und während sich die Weberei immer weiter über das Land zerstreut, dehnen die Hülfsgewerbe sich in der Stadt aus; es beginnt sehr stark an Winderinnen und Schererinnen, Appreteurinnen und Packerinnen zu mangeln; im Sommer 1871—73 steigen ihre Löhne um 50 - 75 Procent. Da sind die Dienstmädchen nicht mehr bei ihren Herrschaften zu halten, weit aus den Eisengegenden von Essen und Duisburg kommen die dort unbeschäftigten Mädchen herbei; in kurzer Zeit verdienen sie viel und können sich kleiden wie „Damen".

Auf die Güte der Arbeit wird nicht geachtet. Das Publikum ist nicht wählerisch, der Fabrikant auch nicht. Die Menge, welche sich eben erst das Luxusbedürfniss angewöhnt hat, besitzt noch kein Verständniss für die Waare; diese heisst Sammet oder Seide und wird folglich gekauft. Die Tausende neuer Weber sind anfangs nur im Stande, Probestücke aus schlechtem Material zu liefern und es dauert immer ein paar Monate, bis die Waare tüchtig wird; dennoch wird sie gelobt, um in den Ruf nachsichtiger Herren zu gelangen. An die Lieferungen der Kinder können auch nicht die höchsten Anforderungen gestellt werden, und wenn die Hausfrau webt, wird sie so oft und anhaltend durch ihre Haushaltungsgeschäfte in Anspruch genommen, dass allenthalben die Absätze sichtbar sind. Vor allem rauben die erhaltenen Vorschüsse dem Weber die Lust am Arbeiten, er holt sich zwei bis drei Ketten zusammen und webt keine, weil er das Geld dafür schon lange vertrunken hat. Der Meister sieht den entlaufenen Lehrling neben sich den gleichen Lohn verdienen. Alle Begriffe von Arbeitsehre werden verwirrt; im chaotischen Taumel denkt jeder nur daran, das meiste Geld herauszuschlagen.

Zwar ist das Material gut, denn zerreissbare Ketten lässt der Weber einfach im Stich; aber das Gewebe ist flüchtig und viel Bemerkungen und Abzüge lässt der Meister sich nicht gefallen. Seufzend behält der Kaufmann die Waare, — muss er ja doch, um seinerseits die Lieferzeit einzuhalten. So sind Ablieferung schlechter Waare, Vertragsbruch und steigender Lohn an der Tagesordnung; jede Kalkulation auf eine fernere Zukunft wird unmöglich, feste Preiskourante können kaum hinausgesandt werden, die gelieferten Waaren sind vielfach schlechtere als die in der Faktura versprochenen, und um sich schadlos zu halten, mischt der Kaufmann unter gute Waaren schlechte alte Lagerbestände, „um zu räumen". Das nennt er: die Konjunktur ausnutzen, bei den Engländern und Amerikanern aber bildet sich über die deutsche Seidenindustrie das Urtheil: sie sei nicht „*honest*".

Die sociale und wirthschaftliche Zerfahrenheit ist eine vollständige. Die Fabrikanten erlauben sich allerlei luxuriöse Ausschreitungen, jedoch nicht entfernt in dem Masse wie in Aachen. Die Arbeiter treiben es schlimmer als ihre Herren. Das Wirthshausleben nimmt enorm zu. Wie schon der von der Mensur rückkehrende Student sich Tage lang nicht beruhigen kann und das eine Thema variirt: so lag ich aus, so führt' ich meine Klinge, — so sind es hier die aus einem viel würdigeren Kampfe fürs Vaterland heimkehrenden Krieger, die der Familie, den Verwandten, der Freundschaft immer wieder von neuem von den grossen Ereignissen erzählen müssen. Ein jeder muss den Braven hören, ein jeder mit dem Wackern zechen, da gibt es manchen tiefen Trunk. Das Mädchen, das lange nicht den Schatz gesehn, holt die versäumten Tänze doppelt ein. Und was für Bälle sind es, die die Weber geben! In Niederkrüchten wird das Eintrittsgeld mit einem Zwanzig-Thalerschein bezahlt, der Rest wird ausgewechselt, bleibt aber natürlich bis zum letzten Pfennig im Lokal. Die Ausgaben für Putz und Tand, Spiel und Trunk steigen ins Unglaubliche, und wenn Streit entsteht, ist flink das Messer bei der Hand; hat der Arbeiter doch ein halbes Jahr im Felde gestanden, und bei vielen der sonst überwiegend sanftmüthigen Weber hat dies die Kühnheit und Rücksichtslosigkeit gesteigert, ja eine gewisse Rohheit erzeugt. Für die intensive Arbeit in der Woche hält man sich am Sonntag schadlos; weil bis zum Sonntag Morgen gearbeitet wird, blaut man am Montag, am Dinstag, am Mittwoch. Oder setzen die Weber die Arbeit die ganze Woche hindurch fort, so gönnen sie sich viel Erholung; es wird das Werk um acht Uhr begonnen und schon um zehn durch das Frühstück unterbrochen; ebenso wird Nachmittags um vier Uhr das Kind zum Nachbar nach Kaffewasser für drei Pfennige geschickt, oft um fünf um sechs Uhr wird Feierabend gemacht. Dann gehen die Weber mit ihren langen Pfeifen aufs Feld spazieren, einer ruft: do welln we de Bur wat ärgern; gesagt, gethan; nun hänseln sie den Bauersmann hinterm Pfluge seiner schweren Arbeit wegen und fragen ihn, wie lange er noch wirken müsse, um einen Thaler zu verdienen.

Keineswegs alle Arbeiter haben den Vorwurf der Verschwendung und Faulheit auf sich geladen. Es gibt einen alten Weberstamm, unter welchem die nüchternen und sparsamen Hausväter für schlechte Zeiten ihre eigene Vorsehung gespielt und sich ein „Eigenthum", so nennt man am Rhein ein Häuschen, ein Gärtchen, einen Acker, erworben haben. Andere haben in sorglicher Voraussicht nach Möglichkeit an Genussmitteln angehäuft. Wer nur einmal in Nothjahren die Häuschen der Weber durchmustert, wird finden, wie Alles im Zustande des Zerfallens, des Auseinandergehens ist; in Glanzzeiten dagegen finden sich neue Möbel und Betten, neue Kleider und Wäsche. Das ist kein Luxus, sondern die natürliche Folge davon, dass die Wirthschaftsperioden nicht einjährige sind, sondern mehrere Jahre und zwar unabsehbar wie viele umfassen. Freilich mag im allgemeinen Trubel manches Stück von besserer Qualität angeschafft worden sein, als gerade nothwendig ist, aber der Begriff der Lebenshaltung ist in diesen Zeiten ein anderer geworden. Aehnlich ist es mit dem erhöhten Fleischgenuss; er gibt während der guten Jahre den Eltern und namentlich den Kindern die Kraft, jene Zeiten zu überwinden, wo sie sich mit Kartoffeln, Brot und solchem Fleisch begnügen müssen, das zwei Mal zum Wassersüppchen verkocht und dann in zwei Mahlzeiten als Fleisch verspeist wird.

Im Sommer 1872 hatte die günstige Konjunktur ihren Gipfelpunkt erreicht. Es betrug die durchschnittliche Anzahl der für Crefeld beschäftigten Webstühle in:

Jahr	Sammet	festkantigem Sammetband	Stoffen	Stoffband	Summa
1867	11551	2111	6498	289	20449
1870	14774	2472	10613	354	28213
1871	17107	2575	12016	378	32076
1872	19114	1410	12371	415	33310
1873	13857	1335	10992	351	26535
1874	16325	841	10685	302	28153
1875	17010	709	11648	377	29674
1876	15898	610	12387	542	29437
1877	14794	405	11567	277	27043

In den ersten Monaten des Jahres 1872 fand der Sammet noch willige Abnehmer, weil ihn das stets anhaltende Steigen der Löhne und der Chappepreise mehr und mehr zu vertheuern drohte. Allmählich aber kamen die Sammetpreise auf eine Höhe, welche manche Käufer zurückschreckte, besonders da man gewahrte, wie wesentlich die Güte des Fabrikates durch geringe Leistungen der allzu gesuchten Arbeiter vermindert worden war. Es wurden Baumwollsammte vielfach zu Zwecken benutzt, zu denen früher nur Seidensammte gedient hatten, und als die Herbstsaison begann, wo die Bestände bei dem Grosshändler in den Konsum übergehen sollten, zeigte es sich, dass diese Wanderung wider Erwarten langsam von Statten ging. Grosse Lagerbestände von schlecht und theuer gearbeiteten Waaren, namentlich Chappesammten, blieben in den Händen der Fabrikanten zurück und auch für die Stoffe begannen schlechte Zeiten, während die Rohseidenpreise auf ihrer Höhe blieben. Inmitten eines noch steigenden Consums war eine Absatzstockung eingetreten, verursacht durch nichts anderes als durch eine masslose Ueberproduktion. Nicht die wirklichen Bedürfnisse des Marktes und die Dauer der Nachfrage hatten die Kaufleute in der Ausdehnung der Industrie bestimmt, sondern einzig die Ueberlegung: die steigenden Preise stellen momentanen Gewinn in Aussicht, dieser muss realisirt werden; komme später, was da wolle. Zu gleicher Zeit begann die grosse Krisis schon ihre Wirkungen allenthalben zu äussern und namentlich in Amerika und Deutschland ging der Begehr ganz ausserordentlich zurück. Es betrug in Millionen Mark der Umschlag mit:

Jahr	Deutschland	England	Frankreich	dem sonstigen Europa	Ausser Europa	Summa
1867	18,6	15,1	1,8	3,0	6,2	44,9
1870	22,7	22,3	2,6	4,3	9,6	61,7
1871	29,5	26,0	2,0	5,8	12,9	76,4
1872	30,9	25,4	3,4	5,6	11,7	77,2
1873	30,0	23,0	3,0	4,5	6,7	67,3
1874	26,3	25,7	2,9	3,7	9,3	68,1
1875	24,9	24,1	2,8	3,5	10,1	65,4
1876	22,1	26,3	2,5	3,9	10,3	65,2
1877	22,2	20,3	2,5	3,6	9,6	58,3

Die Produktion wurde energisch eingeschränkt; in den Jahren 1872/73 geriethen fast 7000 Stühle in Stillstand. Da die Konjunktur den Sammet traf, hatten besonders die ländlichen Weber zu leiden; die am entferntesten wohnenden, am wenigsten leistenden und am schwersten zu beaufsichtigenden wurden zuerst aufgegeben; nur einzelne wurden behalten, um festen Fuss in den eroberten Positionen zu bewahren; es folgten in den näher liegenden Ortschaften die schlechtesten und die obstinaten Arbeiter, dann wurden die Weber mit mehreren Stühlen ausser Thätigkeit gesetzt. Blieben aber auch die Webstühle in Betrieb und die Löhne auf einer mässigen Höhe, so wurden die Ablieferungstermine doch derart verlängert, dass der Wochenverdienst durchaus unzureichend wurde. Aber es begann nur zu rasch auch ein Sinken der Löhne, das von den zuerst durch die Konjunktur betroffenen Artikeln rasch auf alle andern Waaren sich erstreckte. Wo die Löhne sich noch auf ihrer alten Höhe erhielten, wie z. B. in den beiden Artikeln der Regenschirm- und Kravattenstoffe, da lag es nicht so sehr an der Humanität der Kaufleute als daran, dass die Konjunktur für diese Specialitäten günstig geblieben war. Die Summe der von der Crefelder Industrie verausgabten Löhne betrug in tausend Mark für das:

Jahr	Färben	Winden	Scheren	Weben	Appretiren	Summa
1867	1722	774	283	7637	519	10797
1870	2555	1196	371	11013	872	16019
1871	3318	1532	496	15541	1080	21970
1872	3528	1755	535	17745	1179	24774
1873	3268	1472	497	13580	952	19771
1874	3453	1671	502	13837	1152	20617
1875	3590	1624	486	14053	1265	21019
1876	3432	1548	549	13491	1174	20195
1877	3280	1558	567	12285	1174	18866

Dem entsprechend entfiel im Jahresdurchschnitt auf jeden für Crefelder Firmen beschäftigten Webstuhl:

1867:	375 Mark	1873:	528 Mark
1870:	369 „	1874:	491 „
1871:	486 „	1875:	473 „
1872:	531 „	1876:	458 „
		1877:	454 „

Mit Recht macht die Handelskammer darauf aufmerksam, dass dies nur Durchschnittssätze sind und das Jahresverdienst eines professionellen Webers z. B. im Jahre 1872 sich weit höher als 531 Mark belief. Die Webstühle der Hausindustrie arbeiten ja nicht gleichmässig; die der Lehrlinge und Anfänger, der Hausfrauen wie der entfernt wohnenden Bauern sind nicht voll in Anschlag zu bringen. Umgekehrt folgere ich aber, dass der Durchschnittssatz von 454 Mark im Jahre 1877 wohl im Ganzen zutreffend ist, da die Stühle der Lehrlinge, Anfänger, Hausfrauen und Bauern ausser Betrieb gekommen und hauptsächlich die der professionellen Weber in Arbeit geblieben sind. Das Jahresverdienst ist daher nicht nur um 15 Procent (von 531 auf 454 Mark), sondern um weit mehr gesunken. Ein ebenso kompetenter wie unverdächtiger Fabrikant, Herr Abgeordneter Seyffardt, gibt das Wochenverdienst eines Webers von einfarbigem Sammet 1867 auf 10, 1872 auf 12, 1877 auf nur 9 Mark an; das ergibt ein Sinken von 25 Procent. Aber das sind noch nicht die geringsten Verdienste. Der Landrath Bödiker[1]) berechnet im Kreise Gladbach das Wochenverdienst am 1. December 1875 und 1. April 1878 eines tüchtigen Sammetwebers auf 16 bezw. 9 Mark, eines tüchtigen Seidenwebers auf 15 bzw. 9 Mark, eines weniger tüchtigen Arbeiters auf 12 bzw. 6 und 11 bzw. 6 Mark. Eine Konferenz von neun sehr angesehenen Webermeistern aus der Stadt Crefeld gab mir als Lohn pro Meter an: für Satin (4 Draht, 28 Feine, 18 Zoll) im Jahre 1867: 1.80—2.10 Mark, 1872: 20 Procent über, 1877: 20 Procent unter diesem Satze, und für Taffet (einfach mit geschorener Kette; 4 Draht, 32 Feine, 22 Zoll) 1867: 2.50 Mark, 1872: 10 Procent über, 1877: 30 Procent unter diesem Satze, welcher etwa der Lohnliste von 1848 entsprach.

Einem scharfen Rechner verdanke ich folgenden Bücherauszug für ein Sammetgeschäft von mittleren Lohnverhältnissen und mittlerer Grösse mit etwa 300 Webern. Von diesen verdienten im Jahre 1877 nur etwa 1 Procent, ausnahmsweise fleissige und geschickte Arbeiter, Künstler ihres Faches, an den feinsten Qualitäten von Seidensammet 700 Mark, 9 Procent fleissige Arbeiter 550 Mark, 50 Procent Durchschnittsarbeiter, an einfachen Sammeten in der Erkelenzer Gegend 450 Mark und 40 Procent träge und unsolide Weber, Lehrlinge und wenig geschulte Gesellen etwa 300 Mark jährlich pro Webstuhl; an demselben sind der Weber den ganzen Tag über, das Spulkind zwei Stunden täglich und die Frau mit dem Säubern der Kette beschäftigt. Von jenem Bruttoverdienste gehen noch 20 Mark jährlich für Ruthen, Haken etc. ab. Im Dorfe Niederkrüchten im Kreise Erkelenz habe ich Weber gefunden, welche im Winter 1878/79 6—7 und nur in einzelnen Artikeln 9—12 Mark wöchentlich verdienten, in anderen aber war der Lohn auf ein Drittel des früheren gesunken In den Kreisen Erkelenz und Geilenkirchen hat es sich im Jahre 1877 gelegentlich der Beurtheilung von Reklamationen bei der Militäraushebung[2]) aus den vorgezeigten Lieferscheinen er-

[1]) Gewerbliche Zeitschrift von Bueck, 1878, S. 25.

[2]) Regierungsrath Goeschen: Bericht über die Lage der Industrie im Regierungsbezirk Aachen. Januar 1878.

geben, dass die Weblöhne pro Meter fertigen Stoffes von früher 1.20 Mark und mehr auf 90 bis höchstens 95 Pfennige herabgegangen waren; dazu waren die Ablieferungstermine derart verlängert, dass ein Sammetweber daselbst 80—90 Pfennige täglich verdiente. In noch schlimmerer Lage befanden sich die Kattunweber, welche bei der Verarbeitung höchst schlechten Materials nach Abzug aller Auslagen für Oel, Schlichtmehl und Spulen kaum 50 — 60 Pfennige täglich nachbehielten. Dabei waren die Lebensmittelpreise, Miethen und Steuern auf ihrer alten Höhe geblieben. Die Ketten, welche die Weber sich jetzt gefallen lassen mussten, waren verlegene und leicht zerreissbare, verbrannte und künstlich erschwerte Waare, die Kämme alt und oft so schmutzig, dass sie zum Zerreissen der Kettfäden noch beitrugen. Sorgfältige Arbeit musste das schlechte Material wett machen; jetzt war die Kritik des Publikums, des Seidenwaarenhändlers und des Fabrikanten erwacht, daher verschärften sich die Kontrolle und die Abzüge wegen schlechter Arbeit beträchtlich. Endlich wurde auch mit dem Einziehen der Vorschüsse energischer vorgegangen. Der Fabrikant war eben in der Lage, sämmtliche Arbeitsbedingungen zu stellen und machte davon Gebrauch, oft in unbarmherzigster Weise [1]).

Die Noth der Arbeiter war eine ausserordentliche. In dem Centrum Crefeld mit seiner geringen Weberbevölkerung wuchs in den Jahren 1872—78 die Zahl der in offener Pflege unterstützten Armen von 1045 (1874: 995) auf 1848, der Zuschuss der Gemeindekasse für Armenpflege von 128416 auf 180088 Mark. Im Weberdorfe Hüls stieg der letztere von 6150 auf 15200 Mark; ausserdem hatten sich die angesehensten Männer zusammengethan und etwa 320 Kinder bei sich einquartiert und beköstigt, um durch eine solche Naturalverpflegung eine Erhöhung der Steuerlast zu vermeiden. Jener Ort mit seinen 6200 Einwohnern in 1350 Haushaltungen besteht zu 60 Procent aus Webern und Windern, wovon die Hälfte kaum die halbe Zeit des Jahres beschäftigt gewesen war. Besonders hart werden die Familien mit kleinen Kindern getroffen; heranwachsende können schon mit verdienen helfen; anderseits vermehren die ersteren noch nicht das Elendgefühl der Eltern durch ihr Murren. Um bei vermindertem Lohne existiren zu können, wird, wenn eine Kette vorhanden ist, bis spät in die Nacht hinein gearbeitet, und was das bei mangelhafter Ernährung für Folgen hat, vermag das Eintreten in die Stuben

---

[1]) Im Anfange des Jahres 1877 starb in Viersen ein Sammetweber, der für ein nur zu wohlbekanntes Haus in Crefeld gearbeitet hatte und ihm den Vorschuss für einen Webstuhl schuldete. Die Frau, welche eben niedergekommen war, vollendete das Stück und brachte es in die Stadt. Man berechnete ihr den vollen Lohn, zog aber den ganzen Vorschuss auf einmal ab und entliess sie mit vier Reichspfennigen. Die Wittwe hatte vier unmündige Kinder und war ohne jegliche Mittel.

dieser wandelnden Schatten zu zeigen. Solche Männer erfüllt es dann mit Hass und Bitterkeit, wenn sie ihren Handelskammer-Präsidenten zum Kaiser das stolze Wort reden hören: „Wir sind gebeugt, nicht gebrochen!" [1]) —

Bei Krisen tritt der Unterschied zwischen hausindustriellem und Fabrikbetriebe deutlich hervor. Bei der gegenwärtigen Organisation der Weberei und Winderei werden die Wanderungen so gut wie vermieden, der Weber bleibt in seinem Heimathsorte, inmitten seiner früheren Lebensverhältnisse, vielleicht seinem alten Gewerbe noch nicht ganz entrissen, und bewahrt sich die Leichtigkeit des Ueberganges von der neuen Beschäftigung zur früheren durch Erhaltung dessen, was im Grossen wie im Kleinen so wichtig ist, der Konnexion. Bei mehreren Webstühlen finden Frau und Töchter schon eher Beschäftigung in Garten und Feld und auch im Hause durch Ausbessern und Erhalten derjenigen Stücke, welche in guten Zeiten schon bei Seite gelegt waren und nun doch wieder schätzbar genug erscheinen. Die Kinder können jetzt in die Schule und dort das Versäumte nachholen; Frauen und Kinder sind leichter zu ernähren als ein arbeitsloser Mann und ihr Feiern hat nicht die gleichen socialpolitischen Gefahren. Andere Arbeiter suchen in verwandten Branchen der Textilindustrie ein Unterkommen, freilich zum grossen Missvergnügen der Fabrikanten, denn namentlich in den früheren Jahren liess sich den Crefeldern nicht der Vorwurf ersparen, dass sie ihr Möglichstes gethan, um Alleinherrscher mit ihrer Industrie zu bleiben und nicht in ungeeigneten Augenblicken den Lohnbeeinflussungen seitens anderer Gewerbe zu unterliegen. Indess in dem Masse, als die Arbeiter mit ganzer Schwere die Folgen der Krisen zu tragen bekommen, können sich die einsichtsvollen Fabrikanten dem periodischen Elend nicht verschliessen und suchen nun auch nach anderen Industrieen für den Ort, um diesen ihre Ueberproduktion an Arbeitern zuzuführen und damit die Armenlast zu erleichtern.

Gar zu leicht darf man sich das Unterkommen des Webers in anderen Beschäftigungen nicht denken; gerade seine Sesshaftigkeit hindert ihn an der Beweglichkeit, als heimathloser Weltbürger bald hier bald dort die extrahohen Löhne zu erhaschen. Die Arbeit auf dem Felde ist ihm zu schwer, er

[1]) Die Weber würden weniger erbittert sein, wenn ihnen der Zusammenhang bekannt wäre, in welchem jener Ausspruch gethan wurde. Die Vertreter der Kohlen- und Eisenindustrie hatten zuvor durch ihre Klagen den Kaiser günstig für ihre Schutzzollbestrebungen zu stimmen gesucht, der Crefelder Handelskammer-Präsident aber, in der Ueberzeugung, dass die schlechte Konjunktur in seiner Industrie unmöglich aus dem allgemeinen Säckel aufgebessert werden könnte, antwortete auf die Frage: in welcher Lage sich denn die Fabrikanten seines Bezirkes befänden? mit dem geflügelten Worte: Wir sind gebeugt, nicht gebrochen!

vermag nur die leichtere zu leisten, und gerade in dieser begegnet er der unüberwindlichen Konkurrenz seines Weibes. Die Hände büssen ihre Zartheit ein und werden vollends ruinirt durch das letzte Hülfsmittel jeder bedrängten Gemeinde, den Wegebau. Das Kassenwesen ist gar nicht, die Armenpflege ganz primitiv in den Dörfern entwickelt. Beim Fabrikbetriebe erfüllt die Krisis mit Noth und Elend einen einzigen Ort, bei der Hausindustrie wälzt ein ganzer Landstrich sich auf dem Schmerzenslager.

Der hausindustrielle Betrieb schmiegt sich mit Leichtigkeit dem Wechsel der Konjunktur an. Hinsichtlich der Beschaffung des Anlagekapitals stösst der Fabrikant bei einem Aufschwunge auf keine nennenswerthen Schwierigkeiten; dasselbe ist ja bei den in der Industrie beschäftigten Personen so decentralisirt, dass jeder Meister sein Quantum unschwer aufbringen kann und der Kaufmann höchstens einige Vorschüsse oder Kredite für Webstühle und Windemaschinen zu gewähren hat. Ebenso wenig Rücksicht hat er beim Rückgange auf eine Verzinsung zu nehmen: dem Weber ruht der Stuhl, der Winderin der Haspel, dem Färber kocht nicht mehr der Kessel und ihm selbst steht nur die Kettenschererei und die Appretur, wofern er überhaupt eine besitzt, still. Das Anlagekapital spielt also beim Verhalten des Fabrikanten eine geringe Rolle; das Betriebskapital, sein Baargeld, ist für ihn die Hauptsache. Dasselbe geht im Wesentlichen in den Arbeitslöhnen auf, und ist daher in Folge günstiger Waarenpreise momentan ein guter Gewinn in Aussicht, so strebt er sofort sein Kapital in der Industrie rentabel zu machen und setzt die Arbeiter in Thätigkeit; hören die Chancen des Gewinnes auf, so zieht er eben so rasch sein Kapital aus der Industrie heraus, entlässt ohne Bedenken die Arbeiter und findet für sein Baargeld auch anderweit eine augenblickliche Verwendung. Die Konjunktur wirkt also unmittelbar auf das Schicksal der Arbeiter ein. Beim Fabrikbetriebe ist das anders. Bevor ein Privater (nicht eine Aktiengesellschaft, deren Kapital ja auch decentralisirt in vielen Händen ist) zur Anlage eines so grossen Kapitals schreitet, erwägt er mehr die Dauer der Chancen und geht mit grösserer Vorsicht zu Werke; ist aber die Fabrik einmal im Gange, so erfordert sie einen kontinuirlichen Betrieb, um die Zinsen des Anlagekapitals zu gewähren, und das dazu gehörige Betriebskapital kann nirgendwo anders eine Verwendung finden als in der Fabrik selbst. Es wäre undenkbar, dass bei mechanischem Betriebe 7000 Webstühle mit 21000 Arbeitern in einem Jahre ausser Thätigkeit gesetzt worden wären.

Die hausindustriellen Kaufleute preisen bei Krisen ihr Schicksal, keine Fabrikbesitzer zu sein. Dennoch haben die Löhne bereits eine derartige Höhe erreicht, dass diejenigen Artikel, welche ihren Werth mehr als die andern durch die

Handarbeit empfangen, immer mehr dem mechanischen Betriebe zueilen. Solcher Art sind die glatten ganz- und halbseidenen Stoffe, ganz- und halbseidenen Bänder, halbseidenen festkantigen Sammetbänder und Sammete, — das sind Waaren von konstantem und von der Mode begünstigtem Absatz, von sehr einfacher Technik und hohem Arbeitswerth. Jedoch ist der Antheil der mechanischen Weberei noch ein ganz geringfügiger, nur sieben, ausserhalb der Stadt befindliche Fabriken, arbeiten für Crefeld und ihr Betrieb ist auch nur neben einer grossen hausindustriellen Unternehmung rentabel, weil die Fabrik den Stock bildet, welcher stets beschäftigt werden muss, während bei Krisen der ganze Ausfall die Hausweber trifft.

Technische Schwierigkeiten stehen in nennenswerthem Masse der mechanischen Weberei nicht im Wege; es sind vielmehr ökonomische Bedenken, welche ihre Ausdehnung aufhalten. Namentlich die Seidensammete und die gemusterten Stoffe werden wohl noch lange Domäne der Hausindustrie bleiben; die ersteren, weil das mechanische Aufschneiden der Decke den Glanz verdirbt, die andern, weil die Vorrichtung der Jacquardmaschine im Verhältniss zur Länge der Kette viel Zeit in Anspruch nimmt und zwar in Crefeld um so mehr Zeit, als daselbst wenig und daher oft Wechselndes in gemusterten Stoffen gearbeitet wird. Die sonstigen Gründe für und wider den Fabrikbetrieb sind nicht durchschlagend. So erklärt man, sei die Kontrolle der Qualität bei mechanischen Stühlen eine leichtere; indess auch der Fabrikarbeiter lässt sich in Glanzzeiten wenig bieten und arbeitet flüchtig, um mehr im Akkord zu verdienen; der Fabrikant ist dann auch nicht kritisch genug; gegenüber dem Handweber vermag in flauen Zeiten die Kontrolle die denkbar schärfste zu sein. Dagegen ist jener Vorzug der Hausindustrie kein sehr bedeutender, dass die Arbeitskraft mehr ausgenützt wird; im Gegentheil wirkt der Weber am Kraftstuhl viel regelmässiger und auch im Akkord; er leistet genügend, zumal wenn er wöchentlich ausgelohnt wird, wodurch der Sporn, am Zahltage möglichst viel zu verdienen, häufiger an ihn herantritt als bei vierzehntägiger Löhnung; einige Baumwollwebereien in Gladbach zahlen aus diesem Grunde alle Freitag.

Nicht unwichtig sind die im geistig-sittlichen Leben der Webermeister wurzelnden Hindernisse des Fabrikbetriebes. Sie, die erst seit dreissig Jahren ihre rechtliche Anerkennung als freie Handwerker gefunden haben, wollen diese Stellung nicht nach der Richtung eines lediglich höheren Arbeitslohnes (welchen die mechanischen Webereien ja zahlen müssen, um überhaupt geübte Arbeiter anzulocken), sondern nach der Richtung des grösseren Handwerksmeisters, des sich aufarbeitenden Unternehmers, der über immer mehr Webstühle und „Eigenthum“ verfügt, verbessern. Daher ihre tiefe Verachtung aller Fabrikarbeiter, ihr Hass gegen die Fabriken, die Zwingburgen der Handwerksehre, -Freiheit und -Selbständigkeit. Lieber stirbt der Meister auf dem Brette seines Handstuhls, als in jenen Frohnhof zu wandern, und wenn er Mittags den Fabrikarbeiter sein Mahl am Grabenrande einnehmen sieht, das die Frau eine halbe Stunde weit herbeigeholt hat und dem der Mann eine halbe Stunde entgegengegangen ist, oft in Regen, Schnee und Wind, — so gibt es ihm Kraft auf Jahre hinaus, lieber bei kargem Lohne in eigenem Zimmer zu arbeiten, als zu werden, wie jener. Diese zarten Männer, sie wissen es, wie schwer der Kampf gewesen, aus Fabrikarbeitern zu Handwerkern aufzusteigen, und mit unsäglicher Trauer sprechen sie von der jungen Generation, welche für ein Mehrverdienst von ein paar Groschen ihre Freiheit und Selbständigkeit zum Opfer bringt. Gerade für diese älteren Weber, schon kränklich und nicht mehr zu andauernder Arbeit fähig, eignet sich die Hausweberei in eigenem Zimmer vortrefflich. So findet der technische Fortschritt Gegner in den Gehülfen selbst, auf welche er sich stützen sollte, und begegnet mehr Opposition in den Personen als in den Verhältnissen. Allein solche Gefühle, so ehrenwerth sie auch sein mögen, halten den Siegeslauf des Dampfes nicht auf, sie könnten vielleicht zu der traurigen Folge führen, dass der rauchende Schlot statt in Crefeld seinen Standort in der Schweiz oder in England findet. Andere Menschen haben dort andere Gefühle, Dampf und Eisen sind unerbittlich gegen Handwerksehre, -Selbständigkeit und -Freiheit.

IV. Die Konjunktur.

Worauf beruhen die periodischen Erschütterungen der Industrie? Auf einem Zusammenwirken der mannigfaltigsten Umstände, welche den Gang der Produktion beeinflussen, auf der Konjunktur.

Bei dem hohen Antheil des theuren Rohstoffs am Waarenpreise ist der Ausfall der Ernte von der höchsten Bedeutung. Krankheiten der Raupen wie 1860, Erfrieren der Maulbeerbäume wie am 14. April 1876 bringen Unheil über ganze Webergegenden. Der letzgenannte Frost, welcher sich über ganz Südeuropa erstreckte, hatte anfangs auf die Preise keinen Einfluss; die allgemeine Ueberzeugung der Fabrikanten ging dahin, man habe Seide genug, um den schwachen Bedarf zu decken, der Ausfall möge so gross sein, als er wolle. Da zeigte sich die Missernte in der zweiten Hälfte des Juni zuerst in Spanien, dann in China, in Europa ergab sie nur ein

Drittel der gewöhnlichen; nun begannen die Preise zu steigen und wurden für französische Seiden um 80 Procent, für chinesische und japanesische um 100—150 Procent emporgetrieben. Jetzt merkten die Kaufleute, dass die Preissteigerung eine ernste sei und namentlich die Engländer kauften am Anfange des Juli alle Waarenvorräthe zu alten oder etwas gesteigerten Preisen an. Als so die Lagerbestände ausgekauft waren, boten die Londoner und Pariser Häuser höhere Preise und gaben damit das Signal zu einer Spekulation, wie man sie noch nie gesehen. Dieselbe Waare wechselte fünf bis sechs Mal am selben Tage die Hand, die Detaillisten sogar machten überstürzte Einkäufe und die alten Vorräthe fanden im August und Anfang September Käufer mit 40—50 Procent Steigerung. Die Fabrikanten hatten Ursache, an eine brillante Kampagne zu glauben, und alle Weber waren vollauf beschäftigt. Ende Oktober hielten die Geschäfte plötzlich an, einige grosse Häuser, welche sich zu stark engagirt und an eine fortgesetzte Zurückhaltung des englischen Marktes glaubten, verkauften zu erniedrigten Preisen, die Detailhändler waren auf lange Zeit versorgt; auf das In- wie Ausland wirkten Kriegsbefürchtungen, politische und wirthschaftliche Verlegenheiten; endlich wandte sich die Mode von der Seide ab. Das Resultat war die grossartige Krisis, die 1877 über Lyon hereinbrach und durch welche 15—20000 Webstühle in Stillstand geriethen. Im Juni 1877 standen die Rohseidenpreise nur noch 10 Procent von ihrem Ausgangspunkte entfernt [1]).

Launenhaft wie das Wetter ist die andere souveräne Herrscherin auf diesem Gebiete, die Mode. Nicht allein, dass fortwährend die Muster wechseln, worauf ja jede Fabrik eingerichtet sein muss, es kehrt sich oft die Mode gegen die Muster überhaupt und wendet sich einfarbigen Stoffen zu; dadurch geriethen die städtischen Weber in Lyon und Elberfeld oftmals ausser Brot. Oft wird die Seide gänzlich von der Mode verlassen. Eine einzige Aenderung der Damentracht genügt, die Seide um hunderttausende von Käuferinnen zu berauben. Man schaue nur auf die an Busen und Hüften anschliessenden Kleider; die Seidengewebe, deren Fäden neuerdings von den Färbern künstlich durch Oel erschwert werden, würden beim engen Anliegen einen Speckglanz erhalten und haben daher wollenen und halbwollenen Stoffen Platz machen müssen. Der Verbrauch von Seide hat in den letzten 25 Jahren mit den Fortschritten der Kultur und der Technik überhaupt nicht gewetteifert [2]). Schöne und dauerhafte Stoffe wie die Florentiner, welche selbst nach 300 Jahren ihre Stärke

---

[1]) L'économiste français 1877, S. 23, 55 u. 161. — The economist 1877, 30. Juni.

[2]) Moniteur des soies, 13. Mai 1876.

und ihren Glanz bewahren, werden fast gar nicht mehr angefertigt; solche Stoffe, verschönt durch das Talent der Künstler, würden die Ansprüche sowohl des Luxus wie der Solidität und der Sparsamkeit befriedigen. Indess von ihnen ist nicht mehr die Rede. Die Fabrikanten, erschreckt durch die hohen Preise des Rohstoffs, besonders zur Zeit der Raupenkrankheit, haben sich abgemüht in Auffindung von Mitteln, ihre Waare mit möglichst geringer Anwendung von Seide darzustellen. Man hat diese im Färben mit einer Unzahl von Chemikalien erschwert, mit Floretseide vermischt und dadurch den Uebergang der Mode zu Stoffen aus Wolle und Baumwolle mit kleinen Ziereffekten von einzelnen Fäden Seide angebahnt. Der Hauptgrund der Bevorzugung solcher Mischungen seitens der Damenwelt war der mächtige Einfluss der Schneiderin. Diese ist aufs höchste an der Werthlosigkeit des von ihr verarbeiteten Materials interessirt, denn würde der Stoff schon hohe Kosten verursachen, so würden die Männer wenig geneigt sein, auch noch die langen Rechnungen der Schneiderin zu bezahlen. Die ungemusterten Stoffe erhielten ihr Ornament durch Bänder und Gallons, die glanzlosen einen Schein des Reichthums durch Besatzartikel und kleine Zierrathen, das werthlose Gewebe wurde durch den guten Geschmack der Form gehoben; eine beträchtliche Vertheuerung der Anfertigung und der Zuthaten war die Folge. In dieser Hinsicht kostet das Kleid einer Dame das Doppelte gegen früher, die Rechnung der Schneiderin beläuft sich zuweilen höher als der Werth des Stoffes. Das illustrirt den Unterschied zwischen alter Dauerhaftigkeit und moderner Eleganz; darauf beruht der Interessengegensatz zwischen Fabrikant und Schneider.

Die Seide ist eine Luxuswaare, in ihrem Verbrauche daher abhängig von der wirthschaftlichen Gesammtlage des Volkes. Nach Kriegen und Krisen verschwindet sie ganz vom Markte und Halbseide, Wolle und Baumwolle treten an ihre Stelle. So geschah es nach 1871 in Frankreich, nach 1873 in Amerika und Deutschland; in New-York gab man Kattun-, in Berlin Kaliko-, d. h. Steifleinen-Bälle. Hier war der Verbrauch von Seide und Sammet in solche Schichten der Bevölkerung gedrungen, die nicht sowohl der Disciplin des Luxus als vielmehr der Disciplin der gebotenen Mittel zu folgen gezwungen sind und bei geschwächtem Kaufvermögen sich nothwendig Surrogaten oder billigeren Stoffen zuwenden müssen (Anlage VIII). Und nicht allein von den einheimischen Krisen wird die Crefelder Industrie beeinflusst, sie ist zu zwei Dritteln Exportindustrie und damit allen Schwankungen des internationalen Marktes, den allgemeinen Handels- und Verkehrsstörungen, allen Zolländerungen und Kriegsbefürchtungen ausgesetzt.

Eine Eigenthümlichkeit des Absatzes ist es, dass die Seidenstoffe in zwei Saisons, die Sammetwaaren nur in einer zur Verwendung gelangen; daraus folgt, dass der Sammet während der einen Hälfte des Jahres für die Bedürfnisse des anderen auf Lager gearbeitet wird und der Fabrikant darauf angewiesen ist, Durchschnittspreise zu fordern. Herrscht in Rohseide, Weblohn und Begehr eine Haussebewegung, deren Stillstand noch nicht abzusehen ist, so ist der Seidenwaarenhändler gern bereit, erhöhte Preise zu zahlen; tritt aber ein Rückschlag ein, so anticipirt der Konsum die Baisse und will das System der Durchschnittspreise, das ihm beim Aufschlag zu Gute gekommen, in keiner Weise mehr anerkennen. Dadurch wird der Absatz erschwert, und ein Sporn zu noch weiterem Drücken der Produktionskosten und des Arbeitslohnes gegeben.

Von weittragendstem Einfluss auf den Gang einer Krisis wird das Verhalten der Kaufleute. Die grossen alten Firmen sind an einer Stabilität der Waarenpreise ungemein interessirt. Die Natur ihrer Stapelartikel bringt es mit sich, dass sie immer grosse Lagerbestände haben, oft im Betrage von ein bis drei Millionen Mark. Da die Waarenpreise sich nach den letzten Herstellungskosten richten, so beschleunigt selbstverständlich eine Erniedrigung der Arbeitslöhne auch die Baissebewegung der Waarenpreise, und wenn diese um 5—10 Procent sinken, entwerthet auch leicht das gesammte Waarenlager um 20, 50 und mehr tausend Mark. Den grossen Firmen sind daher ein unmerkliches Sinken der Rohseidenpreise und Arbeitslöhne, verbunden mit einem Steigen der Nachfrage, am liebsten; die Selbsterhaltung treibt sie aber, die Arbeits- und Waarenpreise vor plötzlichem Fallen und sich selbst damit vor einer Expropriirung ihres Vermögens ohne Schadenersatz zu bewahren.

Umgekehrt die jungen Häuser. Durch keine Rücksichten auf ein Lager gebunden und bei Krisen vor die Alternative gestellt: entweder zu falliren oder sich Bestellungen um jeden Preis zu verschaffen, um ihrem Banquier Deckung geben zu können, entscheidet bei ihnen der Selbsterhaltungstrieb regelmässig für das letztere. Sie reisen spät nach der Saison nach London, übernehmen Bestellungen zu den lächerlichsten Preisen, kommen dann nach Hause und setzen, wie es neulich geschehen, den Weblohn auf einen Ruck um 16 Procent herunter. Die Weber müssen sich allen Bedingungen fügen, die grossen Häuser schränken ja überhaupt die Produktion ein und die kleinen Leute behaupten das Feld. Nun beginnt die allgemeine Deroute: die Waarenpreise sinken, die Löhne fallen, die Lagerbestände entwerthen, die grossen Kaufleute sind ausser sich und verzweifelt rief der Chef einer der grössten Firmen über ein junges, nach obiger Art operirendes Haus aus: „Geben wir einem jeden der beiden Associés 10000 Thaler jährlich, so stehen wir uns besser, als wenn sie uns die Preise auf dem Londoner Markte verderben.“ Oder aber solche Fabrikanten falliren, es finden Zwangsverkäufe statt und üben eine ähnliche Rückwirkung auf die Gesammtlage der Industrie.

Es gelangt hier der wesentlichste Unterschied zwischen Crefeld und Elberfeld zur Geltung. Ersteres producirt in der Hauptsache Stapelartikel, wie leichte Seidenstoffe und Sammete, letzteres, namentlich früher, gemusterte Modeartikel. In ersteren ist ein Lager möglich, weil die Bestände stets verkäuflich bleiben; Modeartikel aber entwerthen total und werden daher nur auf Bestellung gearbeitet. Tritt nun einmal ein Rückschlag ein, so sucht man in Crefeld wenigstens zu so billigem Lohne als möglich auf Lager zu arbeiten, um beim nächsten Preisaufschlage am Agio zu profitiren; es kann daher, wenn auch bei Hungerlöhnen, immer fortgearbeitet werden. Bei Modeartikeln in Elberfeld spielt der Lohn eine geringere Rolle; ist die Waare in der Mode, so wird jeder Preis und auch jeder Lohn gezahlt; ist sie es nicht, so wäre es Unsinn, auf Lager zu arbeiten; daher konstanter Lohn, aber schwankende Beschäftigung. Darum lautet die Parole, welche die Weber den Fabrikanten gegenüber ausgeben: in Crefeld gleichmässiger Lohn, in Elberfeld fortlaufende Beschäftigung!

Je nach den Ursachen der Krisen ist ihr Verlauf ein verschiedener. Eine Vertheuerung des Rohstoffs hat z. B. auf die Sammet- und Sammetbandindustrie einen geringeren Einfluss als auf die Stoffe, weil bei ihr die Handarbeit den grössten Antheil am Werthe des Produkts ausmacht, welches denselben nur zu einem Drittel, neuerdings in Folge der Anwendung von Chappe und Baumwolle sogar in noch geringerem Grade vom Material empfängt; die äusserste Zone der Weberei bleibt wie im Jahre 1865 in ungestörter Wirksamkeit. Der Rückschlag trifft in diesem Falle die Seidenstoffe und Seidensammete, wo der Rohstoff zwei Drittel des Werthes ausmacht; aber wenn sonst die Geschäftslage eine günstige ist, schaffen halbseidene Stoffe, z. B. 1867 Atlas, Popeline, guten Rath; auch sucht man in der mittleren Zone sich mit Sammetweben auszuhelfen. Die Weber im Centrum mit ihren mehr von der Mode als vom Rohstoffe abhängigen Geweben bleiben relativ beschäftigt. Die Versuche, die Produkte der äusseren Zone während der Nothzeit im Centrum einzubürgern, misslangen z. B. im Jahre 1867 vollständig; die Löhne waren nicht hoch genug und die Stadtweber befürchteten mit Recht eine dauernde Erniedrigung ihres Lohnniveaus. Bei einer Steigerung der Rohseidenpreise tritt der Vortheil ein, dass die Händler eine gewisse Bereitwilligkeit an den Tag legen, auch höhere Preise für die Waaren zu zahlen, und dass die kleineren Konkurrenten fast ausser Stande sind, fortzuarbeiten und die Löhne zu drücken. Anderseits vermögen nunmehr auch die grösseren Firmen nicht auf Lager arbeiten zu lassen, weil selbst die gedrücktesten Löhne durch die Steigerung des Rohstoffpreises ausgeglichen werden würden. Daher bei solchen Krisen nur ein mässiges Sinken des Lohnniveaus, aber ein Entstehen von Arbeitslosigkeit in der mittleren Zone der Seidenstoffe und Seidensammte.

Eine andere Art von Katastrophen haben wir hereinbrechen sehen in Folge übermächtiger ausländischer Konkurrenz. Dies hat zunächst die Wirkung, dass die Fabrikanten sich konkurrenzfähig zu erhalten suchen durch das Drücken des Lohnniveaus in der entsprechenden Zone; gelingt das nicht auf die Dauer, so muss dieser Artikel in entferntere Gegenden hinausrücken oder mechanisch hergestellt werden. Jedenfalls muss die Fabrikation des fraglichen Artikels ihren Standort ändern und billigere Arbeitsbedingungen aufsuchen; das Raisonnement der Kaufleute, dass die Arbeiter durch ihre masslosen Ansprüche die Konkurrenzfähigkeit der Industrie bedrohen, ist in diesem Falle völlig unberechtigt.

Dem durch Steigen der Rohseidenpreise und durch ausländische Konkurrenz hervorgerufenen Lohnsinken ist unmittelbar kein Steigen voraufgegangen; es sind dies beides von aussen herantretende Kalamitäten, auf welche die inländische Industrie keinen direkten Einfluss übt. Anders, wenn bei allgemein steigendem Begehr und günstiger Mode die Fabrikanten eine Bewegung in Scene setzen, welche sich sehr bald als übertrieben erweist. Es unterliegt keinem Zweifel, dass bei zunehmender Nachfrage die Kaufleute das Recht und die Pflicht haben, ihre Betriebe auszudehnen, und es ist ein volkswirthschaftliches Verdienst und eine lobenswerthe Energie, wenn sie durch persönliche Bemühungen und höhere Lohnangebote die Arbeiter aus minder gewinnbringenden Erwerbszweigen zur Seidenindustrie hinüberführen. Jedoch sind die Mittel nicht immer die reinsten, die Einsicht in die Bedürfnisse des Weltmarkts keineswegs eine ausreichende und der Beweggrund für die Ausdehnung der Industrie nicht das Streben, einer dauernden Nachfrage zu entsprechen, sondern den durch momentan gestiegene Waarenpreise entstehenden Gewinn, sei es auch auf Kosten einer späteren Zerrüttung von Tausenden aus ihren alten Beschäftigungen herausgerissenen Existenzen zu realisiren. Mit Recht erhebt sich der Vorwurf, dass die wirthschaftliche Moral und Intelligenz der Crefelder Kaufmannschaft noch manches zu wünschen übrig lässt. Dazu gesellt sich die Hast, mit welcher sie später das verwerflichste Mittel, das Lohnwerfen, anwendet und zu dem Drucke der Konjunktur, welche theils die Arbeit ganz entzieht, theils nur die mindest gelohnte zulässt, noch den Druck seitens derjenigen Männer fügt, denen als volkswirthschaftliches Amt die Leitung der Produktion und die Sorge für die jeweilig bestgelohnte Beschäftigung ihrer Arbeiter übertragen ist.

Um sich fortlaufend in Arbeit zu erhalten, handeln die Weber nach zwei verschiedenen Grundsätzen. Entweder arbeiten sie stets für ein paar Firmen zu gleicher Zeit, um beim Schiffbruch der einen doch an der andern eine Stütze zu finden, — eine Kalkulation, welche oft dadurch gekreuzt wird, dass der Fabrikant gerade solche Weber am ehesten still setzt, weil er glaubt, dass sie bereits von einem andern Beschäftigung erhalten und dass dabei seine Muster abgeguckt oder seine Bobinen, namentlich die schwarzen, verwechselt werden. Oder die Weber harren bei einem Hause aus und hoffen in Folge jahrelanger Geschäftsverbindung Berücksichtigung zu verdienen, worin sie sich aber oft bitter getäuscht sehen[1]). Prämien und Pensionen für alte Weber zählen zu den rühmlichen Ausnahmen bei einigen Firmen mit soliden und ehrenwerthen Geschäftsusancen, so z. B. bei H. vom Bruck Söhne (Seyffardt) u. A. Im allgemeinen fühlt man sich auf beiden Seiten jeder Verpflichtung baar nach Ablauf des Vertrages.

Das patriarchalische Verhältniss, welches bis in die 1840er Jahre hinein existirte und auch noch formell durch die Behülfscheine aufrecht erhalten wurde, ist durch die häufigen Krisen und wiederholten Arbeiterwechsel, vollends im letzten Jahrzehnt, als aufgelöst zu betrachten. Die Fabrikanten behandeln ihre Weber durchaus geschäftsmässig und halten sich von jeglicher anderen Verpflichtung als von dem Lohnzahlen für geleistete Arbeit befreit. Es mangelt durchaus die Auffassung, wonach die Arbeiter als Gleichberechtigte anerkannt werden, deren Führung und Erziehung von den geistig und wirthschaftlich höher stehenden Kaufleuten in die Hand genommen werden müsste. Es fehlt diesen sowohl an socialem Pflichtgefühl wie an sittlicher Energie, an jenen psychischen Eigenschaften, welche als Grundlagen von veränderten Rechtsauffassungen die sociale Lage und den persönlichen Verkehr beeinflussen; sie gehören mit ihrer Gefühlsweise einer überwundenen socialpolitischen Epoche an und bewegen sich mit den Webern in ganz verschiedenem Ideenkreise, sie missverstehen sich gegenseitig und finden beim Umgange oft Streit und Hader. Darum überlassen die grossen Kaufleute, welche durch die Leitung des kaufmännischen und allgemein technischen Geschäfts vollauf in Anspruch genommen sind, die Verhandlungen mit den Arbeitern ihren Commis und Werkmeistern. Obwohl die letzteren aus den gebildetsten und tüchtigsten Elementen der Arbeiter-

[1]) So sagte der Kommis eines Hauses zu einem Weber, welcher 31 Jahre für dasselbe gearbeitet hatte: Ihr seid schon alt und müsst Euch anders beschäftigen! Der Weber glaubte aus diesen Worten die Aussicht auf eine leichtere Arbeit entnehmen zu dürfen, brachte ganz erfreut die Geräthe zurück und blieb nun stehen, um die fernere Entscheidung abzuwarten. „Worauf wartet Ihr denn?“ Ich hoffte doch auf ein anderes Werk in der Fabrik! „Solche alte Leute brauchen wir nicht mehr; seht zu, wo Ihr anderweit Arbeit findet!“ Zum Glück erhielt der Mann, der 31 Jahre für das Haus gearbeitet hatte, Beschäftigung bei einer andern Firma.

klasse hervorgehen, gerathen sie doch oftmals in Streit mit den Webern und Viele erscheinen um so unbarmherziger, je abhängiger und strebsamer sie sind. Daher ziehen viele Weber selbst bei geringerem Verdienst die kleineren Firmen vor. Hier verhandelt der Fabrikant mit ihnen persönlich, er braucht den einzelnen Weber mehr als das grosse Haus, er schmeichelt dessen Ehrgefühl und behandelt ihn als Meister, bei günstiger Konjunktur sogar als Herrn. Ueber diesen ideellen Gewinn lässt der Weber den materiellen fahren. Und wo gar der Fabrikant kein Eingewanderter ist, sondern ein Einheimischer, der nach Landessitte mit den Arbeitern verkehrt, mit ihnen das geliebte Platt redet, da wird manches Missverständniss rasch ausgeglichen und wenigstens persönlicher Hass und Bitterkeit entstehen nicht.

Nicht zum geringsten Theile sind es die Arbeiter selbst, welche einen freundlicheren Umgang erschweren. Ihr erwachendes Selbstgefühl weiss nicht den richtigen Ausdruck zu finden, es äussert sich in Trotz und Unverschämtheit, in tiefem Misstrauen gegen alle Massnahmen der Fabrikanten und in daraus folgender Undankbarkeit. Daneben klingt doch im Innern noch die Erinnerung alter Zeiten durch und selbst alle Krisen haben das Band sittlicher Zusammengehörigkeit noch nicht ganz zu lösen vermocht. Charakteristisch tritt das beim Worte „Brotherr" hervor. Bezeichnen sich die Fabrikanten als solche, so erheben die Arbeiter stürmischen Protest; mangelt es ihnen aber an Arbeit, so klagen sie jene an: es sind ja doch unsere Brotherren!

Noch niemals hat mich ein Weber tiefer in seine innere Gefühlsweise blicken lassen als jener, mit welchem ich mich in der Weber-Union unterhielt. Er schilderte mir den Kampf der Weber gegen die Fabrikanten, deren Bosheit, den Versuch eine Lohnliste zu etabliren und dereinst durch Gründung einer Productivgenossenschaft sich von der Leitung der Fabrikanten zu emancipiren. Als wir nun in die Details eingingen und eine unendliche Reihe der grössten Schwierigkeiten sich aufthürmte, da brach er wehmüthig in die Worte aus: „Nun ja, wir wollen denn auch für geringeren Lohn arbeiten, wenn die Kaufleute nicht anders können; aber es soll der Fabrikant mich rufen lassen und nur freundlich zu mir sagen: Meister, ich konnte keine besser bezahlte Bestellung erhalten, wollt Ihr die Arbeit zu diesem Lohne übernehmen? Für dies eine freundliche Wort würden wir Alles ertragen!"

Indess die Geschäfte werden ohne dieses eine freundliche Wort abgewickelt und bei dem Arbeiter verhärtet sich die Ueberzeugung, dass er von der Kaufmannschaft aus freien Stücken nie etwas Gutes zu erwarten habe. Der Klassengegensatz ist ihm bereits in's Bewusstsein gedrungen, er wird, wie wir später sehen werden, durch den religiösen Gegensatz verschärft und findet in der politischen Parteinahme seinen Ausdruck. —

Die wechselnden Konjunkturen und die Krisen sind es, welche periodisch über die Industrie Unheil bringend hereinbrechen. Sind denn nicht Massnahmen gegen ihre Wirkungen möglich?

Gegen eine Reihe von Einflüssen, wie Ausfall der Ernte, Wechsel der Mode, allgemeine wirthschaftliche Krisen, Kriege, auswärtige Zolländerungen, ist die Industrie schutzlos; sie treten übermächtig von aussen heran und müssen als unabwendbares Schicksal getragen werden. Indess wird ihre Erschütterung eine um so geringere sein, je grösser die Kenntniss von dem Entstehen und dem Verlaufe der Konjunktur, je eingeschränkter die Summe der unwissbaren Umstände ist; eine Reihe von Missgriffen aus blinder Furcht und unberechtigter Hoffnung würden durch eine Vermehrung des Wissens beseitigt werden. Das ist der erste Punkt, auf welchen die Aufmerksamkeit zu lenken ist.

Hat die Crefelder Kaufmannschaft stets ein entsprechendes Urtheil über die Lage des Weltmarkts bewiesen? Selbst der zuversichtlichste Fabrikant wird diese Frage nicht bejahen können. Die wiederholten, nicht zu geringstem Theile in dem Mangel an Voraussicht und Umblick der Kaufmannschaft wurzelnden Ueberproduktionen haben an den Tag gelegt, dass dieselbe die erforderlichen Eigenschaften noch nicht besitzt. Es handelt sich hier nicht um die grossen alten Häuser, welche in der That überall Verbindungen unterhalten und auch meist eine richtige Produktionspolitik befolgt haben, es handelt sich vielmehr um die kleineren Firmen, welche die grosse Mehrzahl bilden; — sie sind es, in deren Interesse es ein Institut zu schaffen gilt. Wer bei ihnen eine genügende Fähigkeit zur Spekulation, zu jenem übernatürlichen, metaphysischen Rathen auf die Wirkung, welche die unwissbaren Umstände der Konjunktur hervorbringen werden (wie Lassalle es geistreich bezeichnet), voraussetzt, der ist ein blinder Schwärmer für das Dogma der individuellen Tüchtigkeit eines jeden Unternehmers im Systeme der freien Konkurrenz und kennt die Sachlage ganz und gar nicht. Die Organisation eines solchen Institutes würde keine andere sein können, als die einer grossen Firma, nur mit mehr Mitteln in grossartigerer Weise ausgestattet und mit voller Oeffentlichkeit aller einlaufenden Berichte. Wie die Seewarten über alle Meere und Küsten das Netz ihrer Beobachtungsstationen ausgespannt haben und die Schiffer warnen vor den Stürmen, welche im Anzuge sind, so soll auch eine Warte der Konjunkturen durch Agenten in allen Ländern und Handelsplätzen die Wechsel der Mode, des Bedarfs, der Ernte erspähen und durch ihre Signale die Industriellen benachrichtigen lassen. Es würden dann Manche veranlasst werden, die beabsichtigte Fahrt zu unterlassen und andere auf der Fahrt Begriffene würden bei Zeiten ein Segel einziehen. Zwar würden Schiffbrüche nicht vermieden werden, aber die Chancen der Fahrt wären günstigere und bekannter die Strömungen im wirthschaftlichen Aether.

Die industrielle Warte würde etwa den Handelskammern von Crefeld, Elberfeld und Gladbach (für Viersen) unterstellt sein und könnte vielleicht auf eine internationale Vereinigung mit den französischen, englischen und schweizer Industriellen hinarbeiten. Wie die Trocknungsanstalt die Seide wiegt, soll jene die Nachfrage wägen, eine schwierigere, aber doch nicht unausführbare Aufgabe. Aber selbst wenn sie gelöst wäre, so würden die meisten Fabrikanten doch nicht nach den allgemein volkswirthschaftlichen Erfordernissen, sondern nach ihrem momentanen Vortheil verfahren. Es entsteht daher die heikle Frage nach einer Organisation der Kaufmannschaft an Stelle der gegenwärtigen Verfassungslosigkeit. Soll man etwa die ruinöse Konkurrenz namentlich der kleineren Firmen dadurch beseitigen, dass man die Etablirung einer Seidenfabrik vom Nachweise eines gewissen Vermögens abhängig macht, oder soll einem jeden Unternehmer das Maximum seiner Jahresproduktion fixirt werden? Solche Massregeln sind bei der gegenwärtigen Auffassung ebenso aussichtslos wie in der That auch unpraktisch. Das nächste Ziel wäre eine auf freier Uebereinkunft beruhende Vereinigung, welche zuerst die Einrichtung der industriellen Warte in die Hand nimmt, gestützt auf deren Berichte Circulare mit Warnungen und Ermahnungen an die Mitglieder ergehen lässt und allmählich zu einer Vertheilung der Bestellungen und einem System der Konventionalstrafen übergeht, wie solches bei den Eisenindustriellen bereits existirt. So würden dann nach und nach bei Zusammenrechnung der Handelskammer für die Vertretung der commerciellen Interessen, des Gewerbegerichts zur Beilegung der industriellen Streitigkeiten, des Organs zur Verhütung des Seidendiebstahls, der Trocknungsanstalt der Seide, der industriellen Warte der Konjunkturen, der Webeschule für die technische und kunstgewerbliche Ausbildung eine ganze Reihe von Funktionen sich ergeben, welche einem späteren corporativen Verbande Leben und Existenzberechtigung einhauchen könnten. Dazu käme der grosse Vortheil, dass die Kaufmannschaft endlich ein officielles Organ besässe, um mit den Arbeitern zu verkehren.

Wie ist der Arbeiterstand zu organisiren, um den vernichtenden Wirkungen der Konjunkturen ein Gegengewicht zu bieten? Die Weber selbst kennen nur ein Mittel, welches nach ihrer Ansicht unfehlbare Hülfe gewähren könnte: die Lohnliste. Das zwingt uns, näher auf dieselbe einzugehen.

Das Streben nach einer Lohnliste scheint bei den Seidenwebern allenthalben verbreitet zu sein. Auch in Lyon machten im Jahre 1831 die Meister einen Aufstand und bildeten Gesellschaften, um den Fabrikanten einen verbindlichen Tarif aufzuzwingen; im Jahre 1834 nahm die Bewegung eine politische Färbung an und wurde niedergeschlagen [1]). In Crefeld wurde die Lohnliste vom 27. März 1848 von je fünf kaufmännischen und Weberdeputirten vereinbart; letztere waren von Wahlmännern bezeichnet worden, denen die Weber je einer Firma ihre Stimme gegeben hatten. Der Gemeinderath erhob die Vereinbarung zum Ortsstatut, die Bezirksregierung zu Düsseldorf aber gab dasselbe zur nochmaligen Prüfung zurück, und als es fast unverändert blieb, erklärte sie es für ungeeignet und den Gesetzen nicht entsprechend; so blieb es bei einer nur privaten Vereinbarung. Die Fabrikanten erklärten nun fernere Verhandlungen für fruchtlos und zogen sich zurück; die Weber allein bildeten eine Rumpfcommission, theils um die Vereinbarung aufrecht zu erhalten, theils um eine Innung in's Leben zu rufen. Als letztere gebildet war und der Kommission unter dem 19. Januar 1852 verboten wurde, ihre Genossen von der Arbeit zu billigerem Lohne, als die Liste besagte, durch andere Mittel abzuhalten als durch gerichtliche Klage, da löste sich dieselbe auf. Viele Fabrikanten hatten sich von Anfang an nicht an die Liste gekehrt, andere suchten ihr verpfändetes Wort zu halten, indess in den schlimmen Jahren 1857—61 gelangten die Sätze derselben trotz der Opposition und der Drohungen der Weber ausser Uebung. Dennoch ist die moralische Kraft der einmal vereinbarten Lohnliste unter den Webern so gross, dass sie noch heute nach deren Sätzen ihren Lohn berechnen: so und so viel Procente über oder unter der Liste.

Ist eine Etablirung derselben denn überhaupt möglich? Vor allem gilt es, gewisse Missverständnisse zu beseitigen, welche mit dem Worte „Lohnliste“ verknüpft sind. Eine einfache Restauration der alten Sätze von 1848 und deren Gültigkeitserklärung für alle Ewigkeit ist natürlich unmöglich und ich habe auch keinen Weber gefunden, der solches gefordert hätte; der weitgehendste Wunsch zielte auf eine Dauer von drei bis fünf Jahren ab. Dergleichen ist nicht undurchführbar; einige der hervorragendsten Fabrikanten erklären einen Lohnsatz z. B. für einfache Sammte für sehr wohl möglich; thatsächlich hatte sich auch eine Stabilität in dieser Branche erhalten, bis sie gleichfalls im allgemeinen Zusammensturze des Jahres 1874 vernichtet wurde. Eine ganz allgemeine Festsetzung der Taxe auf mehrere Jahre würde aber in einer Zeit sehr gesunkener Waarenpreise entweder zu einer allgemeinen Umgehung oder im Falle der Einhaltung zu einer Arbeits-

[1]) Reybaud: Condition des ouvriers en soie 1859, S. 135.

losigkeit vieler Weber führen. Es gilt daher einen Kompromiss zwischen den schwankenden Waarenpreisen und den berechtigten Lohnforderungen der Weber. Der Kernpunkt ihrer Forderungen ist denn auch ein paritätisches Einigungsamt, welches gerecht die beiderseitigen Ansprüche abwägt und gemeinsam die Löhne festsetzt. Wogegen sie sich sträuben, das ist die gegenwärtige einseitige und rücksichtslose Octroiirung der reducirtesten Löhne; sie wollen ein Wort mitzureden haben bei der Vertheilung des von ihnen erarbeiteten Productionsertrages. Nichts ist berechtigter als diese Forderung. Wenn man die Weber an allen möglichen politischen Wahlen theilnehmen lässt, wie viel mehr müssen sie sich nicht reif und befähigt glauben, ihre Meinung darüber abzugeben, welchen Antheil von dem Werthe, der zu einem, ja oft zu zwei Drittel durch ihrer Hände Arbeit entsteht, sie für ihren Lebensunterhalt unentbehrlich halten. Die blosse Existenz einer gemischten Kommission besässe schon den grössten moralischen Einfluss, sie würde extreme Lohnschwankungen verhüten und über dieselben eine gewisse Kontrolle führen können; sie wäre die mächtigste Stütze der grossen Kaufleute gegen die übertriebenen, ihnen oftmals Schaden bringenden Lohnerniedrigungen seitens der kleineren Konkurrenten.

Ueber die Wirksamkeit eines freiwilligen Einigungsamtes darf man sich keinerlei Illusionen hingeben, wenn die Deputirten des Weberstandes nicht zugleich im Stande sind, ihren Forderungen auch Thaten folgen zu lassen. Die Uebermacht der Crefelder Fabrikanten kann nur durch eine wohlorganisirte und wohlgeleitete Macht der Weber gebrochen werden. Von privatwirthschaftlichen Berechnungen in ihren geschäftlichen Speculationen geleitet, werden die Fabrikanten aus freien Stücken weder eine Kommission in's Leben rufen, welche ein Hemmniss für ihre Interessen und ein Mittel für Erniedrigung ihres Einkommens wäre, noch die Forderungen von Deputirten einer vorübergehend versammelten Wählerschaft respectiren, wenn sie nicht gezwungen werden durch eine Machtentfaltung, und zwar eine dauernde und organisirte Machtenfaltung in umfassendster Weise.

Diese Machtentfaltung hat bisher nur ganz formlos stattgefunden; bei Krisen wie 1828 und 1848 rotteten sich die Weber zusammen und erreichten durch Fenstereinwerfen die Etablirung von Lohnlisten; beide Male waren sie nicht im Stande, ihren Forderungen auf die Dauer Nachdruck zu verleihen; beide Male erholten die Fabrikanten sich rasch von ihrem Schrecken und nahmen das alte System wieder auf. In ähnlich formloser Weise nehmen die Weber an der steigenden Konjunktur theil und zwar nicht durch offenen Kampf, sondern durch versteckten Guerillakrieg, durch Fortlaufen von einem Fabrikanten zum andern um ein paar Pfennige und durch

Brechen der Verträge. Nicht einmal bis zu einem Zusammengehn in Form einer allgemeinen Arbeitseinstellung haben es die Weber gebracht. Eine solche wäre hier auch ganz zwecklos. Der eine Hauptzweck von Strikes, die kürzere Arbeitszeit, ist bei der hausindustriellen Organisation gegenstandslos, obwohl in der Stadt Lyon in früheren Jahrzehnten Feierstunden verabredet waren, bei deren Nichtbefolgung dem Meister die Fenster eingeschlagen wurden. In Beziehung auf die Lohnhöhe aber sind gemeinsame augenblickliche Feststellungen durch die Mannigfaltigkeit der Erzeugnisse, die zu ihrer Herstellung ein sehr verschiedenes Mass von Arbeitszeit, Kraft und Geschicklichkeit erfordern, sehr erschwert. Eine Arbeitseinstellung bei aufsteigender Konjunktur ist überflüssig, da durch die Leichtigkeit des Ueberganges von einem Fabrikanten zum andern sowohl eine Gleichmässigkeit wie eine genügende Höhe des Lohnes erreicht wird. Bei einem Rückschlage herrscht nur das allgemeine Rette-sich-wer-kann, die Einzelnen finden sich nie zu gemeinsamer That zusammen und diejenigen, welche wegen der Einfachheit ihrer Arbeit am leichtesten gemeinsame Arbeitsbedingungen aufstellen könnten, die Sammetweber, wohnen zerstreut in ländlicher Einsamkeit und betreiben die Arbeit zum Theil nur als Nebenbeschäftigung, vermögen daher zu viel geringerem Lohn zu arbeiten als die professionellen Weber.

Freilich sind auch wiederholte Versuche einer festen corporativen Verfassung unternommen worden. Als „die Weber durch des Königs Majestät erlauchten Willen zu selbständigen Handwerkern erhoben waren“, erhielten sie im Jahre 1849 ihre erste Organisation in der Weber- und Wirkerinnung; diese zeigte den besten Willen und grössten Thatendrang, ging aber in kurzer Zeit unter. Der Grund hiefür liegt auf der Hand: die Lebensinteressen jeder Arbeitercorporation sind der Lohn und die Regelung des Arbeitsangebots; auf keine dieser Angelegenheiten durfte die Zunft ihre Thätigkeit erstrecken, sie wurde einzig beschränkt auf das Lehrlingswesen. Nun ist dieses ja gewiss sonst eine wichtige Aufgabe jeder Innung, aber gerade bei dieser war sie von ganz untergeordneter Bedeutung. Der Aufschwung der Industrie hatte damals wiederum das Lehrlingswesen zerstört und das Niveau technischer Leistung herabgedrückt, die Prüfung der Lehrlinge war daher eine sehr wohlgemeinte, indess sehr unpraktische Institution. Je nach dem Standorte der einzelnen Artikel war bereits eine derartige Specialisirung der Weber eingetreten, dass es ganz zwecklos war, z. B. von einem glatten Sammetweber das Musterweben zu verlangen. Die Examinanden gaben sich daher alle als Sammetweber aus, die Prüfung wurde sehr bald eine Spielerei und Beutelschneiderei zu Gunsten der Prüfungscommission, welche während der Sitzungen mehr an Diäten bezogen als sie zu Hause hätten verdienen können. In kürzester Frist wurde die gesammte Zunftverwaltung scheel angesehen und bald unrühmlich vergessen und aufgelöst. Uebrigens mag auch die stete Anwesenheit eines Fabrikanten die Entstehung eines kräftigen korporativen Geistes gehindert haben.

Auf dem Principe freier Vereinigung basirte die im vorigen Jahrzehnt entstandene Weber-Union, welche zeitweise auf dem linken Rheinufer bis zu 1800 Mitglieder gezählt hat. Die Tendenzen dieses Vereins schwankten je nach der Persönlichkeit des augenblicklichen Leiters, doch suchten die Socialdemokraten die Oberhand zu gewinnen. Da trat im Jahre 1872 mit der Bildung neuer Parteiverhältnisse eine Spaltung ein, das socialdemokratische Uebergewicht wurde beseitigt und es blieben 400 Mitglieder. Der Verein besitzt eine Kasse, in welche die Mitglieder bis zu 75 Mark Einlagen machen dürfen. Dadurch ist bis zum Jahre 1877 das Vereinsvermögen auf 7500 Mark angewachsen und es trat an die Union die Frage heran, wie sie das Kapital verzinsen sollte. Sie begann ihren Mitgliedern billige Kohlen zu verschaffen, dann ging sie zum Ankauf von Kartoffeln, Erbsen und Bohnen über und erzielte eine um so erklecklichere Dividende, als die Mitglieder an ländliche Arbeiter verkaufen, welche sonst den Detaillisten die übertriebensten Preise zahlen müssen. So ist der Verein in das ruhige Fahrwasser eines Konsumvereins gerathen, hat einen später näher zu charakterisirenden geselligen Klub gegründet und verfolgt als ideales Ziel die Gründung einer Produktivgenossenschaft.

Ueber die Chancen der letzteren sich auszulassen, erscheint fast überflüssig. Wenn irgend ein Gewerbe, so erfordert die Seidenindustrie kaufmännischen Unternehmungsgeist und energische Leitung in hohem Grade. Eine Genossenschaft würde sich die erforderliche straffe Organisation mit kühner Initiative nicht geben können; sie würde ihren Beamten entweder zu viel Vollmacht und damit zu viel Gelegenheit zu gefahrvollem Risiko geben, oder sie würde deren Initiative zu sehr einschränken und mit geringeren Löhnen arbeiten müssen als die anderen Firmen und dadurch die Unzufriedenheit ihrer Mitglieder erregen. In Viersen hat man mit einem Kapital von 75000 Mark einen Versuch gemacht, derselbe ist aber gescheitert.

Einheitlich handelnd sind die Weber nicht aufgetreten. Als im Jahre 1872 die Löhne reducirt wurden, fand eine Versammlung von Webern aus Crefeld, Viersen und Anrath in letzterem Orte statt; das Resultat war der Beschluss, die Fabrikanten um Fortzahlung des Lohnes zu „bitten“. Wo später Aufforderungen seitens der Weber an die Fabrikanten ergingen, sich persönlich mit den Arbeitern über weitere Lohnreduktionen in's Benehmen zu setzen, fanden sie seitens der Socialdemokraten statt und wurden von nur drei Fabrikanten befolgt. Ja selbst da, wo die Arbeiter völlig gesetzlich ihren Einfluss geltend machen konnten, wie bei der Wahl der Gewerberichter, haben sie es nicht gethan, und als sie es einmal in grösserer Anzahl versuchten, vermochten sie gegen die Koalition der Kaufleute und Werkmeister doch nur einen einzigen Weber durchzubringen; bei dem Mangel an Diäten würden sich ohnehin wenig Arbeiter zu solchen Ehrenämtern verstehen. Die rheinischen Fabrikanten stellen nicht ohne Grund ihre Gewerbegerichte als Musterinstitute dar.

So erscheinen die Weber als eine zusammenhangslose, auf das Land weithin zerstreute Menge ohne Widerstandsfähigkeit gegen die Konjunktur und deren Wirkungen. Wie ein Naturprocess spielt diese sich ab, ungestört durch die betheiligten Menschen, ohne Schranken an ihrem bewussten Willen zu finden. Ist überhaupt Aussicht vorhanden, dass die ohnmächtigen Einzelwillen sich zu einem mächtigen Vereine zusammenfinden werden? Die bisherigen Erfahrungen beweisen es klärlich, dass auf Jahrzehnte hinaus solches höchst unwahrscheinlich ist. Warum soll so lange das Nothwendige ungethan bleiben? Die Weber selbst können sich nicht organisiren, darum nehme der Staat die Sache in die Hand. Die Regierung, die doch sonst so erfindungsreich in mittelbaren Beeinflussungen ist, sollte alle selbständigen Meister veranlassen, im Nothfalle sogar zwingen, einem Gewerkvereine beizutreten, welcher in allen bedeutenden Weberorten seine Filialen, seine Centralleitung aber in einem von den Zweigvereinen gewählten Ausschusse in Crefeld hätte. Damit wäre sofort eine machtvolle Repräsentation für das Gewerbegericht, die Gewerbekammer und das Einigungsamt geschaffen; daran schlösse sich das gesammte Kassenwesen, welches heute völlig brach liegt, die Beihülfe zur Verhütung von Seidendiebstählen, zur Verhütung des Kontraktbruchs der Genossen, das Lehrlingswesen und die Beisteuer zur Webeschule; vor allem aber hätte der Verein als Hauptfunktionen: die gemeinsame Lohnregulirung und die Verhinderung einer übermässigen Ausdehnung der Produktion, indem bei hochgehender Konjunktur Leute abgehalten würden, als selbständige Webermeister sich zu etabliren, welche gewissen Formalitäten nicht genügt hätten.

Der letzte Punkt ist offenbar der schwierigste in der ganzen Frage, denn es würde entweder eine obligatorische Meisterprüfung oder wenigstens eine gewisse Zeitdauer des Gewerbebetriebes vor der selbständigen Etablirung gefordert werden müssen. Doch erscheint solches gar nicht undurchführbar. Da der Centralverband in eine Reihe von Ortsverbänden zerfiele, so könnte für einen jeden derselben, je nach dem vorherrschenden Artikel, ein verschiedenes Mass von Fertigkeiten verlangt werden. Im Kreise Erkelenz z. B. würde beim einfachen Sammetweber der Nachweis genügen, dass er ein oder zwei Jahre gelernt hätte; vor Ablauf dieser Zeit dürfte er nicht selbständiger Meister sein und von Fabrikanten zu vollem Lohne ausgelohnt werden, nach Ablauf derselben aber alle Rechte der übrigen Weber haben. Damit wären der ruckweisen und übermässigen Ausdehnung der Produktion, welche für Arbeiter und Fabrikanten wie für die Qualität der Waare so verderbenbringend ist, gewisse elastische Schranken gezogen, ohne einem stetigen Fortschritte der Industrie Hindernisse zu bereiten. Der Nutzen eines solchen Webervereins wäre ein so grosser, dass die Betheiligten gern die Kosten seiner Unterhaltung tragen würden. Nur darf man bei seiner Bildung nie vergessen, dass seine Mitglieder nicht selbständige Handwerksmeister, sondern hausindustrielle Lohnarbeiter sind, also eine den Fabrikarbeitern wirthschaftlich und social nahestehende Klasse, nur nicht so centralisirt wie diese.

Bei einer derart veränderten Verfassung des Kaufmanns- und Weberstandes wären die Missstände, welche sich aus ihrer grenzenlosen inneren Konkurrenz ergeben, eingeschränkt, eine würdige Vertretung geschaffen, um völlig gleichberechtigt alle gemeinsamen wie alle Standesangelegenheiten zu ordnen und die technischen Leistungen und die eingegangenen Verträge zu sichern. Eine solche Organisation würde die Wirkungen der Konjunkturen nicht mehr verschärfen, und wenn diese selbst mit ihren Verheerungen auch nicht vermieden werden könnten, so würden sie in ihren Ursachen und ihrem Verlaufe doch bekannter und berechenbarer sein.

V. Die Lage der ländlichen Weber.

Crefeld ist eine stille freundliche Stadt; keine Fabrikschlote, kein hastiges Drängen von Arbeitern, nur lange Schaaren junger Mädchen wallen Mittags zu den Comptoirs. Die Bedeutung der Industrie kann nicht nach der Grösse der Stadt bemessen werden, obwohl ja auch diese ansehnlich gewachsen ist; wohnt die grosse Masse der Weber und deren Hülfspersonen doch auf dem Lande zerstreut. Eine Schilderung ihrer Lage ist daher ausserordentlich schwierig, zumal dieselbe je nach den Zonen und den einzelnen Ortschaften eine sehr verschiedene ist.

Alle am Anfange genannten eigentlichen Weberorte sind keineswegs ackerbautreibende Dörfer, es sind vielmehr Städtchen von 4000—6000 Einwohnern mit langen Strassenreihen von dicht an einander stehenden, meist zweistöckigen Häusern, und einer Bevölkerung, welche zu zwei Dritteln und mehr aus Webern, Spulern und Windern besteht; selten fehlt in einem Hause der Webstuhl. Die industriellen Arbeiter bilden den ärmeren und besitzlosen Theil der Einwohnerschaft; in Hüls besitzen von 1200 Weberfamilien nur etwa 100, in Anrath verhältnissmässig noch weniger ein Eigenthum, während in St. Tönis ein grosser Theil derselben besitzend zu sein scheint. Noch seltener als der Besitz eines Hauses ist natürlich der eines Gartens oder Ackers.

Der Erwerb eines „Eigenthums" ist das Ideal jedes Webers; ist damit der Anfang gemacht, so liegt darin der stärkste Sporn zu fleissiger Arbeit wie zum Sparen; das „Eigenthum" wird zur Sparkasse des Meisters, wie der Fabrikant seine Vorschusskasse bildet. Sie bieten einen freundlichen Anblick dar, die neuen auf den Aussensektionen belegenen einstöckigen rothen rankenumsponnenen Häuschen mit dem schmucken Ziegeldach, vom Garten umgeben. Im Innern halten sie auch meist, was sie von aussen versprechen; sie sind hoch und luftig, reinlich und ohne Staub, wie es die Arbeit erfordert, der Weber selbst mit sauberen Händen. Die „Fabrik", für zwei bis sechs Webstühle eingerichtet, ist geräumig genug; das Schlafzimmer ist oben in der Mansarde, zur Seite eine kleine Küche, ja neuerdings wird sogar ein „Fremdenzimmer" eingerichtet, in welchem sich die Familie am Sonntag aufhält. Solche Meister führen eine ganz behagliche Existenz. Indess sind es ihrer verhältnissmässig nur sehr wenige. Viele haben alte Häuser aus früherer Zeit und leben nicht viel besser als die grosse Mehrzahl der besitzlosen Weber.

Diese bilden den überwiegenden Haupttheil der Arbeiterschaft; sie sind nur im Stande für 90—120 Mark jährlich sich eine Werkstätte und eine Schlafkammer zu miethen. Die Wohnungsverhältnisse sind hier elend genug. Die Werkstätte ist in der Regel auch Küche und Wohnzimmer. Der eiserne Kochheerd steht an der einen Breitseite der Stube, der Geruch der Speisen verunreinigt die Luft und die Hitze wird namentlich für den Zunächstsitzenden unerträglich. In diesem Aufenthaltsraume drängt sich die ganze Familie zusammen; es spulen die einen Kinder, die andern spielen umher, die Mutter säubert die Kette und webt oder sie stillt den schreienden Säugling. Die neueren Häuser sind höher gestochen, die älteren sind oft nur so hoch wie der Webstuhl; häufig nimmt dieser fast die ganze Breite der Stube ein, meist stehen mehrere Stühle in derselben; die Luft ist dumpf und während des Kochens drückend heiss; im Winter kann nicht einmal gelüftet werden, weil der Weber durch die anstrengende Arbeit in Schweiss gebadet ist; im Sommer ist das Alles besser. Die Fenster sind oft blind und ein Halbdunkel herrscht selbst am Tage in dem Raume. In Vorst, in Niederkrüchten und andern Orten ist mitunter die Diele nur aus gestampftem Lehm, manchmal liegt das Haus tiefer als der Erdboden, oder es ist doch die eine Wand vollständig feucht. Auch giebt es wahre Räuberhöhlen: nur fünf Schritt im Quadrat, zwei Webstühle, ein ordnungsloses Durcheinander von Kochgeräthen, Esswaaren, Schnapsflaschen, Weberkämmen, starrendem Schmutz und inmitten dieses drei wüste Gesellen beim Mahle. Die Schlafkammern sind gewöhnlich auf dem Boden und nur bei den Wohlhabenderen für Eltern und Kinder getrennt. Am traurigsten sind die Zustände in Anrath, Hüls und Vorst, besser in St. Tönis und Süchtelen.

In den entlegenen ackerbautreibenden Dörfern bilden die Sammetweber das Proletariat. Waren es doch die Tagelöhner, jüngeren Söhne von Bauern und andere arme arbeitslose Menschen, welche sich bei günstiger Konjunktur der Industrie ergaben; natürlich haben sie damit ihr elendes Dasein nicht verschlechtert, aber dasselbe ist jammervoll genug geblieben. Da sie indess gewöhnlich nur ein oder zwei Webstühle besitzen und man auf dem Lande nicht so beengt lebt, so wohnen sie, wenn auch vielleicht in dumpferen und kleineren Stuben, so doch geräumiger, da Werkstätte und Aufenthaltszimmer häufig getrennt sind. In reicheren Dörfern giebt es mehr besitzende Weber; in Niederkrüchten z. B. soll ein Drittel derselben Landeigenthümer sein; ein Gewerbtreibender, der so sehr den Konjunkturen ausgesetzt ist, muss eben à deux mains produciren.

Die Arbeiter auf dem Lande wohnen billiger, wenn auch kaum besser als in der Stadt; ihre Lebensmittel beziehen sie aber entschieden theurer, ausgenommen die Fälle, wo sie selbst ein wenig Kartoffelland besitzen. Der Aristokrat des Dorfes, der „Bur“ verkauft nämlich die ganze Ernte direkt auf einem grösseren Markte; die Krämer, namentlich wenn sie Kredit geben, schlagen ungemein auf die Preise auf. In flotten Zeiten füllen sich die Seiten des Büchelchens, beim Rückgang der Konjunktur müssen sich die verschuldeten Weber alle Zahlungsbedingungen gefallen lassen. Einige Krämer haben z. B. in Hüls Häuser auf Spekulation gebaut und vermiethen dieselben ihren Schuldnern. Nun ist die Ausbeutung perfect. Die Arbeiter müssen nach dem Liefertage all ihr Geld dem Krämer einhändigen, und wenn sie sich Sonntags ein Gläschen Bier erlauben wollen, erst die Groschen dazu ausbitten. Konsumvereine sind aus naheliegenden Gründen auf dem Lande nicht entstanden; wohl hat man aber gesucht, auf zwei anderen Wegen sich gegen den wucherischen Detailhandel zu schützen: man benutzt die Boten, welche die Ketten bringen, um Lebensmittel und Kolonialwaaren aus der Stadt holen zu lassen, oder bezieht durch die Mitglieder der Weber-Union die billigen Kohlen, Kartoffeln, Erbsen und Bohnen.

Das Leben in den eigentlichen Weberorten ist ebenso theuer wie in der Stadt und daran liegt es denn auch, dass in ihnen die Löhne ebenso hoch sind hier wie dort. Zum andern Theile hat das darin seinen Grund, dass Viersen, Süchtelen und Kempen selbständige Centren darstellen, deren Einfluss durch hohen Lohn seitens der Crefelder Kaufleute paralysirt werden muss. Auch in entfernteren Dörfern beruht der Unterschied weniger darauf, dass die Preise, als vielmehr dass die Lebensbedürfnisse selbst geringere sind. In der Stadt stehen Wirthshäuser und Tanzlokale in Fülle neben einander, die ausserhalb der elterlichen Wohnung arbeitenden Mädchen stolziren Sonntags in Sammt und Seide; auf dem Lande gilt es für den Meister noch als ehrenrührig, alle Abend ins Wirthshaus zu gehn, das Familienleben ist in Folge der grösseren Unselbständigkeit der Kinder noch fester, es herrschen mehr patriarchalische Zustände. Aber die günstigen Konjunkturen durchbrechen auch diese; andere Sitten greifen Platz und eine grosse Verwirrung in allen Gewohnheiten tritt ein.

Die hausindustrielle Betriebsform stellt die Arbeit der Meister in der Regel unter keine andere Kontrolle, als unter die des Hungers. In guten Zeiten wird daher viel gefeiert und in allen Weberorten ist das Sprüchlein verbreitet: Montag: Liefertag, Dinstag: Liefertags-Schwager, Mittwoch: Stell-Justig (Ordnen des Stuhles), Donnerstag: Pungel-Donnerstag (der Stuhl wird angesehen und daran herumgepungelt), am Sonnabend ist es nicht mehr der Mühe werth anzufangen und am Sonntag muss man hellen (sich vergnügen). Gewöhnlich dauert die Arbeitszeit im Winter von 7—9 Uhr, im Sommer von 6 bis 8, im armen Dorfe Venrath sogar von 5—9 Uhr. Vor Feiertagen, Festen, Kirmessen und „wenn es drückt“ wird noch länger gearbeitet, um mehr Geld zu gewissen Terminen zu haben. Aber bei schlechten Konjunkturen genügt selbst die längste Arbeitszeit nicht; die Weber mit zwei bis vier unerwachsenen Kindern gerathen in Schulden und müssen regelmässig die Armenpflege in Anspruch nehmen. Erst wenn zwei bis drei Kinder am Webstuhl sitzen, können die Schulden getilgt und Ersparnisse gemacht werden; wenn dann die Familie oder die Geschwister zusammenbleiben und eine ordentliche Wirthschaft führen, so ist das die Periode, wo ein Eigenthum erspart werden kann. Es springt in die Augen, wie wichtig es für die Eltern ist, ihre Kinder so früh als möglich zum Verdienst zu bringen, denn lange bleiben sie doch nicht bei ihnen; die Söhne heirathen oft mit 22—23 Jahren Mädchen von 18—19 Jahren; beide verlassen ihre Eltern und überliefern sie sammt den jüngeren Geschwistern wiederum der Noth. Mit der Geburt der Kinder werden die Eltern arm, mit ihrem Heranwachsen reich, mit ihrer Verheirathung verfallen sie wieder der Dürftigkeit. Die Stimmung der Weber ist bei alledem natürlich keine rosige; sie charakterisirt sich am besten durch den Ausspruch: Wir müssen beten, arbeiten, hungern und dann droht man uns doch noch mit dem — Düwel!

Die frühzeitigen Ehen der Eltern, die frühe Arbeit der Kinder in gekrümmter Haltung und in überfüllten Räumen, der Branntweingenuss der Jünglinge haben in den eigentlichen Weberorten durch Vererbung bereits einen Weberstand mit all seinen specifischen Eigenschaften erzeugt[1]). Ein Weber von Kindesbeinen ist leicht zu erkennen: der Teint wächsern und matt, fast bleifarben, das Auge lebhaft, die Glieder schlank, die Arme fleischlos und dünn wie Kinderarme, die Hände zart und weiss, die ganze Gestalt athmet mehr Gewandtheit als Kraft, der Mann ist ein Schwächling, mit fünfzig Jahren „verschlissen", ein Schwindsüchtiger. Kein Wunder, wenn im Jahre 1872 in Kempen unter den Webern der ersten Konkurrenz nur 15 Procent tauglich waren; krumme Beine und Anlage zur Tuberkulose waren die häufigsten Ursachen. Das sind die erwachsenen Weber! Und nicht einmal das Kind im Mutterleibe wird geschont, denn auf das härteste trifft denselben der Schlag der Lade. Sehr vortheilhaft zeichnen sich die Weber aus, welche erst später diesen Beruf erwählt und ihre Jugend auf dem Felde oder im Walde zugebracht haben.

Geistig sind alle Weber lebendig. Ein bewegliches Auge, welches dem hin- und herschiessenden Schiffchen mit Aufmerksamkeit folgt und jeden zerrissenen Faden, jeden Fehler erspäht. Die Technik der komplicirteren Stoffe ist schon so schwierig, dass sie einen gewissen Scharfsinn und viel Kenntnisse erfordert; sogar die Sammetweberinnen gelten nicht als die dümmsten Mädchen im Dorfe, weil sie eine „kritische Arbeit" verrichten. Dazu kommt der äussere Schliff durch den öfteren Umgang mit Werkmeistern und Fabrikanten, denen gegenüber sie stets auf der Hut sind, und der häufige Verkehr in grösseren Orten und in Wirthshäusern. Wenn auch ohne tiefere Schulbildung, erscheinen die Weber durchgängig als intelligente und anstellige, aber furchtsam vorsichtige Männer. Das Gesellschaftslokal mit seinen beiden grossen braun tapezirten Räumen, welches die Weber-Union sich auf mehrere Jahre gemiethet hat, macht einen freundlichen Eindruck. Es war am Samstag Abend: anständig blickende Männer, den schwarzen Rock über der blauen Blouse, die einen hinter der Zeitung, die andern an einer Partie Karten, die dritten, alte Leute, unterhielten sich gedämpft; dabei mässig gutes Bier, Cigarren und Pfeifen, einzelne liessen sich ein räthselhaftes Abendessen geben, — das war die Siesta der Webermeister nach gethaner Wochenarbeit.

Es ist oft behauptet worden, namentlich mit Hinweis auf

---

[1]) v. Hirschfeld a. a. O., S. 169 u. 179. — Reybaud a. a. O., S. 37 ff.

die zahlreichen Messeraffairen nach dem Kriege, die Weber seien roher und verwahrloster geworden. Für jene Jahre trifft der Vorwurf zu; es galt derjenige als ein tüchtiger Bursche, welcher „fix mit dem Metz bei der Hand" war. Indess ebenso sicher ist es, dass seit dem grossen Rückgange 1872 sämmtliche Excesse abgenommen haben. Es behaupten vielmehr alte und besonnene Männer, es sei in dieser Beziehung gegen früher bedeutend besser geworden. Zahlenmässig wird das kaum festzustellen sein, schon der wechselnden Strafgesetzgebung wegen, doch sind sensationsbedürftige Journalisten und arbeiterfeindliche Fabrikanten die unzuverlässigsten Quellen. Bei Beurtheilung sittlicher Zustände wird man überhaupt nicht die Schwindeljahre 1871/72 zu Grunde legen dürfen, und selbst dann im Auge behalten müssen, inwieweit die Arbeiter mehr demoralisirt waren als alle übrigen Stände. Bei den Arbeitern wird die Zuchtlosigkeit sich mehr in Messeraffairen, bei Kaufleuten im Betruge äussern.

Die Sitten der Mädchen sind gemäss ihrer socialwirthschaftlichen Selbständigkeit natürlich verschiedene. Ihr ausserordentliches Ueberwiegen in den jugendlichen Altersklassen in Crefeld, ihr reichlicher Erwerb, die mangelnde Aufsicht in der grossen fremden Stadt, die stete Umgebung von Seide und Sammet zeitigen die Neigung zu Putz und zum Besuch der Tanzlokale. Die sitzende Lebensweise, die Langeweile und Abends die Einsamkeit, dieser schlimme Rathgeber, treiben die Mädchen in die Arme des Liebhabers[1]). Wie sollten sie auch anders den Sonntag verbringen? Haben sie nicht Geld genug erworben, jenen nöthigen Falls frei zu halten? Indess darf man ihnen damit keinen besonderen Vorwurf machen; derselbe trifft sämmtliche Mädchen am Rhein in den ärmeren und arbeitenden Klassen. Das Eingehen der Ehe in dem Sinne, dass ein Jüngling sich mit einer Jungfrau verbindet, kommt selten vor; die Volksitte ist vielmehr derart, dass der kräftige Jüngling sich ein Mädchen als „Schatz anschafft" und beide „zusammen gehen". Gelangen sie hiebei zu einem unerwünschten Ziele, so sind die Volkssitte und der Einfluss der Geistlichkeit so stark, dass sie sich in der Regel heirathen und uneheliche Kinder äusserst selten vorkommen. Sonst trennt sich wohl auch ein Paar, wenn es fühlt, nicht zu einander zu passen, und knüpft eine andere Verbindung an; eine derselben führt gewöhnlich zur Ehe. Da die jungen Leute vor der standesamtlichen Registrirung ihres Verhältnisses sich bereits nach allen Seiten kennen gelernt haben, so setzen sie sich auch keinerlei Enttäuschungen aus, sie haben sich in der That ganz

---

[1]) Es sei an den Monstreprocess im Jahre 1876 und an die Thatsache erinnert, dass die Reisenden am Niederrhein zum Karneval nach Crefeld zu kommen suchen.

gern und ihr eheliches Verhältniss ist in Folge dessen ein ganz glückliches. In den ersten Jahren wird fröhlich gelebt, in den späteren kommt mit den kleinen Kindern die Sorge und das Elend, in den letzten Jahren sind jene erwachsen und können mit erwerben, das Einkommen einer Familie steigt unter Umständen auf 1800—2400 Mark und ein Eigenthum kann erspart werden. In der Stadt, wo die Frau früher in einem Hülfsgewerbe thätig war, versteht sie oft nicht hauszuhalten; von einer rationellen Ernährung weiss sie gar nichts. Auf dem Lande ist es in vieler Hinsicht besser: die Verführung geringer, die Sitten ehrbarer, das Weib bleibt stets ein Glied des Hauswesens, von welchem es in der Stadt losgelöst ist und daher seinen natürlichen Boden verliert. —

Das ist es, was ich über die Lage der Arbeiter in Erfahrung gebracht habe.

Wie das Meer nie stille steht, mit der Fluth ewig weiter rollt, bald vor-, bald zurückgeht, so bleibt auch die wirthschaftliche Lage der Weber niemals auf gleichem Niveau und in ihrem endlosen Hin- und Herschwanken ist es Eines und nur Eines, wovon sie bestimmt wird. Die Thaten guter Fabrikanten bringen Wohlthaten nur an Einzelnen hervor, der Fleiss rechtschaffener Meister erleichtert die Noth ihrer Familien, alle diese Handlungen kommen nur in den beschränktesten Kreisen zur Geltung, werden aufgehoben durch den Einfluss grösserer Kräfte und haben auf die Masse keine Wirkung (Buckle). Endgültig wird die Lage der Kaufleute und Weber bestimmt durch die Konjunktur, unberechenbar in ihrem Entstehen, unabsehbar in ihrem Verlaufe, die Signatur des heutigen Wirthschaftslebens, — sie wirkt entscheidend. Ob die Weber eiu leichtsinniges Völkchen, ob sie gut essen und trinken, tanzen und singen, ob sie Excesse verüben oder friedlich leben, ob sie gesund sind oder krank, ob sie den Bourgeois oder Socialdemokraten spielen, — alles das hängt von der Konjunktur ab. Das Lebensschifflein des Webers wird bald hoch emporgeschleudert auf den Wellenhäuptern einer stürmischen Konjunktur, bald tief in das Chaos und in die Verzweiflung gezogen; selten schwellt auf ruhiger See ein stetiger Wind seine Segel.

Wie Naturprocesse sind die Konjunkturen bisher verlaufen, mit elementarer Gewalt die widerstandslosen Menschen mit sich fortreissend. Zum Theil wird das ewig so bleiben, soweit übermächtige menschliche und Naturereignisse sie beeinflussen; zum andern Theile vermag aber die geschärfte Beobachtung sie vorauszusehen und der bewusste Wille der Betheiligten Schranken aufzurichten, an denen die aufgeregten Wogen sich brechen.

Dritter Abschnitt.

Die Baumwollenindustrie in Gladbach und Rheydt.

I. Die allgemeinen Verhältnisse der Industrie [1]).

Das jüngste, am energischesten aufstrebende Industriecentrum auf dem linken Rheinufer bilden die Schwesterstädte Gladbach und Rheydt. Auch hier hat sich die Industrie auf Grundlage der Leinweberei entwickelt, welche ihren letzten Aufschwung in den Jahren nahm, als sie durch das Vorschieben der französischen Zollgrenze an den Rhein der westfälischen und schlesischen Konkurrenz überhoben wurde. Dasselbe Ereigniss rief aber auch ihren Todfeind in's Land. Schon gegen Ende des vorigen Jahrhunderts waren die Löhne des Wupperthales so hoch gestiegen, dass die einfachen baumwollnen Siamosen sie nicht mehr zu tragen vermochten und ihre Weberei in linksrheinische Faktoreien verlegt werden musste. Die Errichtung der Zollschranken durchschnitt nun diese Geschäftsverbindungen und veranlasste die Elberfelder Kaufleute oder deren Söhne überzusiedeln und die Bewirthschaftung ihrer Webstühle selbst zu übernehmen. So ist die Gladbacher Industrie eine Gründung bergischer Kaufleute mit einer von Anfang an hausindustriellen Verfassung. Aber noch einem anderen übermächtigen Feinde sahen die kleinen selbständigen Leinweber sich gegenüber: von Crefeld her drang unwiderstehlich in Viersen die Seiden- und Sammetindustrie ein. Sie und die Baumwollenindustrie waren im Stande, für ihre theureren Waaren höhere Löhne zu zahlen, erforderten geringere Kraftanstrengung seitens der Arbeiter und waren von intelligenten Kapitalisten geleitet. Als nun gar im Jahre 1813 die Konkurrenz der westfälischen und schlesischen Leinen wieder eintrat, ging die Leinweberei bis auf zerstreute Reste zu

---

[1]) Denkschrift über die Lage und Bedürfnisse der Baumwollenindustrie im Kreise Gladbach von Carl Busch 1848. — Vorstellung deutscher Baumwollenindustriellen an den Zoll-Bundesrath 1870. — v. Viebahn: Statistik d. R. B. Düsseldorf 1836, I, S. 167. — Bödiker a. a. O. — Die Jahresberichte der Handelskammer von Gladbach, namentlich für 1862; die Gladbacher und Crefelder Berichte stehen vollkommen auf der Höhe ihrer Aufgabe, sie sind reich an statistischem Material und überragen weit die Berichte aller anderen Handelskammern am Rhein in ähnlichen Verhältnissen.

Grunde. Dagegen hat die mechanische Flachsspinnerei sich entwickelt und beschäftigt in drei Fabriken in Düren, Viersen und Dülken etwa 2000 Arbeiter.[1])

Das Garn bezogen die Baumwollfabrikanten anfangs aus England, und nur künstlich in Folge der Kontinentalsperre schossen allenthalben in Bonn und Köln, an den Wasserläufen der Wupper, Erft, Ruhr und Sieg zahlreiche Spinnereien empor, auch im Gladbacher Bezirke. Aus ungenügendem Kapital entstanden, blieben sie bei kleinem, unvollkommenem Betriebe weit zurück gegen die Fortschritte der englischen Etablissements; es fehlte ihnen an einer soliden Grundlage, wie die Weberei sie an der bewährten Tüchtigkeit und Fertigkeit der Leinweber besass, es fehlte vor allem auch an Kapital, an Maschinen und an geeigneten Sorten Baumwolle. Zwar suchte man im Jahre 1815 einen Eingangszoll von 4 Thalern Bergisch vom Centner Garn zu erheben, wurde aber durch die vereinigte Agitation der Garnhändler, Türkischrothfärber und Weber gezwungen, ihn auf 1 Thaler herabzusetzen; erst 1830 wurde er in Folge der belgischen Konkurrenz auf 2 Thaler erhöht. Dieser niedrige Schutz konnte die Spinner nicht veranlassen, ihre Geschäfte zu vergrössern, wohl aber hinderte er das Exportgeschäft der Weber, da ihnen kein Rückzoll gewährt wurde. Nur die gröbsten Gespinnste, bei denen der Zoll einen höheren Procentsatz vom Werthe ausmachte, wurden hergestellt und fanden trägen Absatz bei den unbedeutenden Barchentwebereien der benachbarten Kreise. So siechte die Spinnerei bis in die Mitte unseres Jahrhunderts hin.

Die Weberei nahm einen glücklicheren Verlauf. Die alten, aus dem Wupperthale verdrängten Siamosen und baumwollenen Bettzeuge bildeten das Hauptfabrikat, welches durch Vervollkommnung in der Fabrikation und durch zunehmende Fertigkeit der Arbeiter sich bald befähigt zeigte, der englischen Konkurrenz selbst auf ausländischen Märkten die Spitze zu bieten. In den Jahren 1826—28 waren mehr als 6000 Webstühle mit etwa 10000 Arbeitern im Industriebezirke beschäftigt, deren Fabrikate nach Holland, Belgien, Hannover, Bremen, Hamburg und anderwärts verführt wurden. Die Grundlage dieser Absatzfähigkeit waren die niedrigen Löhne; je länger, je mehr zeigte es sich aber, dass sie doch noch höher standen als diejenigen Schlesiens, Sachsens und des bayrischen Voigtlandes. Nach der Bildung des Zollvereins machte dieser Umstand sich ganz besonders empfindlich geltend, zumal gleich-

[1]) In der Gegend von Burgwaldniel zählt man noch 1000 Webstühle auf Leinen, Gebild und Damast; die mechanische Weberei beschäftigte im Bezirke der Gladbacher Handelskammer 200 Stühle, in Heinsberg 1876: 130, 1877: 97 Arbeiter. — In den beiden Viersener und Dülkener Flachsspinnereien zählte man 1874: 17580 Spindeln mit 1078 Arbeitern und einer Jahresproduktion von $3^3/_4$ Mill. M., in der Dürener 1877: 1010 Arbeiter.

zeitig der Zoll auf Garne erhöht wurde und die einfachen Artikel, bei denen es weniger auf Schönheit des Stoffes, Neuheit und Geschmack des Musters als vielmehr auf den niedrigsten Preis ankam, wurden rasch von den meisten Märkten verdrängt.

Die Fabrikanten hatten rechtzeitig die Nothwendigkeit erkannt, den untergehenden Artikel zu verlassen; sie begannen baumwollene Rock- und Hosenzeuge mit so grosser Energie herzustellen, dass die Hosenstoffe im Jahre 1838 schon ein Drittel aller Etablissements beschäftigten und in den 1840er Jahren fast den einzigen Artikel der Industrie bildeten. Aber die Konkurrenz Sachsens, Würtembergs und Badens entriss Gladbach namentlich vermöge der billigeren Löhne auch diesen Artikel, und durch die Baumwolltheuerung während des amerikanischen Krieges und durch schlechte Qualitäten kam derselbe so herunter, dass er in den 1860er Jahren als kaum vorhanden bezeichnet werden konnte. An seine Stelle traten die Biber- und halbwollnen Stoffe [1]) in den 1840er und 1850er Jahren, welche sich bis heute erhalten haben. Dazu kam im Jahre 1867 die Zanellaweberei und im letzten Jahrzehnt hat man die baumwollenen Rock- und Hosenzeuge wieder aufgenommen. Der Antheil der einzelnen Artikel an der Gesammtproduktion ist je nach den Konjunkturen grossen Schwankungen ausgesetzt. Gemäss einer Statistik der Gladbacher Handelskammer für ihren Bezirk vom Jahre 1874 stellten 17 Fabriken auf 458 Kraftstühlen 82342 Stück Nessel und auf 1693 Stühlen 321680 Stück Biber, Ombre und dergleichen im Gesammtwerth von $10\frac{1}{2}$ Mill. Mark her; bedeutender war die Buntweberei, welche in 51 Fabriken 4661 Stühle beschäftigte und 540529 Stück für 18 Mill. Mark anfertigte. Dagegen gingen am 1. December 1875 im Kreise Gladbach in der Weissweberei 3217, in der Buntweberei 3067, am 1. April 1878: 1990 bezw. 3131 Kraftstühle.

Die Gladbacher Industrie ist vorzugsweise auf die Herstellung wohlfeiler Bekleidungsstoffe für die Landbevölkerung und die Arbeiter angewiesen. Das Erforderniss der möglichsten Billigkeit, um das Absatzgebiet zu erweitern, und die Fähigkeit der Artikel, bei der Regelmässigkeit ihres Geschäftsganges und der Massenhaftigkeit ihrer Produktion grosse Kapitalanlagen stetig auszunutzen, führten bald zur Einführung der mechanischen Spinnerei und Weberei. Die erstere schliesst sich an ein Fabrikat, welches im Jahre 1840 auftrat, an den sogen. Baumwollbiber, einen Stoff aus dünner und festgedrehter Kette

[1]) Es wurden halbwollne Waaren producirt 1852: 100000 Stück für $1\frac{1}{4}$ Mill. M., 1853: 135000 Stück für $1\frac{1}{3}$ Mill. M. — 1864 gingen in 16 Fabriken 1070, 1866 in 20 Fabriken 1400 Kraftstühle auf halbwollne Zeuge. — Die Zanellaweberei beschäftigte 1872: 7 Fabriken mit 450 Stühlen, auf rein wollene Stoffe gingen einige 100 Stühle.

und sehr dickem und lose gesponnenen Schuss, zu welch letzterem sich besonders die sehr billigen groben Garne aus ostindischer Baumwolle eigneten. Anfangs hegte man das Vorurtheil, es sei das mit den neuen englischen Maschinen gesponnene Garn unpassend für das Gewebe, und das einheimische, „griffige“ Handgespinnst stieg weit über den Preis des entsprechenden englischen. Nun begannen gute Zeiten für die Spinner und durch den Mangel an Garnen gezwungen, richtete man im Jahre 1845 die erste mechanische Spinnerei ein; der Erfolg war ein günstiger und 1856 bezog die Weberei ihre Garne schon zum grössten Theile aus diesen Spinnereien. Die alte Handspinnerei, diese als Vorschule der Arbeiter so wichtige Industrie, welche 1838 in 19 Fabriken 32000 Spindeln und 1848 an 900 und 1851 gar an 1200 Arbeiter beschäftigt hatte[1]), ging rapide zurück; in den Jahren 1855—57—59 verminderte sich die Zahl der betriebenen Rowingsmaschinen von 40--10—8 und die der Arbeiter von 840—215 auf 170. In den 1860er Jahren war die Handspinnerei völlig erloschen.

Seitdem entstanden fortwährend neue mechanische Spinnereien und mit dem Anwachsen des Kapitals wurde ihr Betrieb vergrössert. Ursprünglich mehr für grobe Gespinnste angelegt, nahmen sie später mit gutem Erfolge die Fabrikation geschlichteter Ketten und der höheren Mulenummern bis zu 30 auf; auch Watergarne, hauptsächlich No. 20 wurden vielfach gesponnen Die Produktion des Handelskammerbezirks belief sich im Jahre 1874 mit 115785 Mulespindeln auf 16½ Mill. Pfund Garn No. 4—30 und mit 164.274 Waterspindeln auf 12½ Mill. Pfd. Garn No. 8—30 im Gesammtwerthe von 26 Mill. Mark. In den gröberen Garnen hat seither eine genügende Entwickelung stattgefunden; der deutsche Konsum wird durch die deutsche Produktion gedeckt und diese kann sogar zuweilen mit England konkurriren; in den höheren Nummern 24—60 gelingt ihr dies nur unter den schwersten Kämpfen; die höchsten Nummern werden überhaupt nicht in Deutschland gesponnen. Das liegt z. Th. an dem mangelndem Schutze, da der Einheitssatz von 6 Mark pro Centner nach metrischer Numerirung ausmacht bei Nr. 10—20: 8—6 Procent vom Werthe, bei Nr. 20—60: 6—4 Procent, bei Nr. 60—120: 4–2 Procent, bei Nr. 120—300: 2—½ Procent vom Werthe. Je feiner demnach die Garne, je mehr sie Anspruch an Talent, Erfindungsgabe und Aufmerksamkeit erheben und mit je höherem Arbeitslohn sie belastet sind, einen desto geringeren Schutz geniessen sie. Dieses System hat die berühmten elsässischen

---

[1]) Die Handspinnereien verspannen 1848 mit 900 Arbeitern 1¾ Mill. Pfund ostind. Baumwolle, und producirten 1851 mit 1200 Arbeitern 2.15 Mill. Pfund Einschlaggarn, woraus 148000 Stück à 60 Ellen hergestellt wurden.

Feinspinnereien genöthigt, ihre Fabrikation auf gröbere Garne einzurichten, in welchen sie jetzt Deutschland grosse Konkurrenz bereiten[1]).

Die mechanische Weberei nahm gleichfalls einen grossen Aufschwung; anfangs für Nessel, Satin und Beaverteen eingerichtet, erwies sie sich dafür weniger erfolgreich als später für gröbere Gewebe wie Biber. Handwebstühle, deren es 1838: 4603 und 1861: 6629 gab, zählte man im Jahre 1875 nur noch 1401; sie erhalten sich namentlich in der Buntweberei, und es werden auf ihnen Garne verarbeitet, welche aus Abfällen gesponnen und daher leicht zerreissbar sind. Der Kraftstuhl bedarf besseren Materials, soll derselbe viel, d. h. billig produciren; das Spulen und Weben des Abfallgarns würde zu langsam gehn. Daher wird es alten Männern, die in ihrem Winkel geblieben, und Frauen, deren Zeit sonst im Winter brach liegen würde, übergeben; Kinder spulen es sehr vorsichtig, die Mutter selbst leitet den Faden, und wo sie ihn zu dünn findet, reisst sie ihn ab, damit das Weben keinen Aufenthalt erleidet. Lange wird es nicht dauern, so wird auch hier die Handweberei verschollen sein. Die Handdruckerei ist schon durch die Perrotin- und Rouleauxdruckerei ersetzt worden, und diese wirkt durch ihre schönen Muster auf den Absatz. Hier eine Statistik der Entwickelung des mechanischen Betriebes im Bezirke der Handelskammer (Kreise Gladbach und Grevenbroich und Stadt Dülken):

Jahr	Spinnereien	Spindeln	Webereien	Kraftstühle
1856	—	45276	—	300
1858	14	71072	—	1001
1861	19	103088	—	1491
1869	33	231000	42	4500
1874	35	280059	68	6705

Der Fabrikbetrieb hat in der Gladbacher Industrie gesiegt und zwar in der Form der selbständigen privaten Unternehmung. Wohl kommt es vor, dass junge Anfänger, kapitallose Kommis, etwa 25 an der Zahl, sich hier und da Raum und Dampfkraft für ihre Stühle miethen; ja es gibt sogar zu diesem Zwecke eine „Bundesweberei“, wo sie in fremdem Lokal so lange arbeiten, bis sie im Stande sind, sich selbständig zu etabliren; auch besteht seit langer Zeit eine grosse Aktiengesellschaft für Spinnerei und Weberei, welche sich für einfache Artikel gut bewährt hat; — aber diese beiden Unternehmungsformen verschwinden gegenüber der grossen Masse der Fabrikbesitzer.

[1]) Mittheilungen des Vereins zur Wahrung der gemeinsamen wirthschaftlichen Interessen in Rheinland und Westfalen 1876, S. 157.

Was ist nun in erster Reihe erforderlich zur Gründung einer Fabrik? Ein Anlage- und ein Betriebskapital! Wer besass dasselbe oder wer war im Stande, es aufzubringen? Die früheren hausindustriellen Kaufleute oder kaufmännisch gebildete Geschäftsmänner! In ihren Händen ruht die gesammte Leitung der Industrie.

Die Errichtung einer Fabrik ist technisch nicht sehr schwer: Ingenieure zeichnen den Plan und die Maschinen werden aus England, welches sie näher und besser liefert als Sachsen, verschrieben. Alle jemals gemachten Erfahrungen haben den hauptsächlich erst in den letzten 10—15 Jahren entstandenen Etablissements vorgelegen, es ist viel Raum in ihnen vorhanden, viel Luft und Licht, auf Gesundheit und Schutz des Lebens ist mehr Bedacht genommen als anderweit; nirgendwo hängt ein Bleigewicht veralteter Tradition. Die Anlage des Kapitals von Seiten der Technik ist also vortrefflich; die Leitung der Technik seitens der Kapitalisten lässt aber noch viel zu wünschen übrig.

Es sind ja Kaufleute, welche an der Spitze der Fabrik stehen. Nur wenige, im besten Falle nur äusserst wenige Spinnereibesitzer haben nach Beendigung der Schule zu Hause ein bis zwei Jahre in der Fabrik und eben solange auf dem Komptoir gearbeitet, sind dann nach Liverpool gegangen, um den Baumwollenhandel zu erlernen, und haben in einer Maschinenbauanstalt oder Spinnerei Manchesters ihren Kursus beendet. Gewöhnlich wird schon in der allgemeinen Bildung viel versäumt und erst in den letzten Jahren ist ein Gymnasium eröffnet worden. Die Söhne der Fabrikanten sind zu vornehm, halten sich meist nur kurze Zeit in der Fabrik auf und lassen sich so bald als möglich im bequemeren Komptoir nieder. Dann gehen sie manchmal nach Manchester, wo man sie übrigens nicht sehr gern aufnimmt, weil die Spinner ihre zukünftige Konkurrenz fürchten und die Maschinenbauer es nicht leiden wollen, dass die jungen Deutschen in Glacéhandschuhen herumstolziren, ohne Hand an's Werk zu legen. Die technische Ausbildung ist daher vielfach eine recht dürftige, und um die gegenseitigen Mängel auszugleichen, associiren sich einige Kapitalisten mit tüchtigen Technikern; andere, welche durch die allgemeine und die kaufmännische Leitung der Unternehmung vollauf beschäftigt sind, halten sich englische, sächsische und schweizer Spinnmeister. Im Ganzen besitzen noch die Spinner eine bessere technische Bildung als die Weber und die letzten Jahre der Noth haben sie gelehrt, ihre Söhne ernsthaft arbeiten zu lassen und häufiger in englische Fabriken zu schicken. Bei den Webern ist die Wirksamkeit der Kapitalanlage eine nicht so bedeutende, das Produkt erhält nicht in dem Masse seinen Werth durch die Maschinen, die Ausnutzung derselben ist nicht so entscheidend für die Rentabilität der Gesammtunternehmung, das Hauptgewicht liegt noch in der kaufmännischen Leitung und es ist der Sporn zur technischen Ausbildung bei diesen Kapitalisten noch nicht so mächtig; Reisen nach England zu technischer Ausbildung kommen kaum vor.

Während in Gladbach die kaufmännisch-kapitalistischen Gründer der Industrie in den letzten Jahren immer mehr anfangen, sich mit dem technischen Betriebe vertraut zu machen, spielt in England sich der umgekehrte Process ab. Dort waren die Gründer der Industrie vielfach Arbeiter, Techniker, und zwar nur Techniker, welche lediglich ihren Maschinenbetrieb, diesen aber auch gründlich kannten; den Absatz besorgten Kommissionäre und es ist charakteristisch, dass es vielfach deutsche, namentlich Frankfurter Juden, waren, welche sich zu diesem Zwecke als Grosshändler daselbst etablirten. Erst in der neueren Zeit bestreben sich die blossen Techniker auch den kaufmännischen Vertrieb direkt in die Hand zu nehmen, um sich der Zwischenhändler zu entledigen.

Die technische Ausbildung der Arbeiter steht auf der Höhe ihrer Fabrikanten. Von einem alten Arbeiterstamme kann bei der jungen Fabrikindustrie noch nicht die Rede sein; man hat die Leute genommen, wo man sie gefunden. In der Weberei sind am gesuchtesten die früheren Handweber. Den ungeübten Kräften giebt man möglichst billige Garne, damit der Verlust beim Verderben des Stückes ein geringerer sei, und in zwei bis drei Wochen können sie angelernt sein; um jedoch 2—2½ schmale oder 1—1½ breite Stühle zu bedienen, müssen sie ein halbes oder ein Jahr arbeiten. Aus den geschicktesten und gewissenhaftesten Webern werden innerhalb ein bis zwei Jahren leistungsfähige Kettenscherer und Bäumer; oft werden diese auch der Zahl der Handweber entnommen. Obwohl die Weber die zahlreichste Arbeiterklasse in den Webereien bilden, machen sie in einer mir bekannten Fabrik für halbwollne Zeuge doch nur 35 Procent aus, die Spuler 25 Procent, der Rest vertheilt sich auf allerlei Arbeiter in den Nebengewerben. In der Spinnerei ist das Erforderniss an gelernten Arbeitern ein grösseres. Nach Angabe des Fabrikinspectors Dr. Wolff[1]) müssen 6 Procent etwa 4, 26 Procent 2—3, 17 Procent 1—2 und 7 Procent ½—1 Jahr gelernt haben; der Rest besteht aus Arbeitern, welche in vier bis sechs Wochen nothdürftig angelernt werden können; namentlich in der Feinspinnerei soll es an tüchtigen Arbeitern mangeln. Die Unzufriedenheit der Fabrikanten über schlechte Leistung ist eine ziemlich allgemeine; doch frägt man sie: Was haben Sie denn gethan, um die Leistungsfähigkeit zu erhöhen? so lautet die Antwort: Nichts! ein besonderes Lehrlings-

[1]) Kgl. Regierung zu Düsseldorf Acta I. III. 5. 5½.

wesen kennen wir nicht, die Kinder lernen es von selbst! Erwägt man nun die ungesetzlich lange Arbeitszeit, (wie später ausgeführt werden soll), den minimalen Lohn und diese Gleichgültigkeit der Fabrikanten gegen die technische Ausbildung, so ist es klar, dass die Kinder eben nichts von selbst lernen und ihre Arbeitsintensität eine ganz geringe ist. Wer will da noch den Spinnern die Kinder zu längerer Arbeitszeit ausliefern, um ihre „technische Ausbildung zu vervollkommnen"!

Die Fabrikanten sind nicht Techniker von Fach und man kann sich nur freuen, wenn sie in letzter Zeit ihre und ihrer Werkmeister mangelhafte Ausbildung zu verbessern suchen; namentlich die Rheydter Herren haben sich ein Verdienst dadurch erworben, dass sie ein Technikum in ihre Stadt gezogen haben. Die Fabrikanten sind in erster Reihe Kaufleute. Früher wurde das Geschäft auf den Messen gemacht; je mehr Fabriken entstanden und grössere Firmen sich selbst Bestellungen aufsuchten, desto weniger kam die Kundschaft auf die Messen und die kleineren Häuser verloren ihren directen Absatz. Diese sind nun auf die Grosshandlungen in der Stadt angewiesen; andere Firmen haben ihre Agenten in den verschiedenen Städten, welche gegen Provision die Kommissionsgeschäfte besorgen; Reisende halten nur wenige Häuser. Wie steht es nun um die kaufmännischen Verhältnisse der Industrie? Das ist ein gar trauriges Kapitel. Der Handel mit Manufakturwaaren steht leider noch nicht auf der Höhe der kaufmännischen Ehre und Moral.

Die Käufer erachten sich keineswegs immer an den abgeschlossenen Kaufvertrag gebunden und die Schwierigkeit, wie sie in der Natur dieser Artikel liegt, eine vollständige Gleichheit der Qualität in jedem Theile einer Lieferuug nachzuweisen, begünstigt wenig gerechtfertigte Ausstellungen sehr. Stets wenn die Preise herabgehen und die Käufer sich von den versprochenen höheren befreien wollen, werden die Fabrikanten durchgängig zu weitgehenden Koncessionen in den Preisen genöthigt, wenn sie sich nicht zweifelhaften Processen aussetzen wollen. Ein anderer Missstand liegt in der Art der Zahlungsbedingungen, behufs deren schärferer Begrenzung eine Einigung eines grossen Theiles der Fabrikanten im Jahre 1872 stattfand. Doch hatte dieselbe nicht den gewünschten Erfolg; die jungen Häuser kennen noch nicht die Usancen und besitzen keine Geschäftskunde und werden erst bei zunehmender kaufmännischer Bildung und wachsendem Ehrgefühl zur Erkenntniss gelangen, dass genau festgesetzte und gehaltene Bedingungen im Interesse sowohl der Käufer wie Verkäufer liegen.

Seitens der Fabrikanten kommt das Nichteinhalten eingegangener Lieferungsverträge häufig vor. Die Exporteure z. B. sehen die Waaren, welche sie bestellen, selten oder nie; sie erhalten eine Musterkarte, wonach sie zunächst die Lieferung beurtheilen und welche sie dem überseeischen Korrespondenten einsenden, der sich dann ihrer zum Verkauf der Waaren bedient. In Folge der unerklärlich billigen Preise der belgischen Konkurrenz wurde nun im Jahre 1868 ermittelt, dass die dortigen Fabrikanten, selbst die von geschäftlicher Bedeutung ersten Ranges, in die Waaren z. B. bis zu 40 Procent weniger Garn einschlugen als in die Muster und dass nur das obere Ende des Stückes einigermassen mit dem Muster übereinstimmte. Dieser verwerfliche Gebrauch fand auch in Gladbach Nachahmung.

Der Krebsschaden der Gladbacher Industrie ist das allgemein übliche ganz masslose Verschlechtern der Qualitäten. Sobald ein Fabrikant einen Artikel mit Glück aufgegriffen hat, kommt ein anderer hinter ihm her, verändert die Fäden, macht das Gewebe etwas leichter und bietet das Zeug statt für 2 Mark um 1.80 Mark an. Der Kunde sieht den Stoff, er ähnelt dem andern vollkommen, und damit sein Nachbar ihn nicht billiger verkaufe, nimmt er ihn. Nach ein paar Monaten kommt ein dritter, der das Zeug etwas schmäler gemacht hat und es für 1.60 Mark verkauft, dann ein fernerer, der unechte Farben genommen, einer, der die Appretur verändert, endlich einer, der wer weiss was für eine neue Verschlechterung ersonnen hat, ja es kommt sogar vor, dass der Eine vom Andern sich ein Muster verschafft und dasselbe zu billigerem Preise anbieten lässt, ohne zu wissen, ob und wie er zu demselben wird liefern können. Nach Verlauf einiger Zeit ist der Artikel auf 1 Mark herabgedrückt. Jetzt wird der Kunde stutzig; er merkt, dass der Artikel nichts mehr werth ist und kauft ihn nicht mehr. Nun wird ein anderer Artikel vorgenommen und in Folge der Konkurrenz der Fabrikanten unter einander und der Unwissenheit der Kunden in kurzer Frist wieder so heruntergebracht, dass er unverkäuflich wird. Von einer Standesehre, welche eine Waare in gewisser Güte und zu gewissem Preise festhält, ist keine Rede; die Industrie ist noch jung, eine Specialisirung existirt noch nicht und Jedermann macht, was vorkommt. Das ist in Elboeuf und Sedan ganz anders; dort hat der Fabrikant seine Specialität, sie sei eine gute oder mittlere Sorte je nach Tüchtigkeit und Auswahl des Fabrikanten, aber es ist seine Specialität, welche er zu verbessern trachtet, an welcher er festhält und die er zu festen Preisen durch den Kommissionär verkauft; daneben hat er auch andere schlechtere Sorten, welche er auf Verlangen vorlegt. Das Geschäft ist hier viel solider; in der jungen Fabrikstadt Gladbach fehlt aber beides: die soliden alten Geschäftssitten wie die neuen technischen Kenntnisse.

Der Fabrikant ist drittens Kapitalist; aus der Rücksichtnahme auf sein Kapital enthüllen sich fast alle Beweggründe seines Handelns. Der Kapitalist ist es, der die Fabrik gegründet und ihre Leitung angetreten hat, nicht so sehr seiner technischen und kaufmännischen Eigenschaften wegen, als weil er dem Haupterforderniss, dem Kapitalbesitz, genügte. Ist aber einmal die Kapitalanlage gemacht, so stellt sie sich fast unabhängig von ihm hin und beherrscht ihn durch sein Streben nach ihrer möglichsten Ausnutzung fast vollständig. Zunächst enthält sie den steten Drang nach Ausdehnung. Wird doch von derselben eine grössere Ausnutzung der Anlagen und Einrichtungen, die Ermässigung der Generalspesen und die fortschreitende Aneignung der neuesten und besten Maschinen und dadurch die volle Konkurrenzfähigkeit bedingt. Die einmalige Fabrikanlage wird auf lange Zeit hinaus ein Sporn, die Reinerträge eines Jahres immer wieder zur Erhöhung der Rentabilität einzuschiessen und damit das in der Industrie angelegte Volkskapital zu vermehren, als dessen Depositar der Fabrikant erscheint. Diese kapitalbildende Thätigkeit ist eine seiner volkswirthschaftlichen Aufgaben und indem er ihr mit Treue und Redlichkeit nachkommt, trägt er zu dem wirthschaftlichen Ruhme seines Vaterlandes bei. Wie beim handwerksmässigen und hausindustriellen Betriebe die höchste Produktivität dadurch erzielt wird, dass der wichtigste Produktionsfaktor, die Arbeitskraft, den Meistern frei und und unbeschränkt angehört, so wird der beim Fabrikbetriebe wichtigste Produktionsfaktor, die Kapitalanlage, am energischsten ausgenützt und vermehrt, wenn sie im Privateigenthum des Fabrikanten steht. Beim hausindustriellen System ist für den Fabrikanten das Betriebs-, beim Fabriksystem das Anlagekapital das wesentliche; dort spielt der Arbeitslohn. hier die Kapitalverzinsung die Hauptrolle. Daraus erklärt sich das verschiedene Verhalten bei Krisen.

Fand beim hausindustriellen Betriebe der Fabrikant keinen Absatz, so wurden die Weber einfach entlassen; was aus ihnen wurde, galt ihm ziemlich gleich; besass er doch selbst nur ein kleines Betriebskapital, welches er nicht in gefahrvolle und unrentable Unternehmungen stecken wollte, sondern lieber liegen liess oder in sicheren Papieren zeitweilig anlegte. Die erwähnte Erhöhung des Garnzolles im Jahre 1830, welche den Spinnereien einen unvollkommenen Schutz auf Kosten der Weberei gewährte, verbunden mit anderen Ursachen brachten es dahin, dass in der Gladbacher Gegend von den früher für das Ausland beschäftigten 6—7000 Webstühlen nur noch 1000 bis 1500 im Gange blieben, der Arbeitslohn in kurzer Zeit um 50 Procent und für einige Artikel noch tiefer sank und ausserdem eine grosse Zahl von bisher für das Inland beschäftigten Arbeitern ebenfalls entlassen werden musste.[1]) Auch die alten Handspinnereien erforderten noch wenig Kapitalanlage und

[1]) Busch a. a. O. S. 9.

konnten leichter ausser Betrieb gesetzt werden. Im Jahre 1848 z. B. verminderte man während der Monate April, Mai und Juni die Arbeitstage auf vier in der Woche, vergütete aber den Lohn für fünf Tage, um sich vor dem Verlust der Spinner zu bewahren, welcher bei dem grossen Aufschwunge der Biberfabrikation ungemein fühlbar gewesen wäre. Die mechanischen Spinnereien konnten schon damals sich mit einer solchen Beschränkung der Arbeitszeit nicht behelfen, „weil bei der Bedeutendheit des Anlagekapitals ein zu grosser Zinsenverlust durch zeitweiligen Stillstand verursacht worden wäre."

Es ist also keineswegs Sentimentalität, wenn die Arbeiter nicht entlassen werden, vielmehr fordert das in die Fabrik eingesteckte Kapital gebieterisch seine Verzinsung und kann dieselbe um so weniger entbehren, je mehr die Existenz des Fabrikanten lediglich von dem Ertrage seiner Unternehmung abhängt und je grösser der Antheil des geliehenen Kapitals ist, mit welchem er arbeitet. Wenn seine eigene wirthschaftliche Existenz auf dem Spiele steht, nimmt er auf Andere wenig Rücksicht, und über den Ruin seiner Waaren, seiner Arbeiter, ja viel weiterer Kreise schreitet er hinweg, um nur nicht selbst zur wirthschaftlichen Leiche, zum Bankrotteur, zu werden. In kritischen Zeiten vor die Alternative gestellt: entweder die Produktion einzustellen, damit zu falliren und die Maschinen verderben zu lassen, oder mit dem minimalsten Kostenaufwande die Fabrikation der verkäuflich bleibenden Stapelartikel fortzusetzen und bei einer Verlängerung der Arbeitszeit und Verminderung des Arbeitslohns doch noch nothdürftig eine Verzinsung des Kapitals zu erreichen, — hat der Fabrikant bereits die Freiheit der Wahl verloren, sein Banquier oder seine eigene Haushaltung mahnen ihn an das Geld; rastloser denn je setzt er die Maschinen in Gang, und inmitten der allgemeinen Ueberproduktion tragen viele dazu bei, die Lagerbestände noch höher anwachsen zu lassen. Alte Firmen mit amortisirtem Anlagekapital oder Aktiengesellschaften, welche direkt keine Erträge zu geben brauchen, sind viel eher in der Lage, die Fabrikation einzuschränken und eine richtige Produktionspolitik zu befolgen, wobei dann wie in einer Wollspinnerei bei reducirter Arbeitszeit die Generalkosten bis zu 30 Procent des Gesammtertrages steigen können.

Nur bei einer Art von Krisen tritt eine Beschränkung der Produktion allenthalben ein, nämlich bei Theuerungen der Baumwolle, weil dann ein aufgespeichertes Lager selbst bei den niedrigsten sonstigen Gestehungskosten unverkäuflich bleiben würde. Als typisches Beispiel kann die grosse durch den amerikanischen Bürgerkrieg hervorgerufene Krisis gelten. Dieselbe wurde auch für Gladbach verderbenbringend. Die Einwohnerzahl der Stadt, welche sonst jährlich um mehr als 1000 Personen zunahm, verminderte sich von 1861 auf 1862 um 424;

von den Spinnereien waren Ende 1862 nur noch 11 in mehr oder minder eingeschränktem Betriebe, 4 und zwar die kleineren hatten aufgehört zu arbeiten und 4 neuerbaute ihren Betrieb gar nicht eröffnet. Die Konkurrenz drückte das Verdienst der Fabrikanten aufs äusserste, da bei vermehrter Spinnkraft wenig Rohstoff zu verspinnen war. Doch auch jetzt durften die Spinnereien nicht ganz ausser Betrieb gesetzt werden: ausgebildete Arbeiter hätten entlassen werden müssen, Absatzverbindungen wären unterbrochen worden und nicht so rasch zu erneuern gewesen, für die Verzinsung des Anlagekapitals wäre eine Unterbrechung eingetreten und den Maschinen die Ruhe nachtheiliger gewesen als der Betrieb; die 10 Procent Amortisation, welche sie bei letzterem erfordern, erschienen beim Stillstand zu wenig, ganz abgesehen davon, dass die ruhende Maschine beständige Pflege durch Reinigung und Oelung erfordert. Solange daher irgend Aussicht auf Besserung der Zustände vorhanden war, wurde fortgearbeitet, selbst wenn Zinsen und Amortisation nicht gedeckt wurden. In den Jahren 1862 und 1863 waren nur ein Drittel der vorhandenen Spindeln in Betrieb, die Produktion war aber eine noch weit geringere geworden, weil Baumwollenabfälle jeder Art versponnen wurden; hiefür waren Maschinen ganz neuer Konstruktion thätig, welche später wieder überflüssig wurden. Die Folgen so schwieriger Zeiten waren theilweise Entlassung der Arbeiter und Reduktion der Arbeitszeit. In der Handweberei von Biber zeigte sich auch diesmal die geringere Gebundenheit des hausindustriellen Betriebes; der überwiegend grösste Theil der Hausweber wurde entlassen und das traf besonders hart diejenigen Arbeiter, welche, im Sommer mit landwirthschaftlicher Arbeit oder bei Bauten beschäftigt, in den Wintermonaten lohnendes Verdienst als Weber zu finden gewohnt waren.

Eine schmerzliche, weil unverschuldete Krisis hat Gladbach in den Jahren 1875—78 durchzumachen gehabt. Dieselbe ist wohl kaum auf Rechnung einer vorangegangen Ueberproduktion zu setzen, da nach obiger Tabelle das Anwachsen der Industrie von 1869—74 ein normales zu nennen ist. Die Gründe sind vielmehr in der Konkurrenz des Elsasses und Englands, vor allem aber in dem Rückgange des Konsums im Inlande zu suchen, obwohl er bei den Gebrauchsartikeln des Volkes verhältnissmässig am spätesten und überhaupt nicht mit solcher Heftigkeit wie für Aachen oder gar für Crefeld eingetreten ist. Dennoch liegt ein grosser Theil der Industrie darnieder und es lässt sich auch dieses Mal beobachten, wie die Fabrikindustrie vergleichsweise stetiger fortarbeitet als die Hausindustrie. Das zeigt sich aus einer Nebeneinanderstellung ihres Bestandes.

Im Kreise Gladbach gingen	1. December 1875	1. April 1878	Abnahme in %
Spindeln für Baumwolle	253132	187682	25
Kraftstühle für Baumwolle . . .	6284	5121	18
Handstühle für Baumwolle . . .	1401	1022	27
Sammet- und Sammetbandstühle .	4809	3045	37
Seiden- und Seidenbandstühle . .	2062	1541	26

Die Abnahme der Sammet- und Seidenstühle würde noch beträchtlicher erscheinen, wenn man das Jahr 1872 zum Ausgangspunct nähme. Die Anzahl der Kraftstühle auf halbwollne Zeuge hat sogar von 3067 auf 3131 zugenommen und es ist in erster Reihe die Weissweberei, welche von der schlechten Konjunktur betroffen wird; bei ihr betrug die Abnahme 38 Procent, nämlich von 3217 auf 1990 Stühle. Hand in Hand mit der Entlassung der Arbeiter ging die Reduktion der Arbeitszeit und des Lohnes, woraus sich ein Sinken des Wochenverdienstes ergeben hat, wie es in Anlage IX mitgetheilt wird.

II. Die Lage der Fabrikarbeiter.

Zur Zeit des handwerksmässigen und hausindustriellen Betriebes war die Winderei, Schererei, Färberei, Appretur und Vorspinnerei in den kleinen Städtchen Gladbach, Rheydt und Odenkirchen koncentrirt, der Haupttheil der Arbeiter, die Weber, waren weithin über das Land zerstreut und nur ein steinalter Leinweber, der Ueberrest der frühesten Schicht der Industrie, lebte in ersterem Orte. Gewöhnlich waren es Bauern, deren Söhne und Töchter sich an den Webstuhl setzten, wenn die paar Morgen Land für die zu zahlreich gewordene Familie nicht mehr ausreichten. Viele Andere liessen nur von ihren Kindern oder ihrem Gesinde im Winter weben und die Kaufleute hatten sich für den Sommer stets auf einen grossen Ausfall der Lieferungen eingerichtet. Das Ganze war ungemein ländlich, sittlich und nur in Folge des engen Zusammenhanges der Weberei mit dem Ackerbau vermochten die Arbeiter die plötzlich eintretende Arbeitslosigkeit und die geringen Löhne zu ertragen. Ein Zusammenhang unter den Webern existirte nicht, und ein Klassengegensatz zwischen Fabrikanten und Webern scheint nicht bestanden zu haben. Billige Löhne und Trucksystem sind die Signatur dieser Zeit [1]).

---

1) Eine Specialität des Kreises Gladbach waren die öffentlichen Verkäufe von Manufakturwaaren auf sechs Monate Kredit, deren 1836: 11, 1837: 23 und 1838: 36 stattfanden. Jede derselben dauerte zwei Tage

Der Fabrikbetrieb verändert überall eine solche Gruppirung der Arbeiterbevölkerung; es entstehen die grossen socialen Gegensätze, die allerdings weniger dem technischen Gefüge des Fabrikbetriebes, als dem socialen ihren Ursprung verdanken. Welch' anderen Charakter trägt das Saarbrücker Kohlenrevier gegenüber den Gegenden der privaten Textilindustrie. Man sieht nur Beamte! Und in ununterbrochener Stufenfolge bessert sich die Lage der von der königlicheu Verwaltung beschäftigten Personen vom Bergmann zum Steiger und zum Direktor. Kapitalunterschiede sind nicht vorhanden, die welche an der höchsten Stelle und die, welche in der Mitte und unten stehen, sie alle nehmen socialpolitisch den gleichen Standpunkt ein; sie beziehen alle ein Arbeitseinkommen.

In der rheinischen Textilindustrie steht überall eine kleine Zahl von kapitalbesitzenden Fabrikanten einer grossen Zahl von Arbeitern gegenüber; aber der Gegensatz hat ein ganz verschiedenes Gepräge, je nachdem die Industrie mit Wasser oder mit Dampf betrieben wird. Die Wupper bei Hückeswagen und Lennep, die Roër bei Düren, die Wester und Hill bei Eupen, — es sind überall die gleichen Wasserläufe, die im Sommer hinter der Stauung über Steine dahin hüpfen; an ihnen entlang sind die grossartigen Spinnereien gezogen, oft mehr als einen Büchsenschuss von einander entfernt; oben sitzt der Glücklichste, der sich zuletzt dort niedergelassen, das Wasser als erster abfängt und damit am reichlichsten versorgt ist. Ein Zusammenhang zwischen den Etablissements besteht nicht. Um jede Spinnerei etliche Häuser, wo die Arbeiter wohnen; unten im Thale, wo in Eupen zuerst die Vertriebenen sich ansiedelten, die Kirche und das Rathhaus; die Weber haben oben auf den Höhen und in den umliegenden Dörfern ihr Unterkommen gefunden. Der Unterschied des Vermögens tritt hier ganz unvermittelt zu Tage: reiche Fabrikanten und mittellose Arbeiter, die 14 und mehr Stunden täglich arbeiten; prächtige Villen oder ein „palazzo di pietro" und kleine, elende, niedrige Dorfhäuschen. Dreissig bis vierzig reiche Fabrikantenfamilien, Tausende von Arbeitern und einige Polizeibeamte bilden die Bevölkerung einer solchen ländlichen Textilgegend.

In der Gladbacher Gegend giebt es keine bedeutende Wasserkraft; durch Dampf sind die Schwesterstädte gewachsen.

---

und die Arbeiter versorgten sich dort mit ihrem Bedarf. Zum Termin konnten sie aber häufig nicht bezahlen und beim Friedensgericht, welches sich über $^3/_5$ des Kreises erstreckte, kamen Klagen auf rückständige Klagen vor, 1836: 10, 1838: 123, im ersten Quartal 1839: 55; die Verklagten waren 1838 zur Hälfte, 1839 zu vier Fünfteln Fabrikarbeitern.

Jahr	Absolute Bevölkerung		Procentuale Zunahme	
	Gladbach	Rheydt	Gladbach	Rheydt
1858	13956	—	—	—
1861	17069	10875	22	—
1864	18675	11417	9	5
1867	22149	12194	19	7
1871	26364	13762	19	13
1875	31962	15857	26	19

Das alte Gladbach liegt auf einem Hügel; es sind dort die gewöhnlichen zusammengedrückten, luft- und lichtscheuen Häuschen einer kleinen Landstadt; in einzelnen Erdgeschossen Lehmboden, die Zimmer oft so niedrig, dass man nicht aufrecht stehen kann; selbst in zwei bis drei Stübchen wohnt eine Familie äusserst beengt und die Anzahl der Wohnräume ist noch kein Zeichen der Bequemlichkeit. Mit dem Wachsen der Industrie kamen auch neue Strassen hinzu und lange zweistöckige Kasernenreihen ziehen sich die Stadt hinaus; aber auch hier sind die Räume nicht sehr gross. Gerade diese neueren Häuser sind zu luxuriös oder vielmehr der gesteigerten Konsumtionsfähigkeit der Glanzzeit entsprechend gebaut, heute aber viel zu theuer und etwa für mittlere Handwerker benutzbar; eine Unzahl Häuser steht leer und dennoch herrscht eine Wohnungsnoth. Die Arbeiter verkriechen sich daher in die elendsten Stübchen und entferntesten Höfe. Das Ganze hat aber noch einen ländlichen Anstrich: die Strassen ungepflastert, hier und da in der Strassenzeile eine Lücke, weite Höfe, überall Luft und Licht. Das kann aber nicht lange dauern, die Stadt wird bald zusammenwachsen; die Strassen sind, von der Altstadt gar nicht zu reden, für den zukünftigen Verkehr unverantwortlich schmal bemessen und die Baupolizei eine recht mangelhafte; — es wird vielleicht das rheinische Manchester dem englischen dann wenig an schlimmen Strassen und Häusern nachstehen. Die meisten Fabrikanten leben in guten bürgerlichen Häusern, einige in schönen Villen, nur ein paar Gebäude machen den Eindruck „schimmernder Paläste“; der Unterschied zwischen Arm und Reich tritt noch nicht deutlich zu Tage. Noch viel ländlicher ist Alles in Rheydt, welches auf drei Eisenbahnlinien in sechs Minuten zu erreichen ist.

Jedoch sind nicht alle Arbeiter nur Miether, es giebt auch Hausbesitzer unter ihnen und hier muss eine wirklich verdienstliche That der Gladbacher und auch der Rheydter Fabrikanten gerühmt werden. In ersterem Orte bildete sich im Jahre 1867 eine Baugesellschaft, deren Kapital die Industriellen nach Anzahl ihrer Arbeiter zusammenbrachten und dabei auf einen höheren Ertrag als eine fünfprocentige Verzinsung verzichteten. Die Häuser sind nach dem Kottagesystem zu je zwei zusammen an verschiedenen Stellen der Stadt erbaut und enthalten je 4—6 Zimmer, Keller, Stallung, Schuppen, meist auch Speicher. Ein Haus kostete einschliesslich der Umzäunung, Antheil am Brunnen und Strasse bei etwa 20 Ruthen Grundfläche je nach Grösse und Lage im Jahre 1868: 1860 — 2460 M., 1876: 3200 - 4400 M.; davon zahlt der Käufer beim Antritt mindestens ein Zwölftel der Kaufschillings an und erlegt ferner jährlich ein Zwölftel für Zinsen und Kapitalabtragung, wodurch in längstens 16 Jahren der Preis vollständig getilgt wird. Bis zum 18. April 1878 waren 265 Häuser erbaut, wovon 232 für 758,911 M. verkauft waren, die zu einem Drittel abgetragen sind. In Rheydt waren 39 Häuser erbaut. Im Jahre 1875 wohnten in 204 solcher Häuser 1836 Personen. Schon die Vorhänge an den Fenstern beweisen, dass hier die Elite des ansässigen Arbeiterstammes wohnt, Eltern mit erwachsenen Kindern, Vorarbeiter, Werkmeister, ja sogar höhere Beamte von Fabriken; den einfachen Arbeitern sind eine Anzahlung und ein jährlicher Abtrag von 300 M. natürlich viel zu hoch und sie bleiben, wo sie sind — im Elend.

Der Fabrikbetrieb rief namentlich Frauen und Kinder in die Stadt. Die Beschäftigung dieser Personen ist durchaus nicht seine Erfindung, vielmehr die Erbschaft einer früheren Organisation. Die Winderei, Spulerei, Kettenschererei, das Noppen und Zusammenlegen, die Appretur und z. Th. auch die Weberei sind stets Kinder- und Frauenarbeit gewesen; das deutsche Weib wird am Rocken verherrlicht, später war es in der Spinnstube und an der Spindel beschäftigt, sein Kind wuchs am Spulrade auf. Freilich war in der Tuch- und Leinweberei das Mädchen eine neue Erscheinung. Der Antheil der Frauen und Kinder in den Textilfabriken ist sehr beträchtlich (Anlage X); es betrugen in Procenten der Gesammtzahl

die Arbeiter in	Männliche über 16 Jahr	Weibliche über 16 Jahr	Jugendliche unter 16 Jahr
68 Baumwollwebereien	57	34	9
37 Baumwoll- u. Flachsspinnereien	37	49	14
93 Tuchfabriken	57	36	7
64 Hanfgarnspinnereien	39	48	15
8 Kunstwollfabriken	20	71	9
1 Flachsspinnerei	38	43	18
33 Sonstige Textilfabriken	50	38	12

Nur wenige Arbeiterinnen sind verheirathet, in der Baumwollspinnerei 10 Procent, in der Baumwollweberei 6 Procent; in reiferem Alter halten der Mann, die Familie, der eigne Heerd das Weib in der Heimath zurück. Die jungen, unverheiratheten Mädchen sind es, welche die Städte bevölkern; sie sind die unternehmungslustigen, bereit ihre Wanderjahre im

Leben anzutreten und sich höheres Verdienst in der Fremde zu erringen. Gefällt es ihnen daselbst und haben sie ihr Vaterhaus verloren; so bleiben sie bei der Fabrikarbeit, viele ziehen in gewissem Alter wieder heim. Daher der Ueberschuss der Mädchen im Alter von 20—25 Jahren in der Stadt Gladbach 1867 um 21 Procent, in den fünf Städten des Kreises 1875 um 32 Procent. Diese Masse von Familie und Heimath losgelöster und aus ländlicher Einsamkeit plötzlich in die Stadt unter fremde Menschen versetzter Mädchen ist eine neue Erscheinung, eine Folge des Fabriksystems. Die grosse Aktienspinnerei in Gladbach, welche im August 1855 ihre Thätigkeit mit 15,000 Spindeln begann und 1859 schon 1000 Arbeiter zählte, rief beispielsweise auf einmal mehr als 500 Mädchen herbei. Wo sollten diese im Städtchen wohnen? Dasselbe war auf solchen Zuschub nicht eingerichtet. Zwar hatte die Gesellschaft für Schlafsäle gesorgt und eine strenge Disciplin eingeführt, sogar eine so strenge, dass jedes Mädchen, welches bis 10 Uhr Abends nicht zu Hause war, ausgesperrt blieb. Nun hiess es für dieses erst recht: vogue la galère! Dieses Institut war nie beliebt und ging in der Folge auch ein. Aehnlich verhängnissvoll wirkte für Viersen im Jahre 1864 die Gründung der Flachsspinnerei. Hier sollten englische Feinspinnerinnen ihre deutschen Schwestern die schwere Kunst lehren; diese der mütterlichen Erde entrissenen Arbeiterinnen waren völlig zügellos, ihr Beispiel wirkte zerstörend auf die sittlichen Zustände; alle fremden waren zur Nachfolge geneigt und selbst die sonst als sittenrein geltenden Mädchen aus der Eifel kamen aus Rand und Band. Nirgendwo hat man die Arbeiterinnen an die Schlafsäle fesseln können, und selbst das vortreffliche, im Jahre 1868 gegründete Hospiz in Gladbach, in welchem alleinstehende Arbeiterinnen neben guter und billiger Beköstigung und Wohnung auch Anleitung für die im Familienleben vorkommenden Thätigkeiten finden, hat es nur während der Wohnungsnoth der Glanzjahre zu einer Frequenz von 115 (im Jahre 1872) und 105 Arbeiterinnen (im Jahre 1875) bringen können; mit dem Rückgang der Industrie hat dieselbe beträchtlich abgenommen.

Die Mädchen wollen eben ungebunden sein; sie sehen ihre Freiheit in voller Aufsichtslosigkeit und Zügellosigkeit. Haben sie doch jung das Vaterhaus verlassen, um ihre Kraft in der Welt zu erproben. Selbst verdienen sie ihr Geld, selbst wollen sie es auch ausgeben; über die wenige freie Zeit wollen sie frei disponiren, sie wollen weder befragt, noch kontrollirt sein. Daher miethen sie sich in Familien als Schlafgängerinnen ein. Greifen wir einen günstigen Fall heraus: ein junges Mädchen quartiert sich bei einem als sehr ordentlich bekannten Werkmeister ein; doch schon nach zwei Tagen verlässt sie das Haus, denn sie hatte in einem Zimmer mit dem Ehepaar und der Tochter schlafen müssen und durch dasselbe gingen die erwachsenen Söhne. In zahlreichen Fällen schlafen die Mädchen mit ganzen Familien zusammen, in andern haben sie mehr oder minder separirte Stuben. Gerade auf solche haben die lüderlichsten Bursche ihr Hauptaugenmerk gerichtet, bei ihnen wird die Harmonika gespielt, gesungen und Schnaps getrunken, die schändlichsten Unsittlichkeiten begangen und mit einer Messeraffaire häufig der Kehraus gemacht. An Tagen, wo die Fabrik feiert, geht dies Treiben schon des Morgens an. Der berichterstattende Kaplan[1]) ist Vormittags um 10 Uhr auf Scenen gestossen, wo Mädchen halbreifen Knaben in den Armen lagen und so betrunken waren, dass sie ihn kaum erkannten. Das lassen die Kostgeber zu, denn sie erblicken in dem Halten junger Leute nur ein Mittel Geld zu verdienen; je mehr sie ausgeben, desto mehr sehen sie ihnen nach; haben sie es selbst doch nicht besser getrieben. Dazwischen laufen die eigenen kleinen Kinder und die allgemeine sittliche Verpestung des Volkes ist die Folge. In Gladbach sind solche Scenen in den Wohnungen selbst weniger beobachtet worden; sie spielen sich mehr beim Nachhausegehn aus der Fabrik ab, welche oft eine Stunde von der Wohnung entfernt liegt; die Kornfelder am Wege sind im Sommer schrecklich verwüstet. Dazu kommt, dass bei grossem Ueberschuss der Mädchen und ihrem reichlichen Verdienst die Jünglinge sehr gesucht sind und beim Tanz und anderen Vergnügungen frei gehalten werden.

In den ländlichen Fabriken ergaben sich bis in die jüngste Zeit theilweise fast noch schlimmere Zustände. Lagen die Spinnmühlen und Fabriken wie z. B. an den Wassergefällen der Wupper bei Lennep oft stundenweit von menschlichen Wohnorten entfernt, — wer wollte dann bei Schnee und Kälte, Regen und Wind nach Hause? Es scharrten sich die Arbeiter die Flocken und Abfälle zusammen in die Ecken; dort hatten sie es wärmer und weicher als auf dem harten Lager daheim, die Lichter wurden ausgelöscht und in den stauberfüllten, verpesteten Sälen begann nicht der Friede des Schlummers, nein die entsetzlichsten Orgien, von deren wilder Lust die Kinder die Zuschauer abgaben. Wenn gar die Arbeit um Mitternacht oder um drei Uhr Morgens geschlossen wurde, da konnten die Mädchen sich den ganzen Tag über nicht erholen und schmerzerfüllt sah sie der Fabrikinspektor sich auf der Diele wälzen.

Am Tage wurde der Grund zu den nächtlichen Ausschweifungen gelegt. In den Anfängen des Fabriksystems und

---

[1]) Dr. Norrenberg a. a. O. S. 35.

zum Theil noch heute arbeitet Alles unterschiedslos durch einander: Kinder, halbwüchsige Bursche und Mädchen, Männer und Frauen, in den überhitzten Räumen nur mit einem Hemde und Rock bekleidet. Jede Scham musste schwinden, der Ton wurde der Tracht entsprechend ein grenzenlos roher und im Zwielicht bei aufgeregter Nerventhätigkeit und in der Nacht, wo Rücken an Rücken oder Seite an Seite gearbeitet wurde, gingen rohe Worte zu noch roheren Thaten über. Einzelne Fabrikanten hielten sich hübsche Arbeiterinnen in der Fabrik und traten an viele Andere mit ihren Verführungen heran; manche Werkmeister benutzten ihre Herrschaft, um den Mädchen alle Zugeständnisse zu entreissen. Ja nicht einmal mit erwachsenen begnügten sich die Schlimmsten. In einer grossen Spinnerei Barmens hatten 13 Mädchen von 10—14 Jahren der Bestialität eines Aufsehers gewaltsam unterliegen müssen und ihre Familien mit einer schrecklichen Krankheit angesteckt. Der Aufseher wurde zu fünfjähriger Kerkerstrafe und der Dirigent der Spinnerei zu einjährigem Gefängniss verurtheilt, das Gebäude ist hierauf wie Sodom und Gomorrha vom Feuer vertilgt worden. Zum Glück waren das nur vereinzelte Fälle[1]); die vielen erwachsenen und nicht spröden Mädchen bilden den Ableiter und die Unsittlichkeit ist weder so gross, noch so entnervt und verfeinert, als dass dergleichen häufig zu erwarten wäre; sie ist vielmehr roh und wählt danach ihre Objekte. Allerdings bestand und besteht noch bis auf den heutigen Tag z. B. in Aachen unter der gemeinen Arbeiterklasse ganz allgemein das Vorurtheil, dass der Umgang mit einem unschuldigen Mädchen die Krankheit heile, und es sind daselbst schon mehrere Fälle vorgekommen und bekannt geworden, dass Angesteckte, um hinsichtlich der Unschuld sicher zu gehen, junge Kinder vergewaltigt haben.

Und was für Gebäude waren es, in denen die ersten Fabriken etablirt wurden! Ich kenne keinen belehrenderen Vergleich zwischen der Handspinnerei und der mechanischen als denjenigen, der sich auf einer Fahrt nach Ratingen bei Düsseldorf ergiebt. Auf geheimnissvollen Pfaden durch Busch und Wald folgt man einem Bächlein, plötzlich erweitert es sich und der weite Wasserspiegel verkündet ein nahes Mühlwerk. Da liegt Cromford, die energische That eines deutschen Industriellen, im Jahre 1784 als erste Spinnerei vom Kaufmann Brögelmann aus Elberfeld gegründet. Hart vor dem Thore liegt das alte Fabrikgebäude, heute verlassen, aber der alte

---

[1]) Rede eines Abgeordneten auf dem rhein. Prov. Landtage am 29. Mai 1843 in Düsseldorf. — Kgl. Regierung zu Aachen. Acta Gew. und Handel. 15. 4. Landräthliche Berichte vom 5. u. 11. Januar 1844.

Geist spricht aus den einsamen Räumen. Ein fünfstöckiges Haus mit niedrigen Sälen, engen Fenstern, früher dicht an einander gedrängten Maschinen; das Mühlwerk so eng, dass selbst der schlankste Jüngling nur mit äusserster Vorsicht zwischen der Wand und dem umgehenden Rade passiren kann; erst in meiner Gegenwart, also nach bald hundert Jahren, ordnete der Fabrikinspektor eine Schutzvorrichtung an. Dies alte Haus konnte die neue Zeit nicht vertragen; als man die neuen rasch gehenden Maschinen aufstellte, wurde es so erschüttert, dass es oben vom Giebel an barst und eine neue Fabrik nebenan erbaut werden musste: hohe luftige Arbeitsschuppen mit guter Ventilation und neuen Maschinen, denen gleich alle Schutzvorrichtungen mitgegeben waren.

Eine der ältesten, aus den 1820er Jahren stammende Fabrikanlage wird noch gegenwärtig in Aachen benutzt; ich bin zurückgetaumelt als mir die staubige, stinkende, heisse Luft aus den niedrigen Räumen durch die Thür entgegen strömte. Vielfach wurden auch alte Klöster, Schlösser und sonstige Baulichkeiten zu Werkstätten eingerichtet. In den Wollspinnereien war die Staubentwicklung noch die geringste, weil das Material geölt wurde, am grössten und am gefürchtetsten war sie in den Baumwollspinnereien, Man bedenke nur, dass die damaligen Wölfe, in welchen die Baumwolle durch rasche Umdrehung zerfasert und gereinigt wird, ohne Umhüllung und Abzugsventilation waren. Der ganze Raum war erfüllt von umherfliegenden Baumwollentheilchen und eine schwere Wolke von feinstem und ganz grobem Staub schwebte über den Arbeitern und drang in ihre Athmungsorgane ein; der Lärm war so entsetzlich, dass kein Wort vernommen wurde.

In diesen verpesteten Höhlen und in einer solchen geistig-sittlichen Umgebung arbeiteten, unter die Erwachsenen gemischt, die Kinder. Nach der ältesten vorliegenden zuverlässigeren Nachricht waren im Jahre 1852 Kinder beschäftigt

in den Fabriken	im Alter von Jahren			
	9	10	11	12
des Reg. Bezirk Düsseldorf . .	169	587	762	1148
des Kreises Gladbach	121	283	264	271

Im folgenden Jahre gab es im genannten Kreise überhaupt 1445 Kinder im Alter von 9—14 Jahr, davon galten als zur Fabrikarbeit geeignet 703; diese wurden fast sämmtlich beschäftigt, nämlich in den Spinnereien 339, in den anderen Fabrikationszweigen 344, nur 24 blieben noch „disponibel." Diese Zahlen geben indess selbst für die damaligen Verhältnisse nur einen ganz ungefähren Anhalt; vor dem Jahre 1839 und selbst bis in die 1850er Jahre hinein war die Verwendung von 6—9jährigen Kindern üblich. Die Verrichtungen dieser in der Aachener Gegend sogenannten „Leikelkinder“ waren nicht sehr schwierige. Sie hatten die Wolle oder Baumwolle, welche aus den Vorspinnmaschinen in langen Wulsten hervorkam, anderen Maschinen zuzuführen; das Gespinnst wurde durch das Vorurtheil als „griffiger“ bezeichnet, wenn solches mit der Hand geschah. Mit Einführung der mechanischen Spinnerei fiel diese Verrichtung fort. Nun werden die Kinder am Spulen wie am Spinnen als sogen. „Fadenkinder“ beschäftigt, welche die gebrochenen Fäden zusammenknüpfen, die Knaben mehr an den Selfactors, die Mädchen und Frauen beim Vor- und Drosselspinnen zum Zuführen der Wolle oder Baumwolle, zum Auf- und Absetzen der Spulen, ferner beim Kettenscheren und Weben, Noppen, Appretiren und Verpacken.

Die Beschäftigung von Kindern hatte auch bei früheren Betriebsformen stattgefunden, die Gestaltung der Kinderarbeit in Fabriken war aber eine neue Erscheinung. Erinnern wir uns, dass beim Fabrikbetriebe das Anlagekapital die Hauptrolle spielt; daher jenes Sparen bei der Errichtung der Werkstätte ohne Rücksichtnahme auf die Gesundheit der Arbeiter, daher aber auch das Streben, das einmal angelegte Kapital so vollkommen als möglich auszunutzen. Das geschah namentlich bei Spinnereien, wo die Produktion weniger durch die Intensität der Arbeits- als der Kapitalleistung bedingt wird, durch die Anwendung der billigsten Arbeitskräfte und die Verlängerung der Arbeitszeit. Je grösser die Chancen der Kapitalausnutzung wurden, desto mehr wurde drauf losgearbeitet, und statt dass die Arbeiter ihren Antheil an der Gunst der Konjunktur durch Verminderung ihrer Arbeitszeit fanden, wurde dieselbe vermehrt. In den Aachener Tuchfabriken wurde während des hausindustriellen Betriebes von 7 bis 7 Uhr, nach Einführung der Maschinen von 6 bis 8 Uhr und während der Blüthe des amerikanischen Geschäfts sogar Nachts gearbeitet; ähnlich war es in den Spinnereien und Kratzenfabriken. Das Minimum der Arbeitszeit in den Textilfabriken war effectiv 12 Stunden; gewöhnlich betrug sie 14—15 Stunden, oft und zwar nachweisbar 16—17 Stunden. Die Kinder arbeiteten stets in Reih' und Glied mit den Erwachsenen. Die ganze Arbeitszeit über blieben sie ununterbrochen in der Fabrik, selbst ihr Mittagsmahl, oft nur in einem Stückchen Brot bestehend, schlangen sie zugleich mit dem Staube des Spinnsaals in sich hinein; von Bewegung in freier Luft war keine Rede, wo sollten sie bei schlechtem Wetter und bei der Kälte in ihrer dürftigen Kleidung hin? Das Resultat war: Schwächlinge, übermüdet, der Kopf grindig, die Augen triefend, die Brust schwindsüchtig, der Magen leidend; zum Militärdienst taugten sie nicht, in die Schule kamen sie nicht, und verirrte solch ein Geschöpf sich einmal dahin, so fand es wenigstens auf einige Augenblicke den Schlaf und die Ruhe, welche ihm sonst die schreckliche Stimme des Werkmeisters raubten. Von einer Schulbildung war keine Rede, viele wussten nicht ihr Alter und manche nicht einmal den eigenen Namen.

Das Auftreten des Fabrikbetriebes hatte die Untergrabung aller Grundlagen der überkommenen Kultur zur Folge. Eigenthum und Ehe wurden erschüttert. Die alten Meister, die auf dem Lande lebten und das Anlagekapital der Industrie in Werkstätten und Werkzeugen besassen, sahen sich ohne Entschädigung expropriirt und mussten den heimischen Boden verlassen; die heiligen Bande der Ehe wurden durch die Frauenarbeit gelockert, die Mädchen ihrer Heimath, die Kinder ihren Eltern entrissen, die Gesundheit der Bevölkerung aufs tödtlichste angegriffen, die geistige Entwicklung total gehemmt. Die Mädchen, die zu Müttern deutscher Männer bestimmt waren, die Kinder, die dereinst als thatkräftig sich bewähren sollten, sie mussten verkrüppeln, verdummen, verwildern. —

Die Regierung merkte frühzeitig die drohende Gefahr und liess es an Anregungen und Verordnungen nicht fehlen. Seit dem Jahre 1824 sind dieselben unaufhörlich einander gefolgt, wie ich sie an einem anderen Orte [1]) zum Gegenstande eingehendster Darstellung gemacht habe und auf welche ich daher nicht zurückzukommen brauche. Am 9. März 1839 ist sogar ein ausführliches Regulativ erschienen, welches freilich niemals praktisch geworden ist, weil seine Durchführung den Ortsbehörden überlassen blieb. Während sonst die gewerbefreiheitliche Richtung überwog, sah die Staatsregierung sich doch endlich gezwungen, gegen die fabrikmässigen Betriebe mit einem Ausnahmegesetz vom 16. Mai 1853 vorzuschreiten. Dasselbe war etwas ernstlicher gemeint: es untersagte die Beschäftigung von Kindern unter zwölf Jahren und gestattete bis zum vierzehnten Jahre nur eine sechs-, bis zum sechzehnten eine zehnstündige Arbeitszeit; auch wurden für die Bezirke Düsseldorf, Arnsberg und Aachen drei Fabrikinspektoren zur Ueberwachung der Vorschriften angestellt. Gelangten dieselben zur Durchführung?

Die Regierung zu Düsseldorf fasste das Gesetz nicht streng auf; in jenen reaktionären Zeiten „brauchte man die Leute“ und der erste Bericht des Fabrikinspektors ist dem entsprechend mit den Augen eines Menschenfreundes abgefasst, der selbst unter dem entsetzlichsten Elend den guten Willen und die Ansätze zum Bessern erspäht. Zum Glück für eine reichere Kenntniss der socialen Zustände war er nur kommissarisch angestellt, und als er sich durch einen rheinischen Grossindustriellen beim Minister um eine definitive Anstellung be-

[1]) Meine Beiträge a. a. O. — Berichte der Fabrikinspektoren seit 1854 in den Acten der kgl. Regierungen zu Düsseldorf, Aachen und Arnsberg.

warb, liess dieser ihm sagen: er müsste zuerst etwas leisten. Das wurde ihm nicht schwer, die Gesetzwidrigkeiten waren mit Händen zu greifen; er denuncirte mehrere Kommerzienräthe und selbst einen Vetter des Ministers, und es zeigte sich bald, dass die Handelskammer-Präsidenten und die angesehensten Fabrikanten das Gesetz übertraten; trotz wiederholter Bestrafung dauerte das fort. Mit einem überlegenen Lächeln äusserte ein Fabrikant: Sie werden sich doch nicht dazu hergeben, solch' einen Unsinn durchzuführen! Bei der nächsten Revision in seinen Werkstätten entstand eine allgemeine Kinderflucht auf einen dunklen Speicher, wo der Inspektor hinter allerlei Fässern und Hölzern nach einander 27 Knaben und Mädchen hervorzog. In anderen Etablissements waren die Zufluchtsorte weit unsauberer Natur. Erbittert rief ein Industrieller aus: die fünfzig Thaler Strafe quetsche ich in einer Woche wieder aus den Kindern heraus!

Dieser plötzliche Diensteifer schien der Bezirksregierung übertrieben; Herr von der Heydt aber ertheilte am 20. April 1855 den drei Inspektoren eine Audienz in Berlin, befragte sie eingehend und war entsetzt über ihre Schilderungen: Wenn sie wahr sind, so mag doch lieber die ganze Industrie zu Grunde gehn! Er stellte die Beamten fest an, ermuthigte sie zu energischem Vorgehn und gab ihnen auf, bei Conflikten mit der Bezirksregierung sich direkt an ihn zu wenden. Nichtsdestoweniger trat eine strenge Durchführung nicht ein. Die Inspektoren befürchteten, an dem Minister keinen genügend starken und dauernden Rückhalt zu finden.

Immer mischten sich wieder politische Motive ein und zeigten, wie gefährlich und schädlich es bei den damaligen preussischen Verfassungs- und Verwaltungszuständen war, dass der Minister zugleich die höchste Instanz in der Verwaltungsjurisdiktion bildete. Der Nachfolger von der Heydt's im Handelsministerium, Graf von Itzenplitz, drang nicht mehr auf eine strenge Handhabung des Gesetzes.

Der Düsseldorfer Fabrikinspektor war bereits ein alter „erfahrener" Mann; er „liess die Dinge gehen, wie sie eben gingen". Der Arnsberger Inspektor war ein früherer Gewerbeschullehrer, er schrieb sehr lange und wohlgemeinte Berichte, fand aber schon im ersten Jahre das Gesetz völlig durchgeführt; er verlor sein Gehör und starb im Jahre 1860; die Stelle blieb unbesetzt, weil man fand, dass die jugendlichen Arbeiter auch von den Lokalbehörden beaufsichtigt werden könnten. Der Kollege in Aachen war ein rheumatischer, neuralgischer Polizeibeamter, dem die intellektuellen Fähigkeiten und jegliche Produktivität mangelten, der nach dreijähriger Amtsführung eine vollständige Unkenntniss des Gewerbewesens an den Tag legte und dessen Berichte sogar der Bezirksregierung zn schönfärberisch erschienen. Er brach sich 1856 beide Beine und wurde im folgenden Jahre beseitigt.

Während in England zur Zeit der Reaktion gegen die Fabrikgesetze die Inspektoren durch die Selbständigkeit des Amtes, durch die hohe Bezahlung und Angesehenheit ihrer socialen Stellung in die Lage versetzt wurden, im Vollgefühl ihrer Verantwortung mit Mannesmuth sonder Scheu vor ihren reichen Gegnern für die Autorität des Gesetzes einzutreten, hatte man in Deutschland Subalternen eine Aufgabe zugewiesen, der sie nicht gewachsen waren: trotz des Wortlautes des Gesetzes und trotz der guten Absicht der Staatsregierung blieben die Kinder preisgegeben. Wie elend die Revisionen waren, beweist ein Blick auf die Anzahl der entdeckten Uebertretungen. Im Jahre der definitiven Anstellung des Inspektors betrug dieselbe im Düsseldorfer Bezirk 1855: 894, 1865: 73, 1866: 28; ein neuer pflichtgetreuer Beamter wies 1874: 7268 Kontraventionen nach. Derselbe revidirte 699 Fabriken mit 6549 Kindern, sein Vorgänger nur 476 mit 4382 Kindern.

Nur ein einziger Fabrikinspektor hat Muth und Pflichttreue genug gehabt, um mit Energie und grösster Aufopferung seinen schwer angefeindeten Beruf zu versehen. Er unterdrückte das Trucksystem, er suchte die Fabriken zu überraschen, verschmähte es nicht, vor den zerstreuten Fabriken auf der Eifel stundenlang im Schnee auf die Kinder zu warten und nahm vor Allem gegen die mächtigen Fabrikanten im städtischen Schulkollegium den Kampf für die Bildung der Kinder auf, indem er richtig einsah, dass ein blosses Verbot der Arbeit nichts fruchtete, wenn die jugendlichen Arbeiter nicht unterdessen anderweit beschäftigt würden, — das war der Polizeirath Piper in Aachen. Die Anzahl der von ihm entdeckten Uebertretungen betrug 1859: 171, schwankte dann zwischen 95 und 58, hob sich in den Jahren 1864 und 1865 auf 100 und 225, um von da ab auf 61, 25 und 57 zu sinken. Den starken unermüdlichen Mann hatten die ununterbrochenen Anfeindungen und die Reisen angegriffen und endlich auf das Krankenlager geworfen. Dadurch erklärt es sich, dass sein Nachfolger 1871: 223, 1874 gar 603 Kontraventionen zur Anzeige brachte.

Wie kann man bei einer solchen Nachlässigkeit der Regierungs- und Specialbeamten eine Durchführung des Gesetzes seitens der Kreis- und Ortsbehörden erwarten? Ist in industriellen Gegenden der Landrath nicht oft von den Eingesessenen gewählt, wird ihm nicht von ihnen eine Gehaltszulage bewilligt, besteht nicht sein täglicher Umgang aus den Fabrikanten? Und nun vollends die subalternen Bürgermeister! Woher sollen sie den Muth nehmen gegen die Männer aufzutreten, welche im Gemeinderath ihren Gehalt votiren und zu deren Reichthum sie staunend emporblicken. Von den Kreisphysicis ist gar nicht zu reden, denn diese würden ja ihre Praxis verlieren und ein solcher Biedermann erklärte sogar die Beschäftigung der Kinder mit Phosphor und Schwefel bei der Zündhölzchenfabrikation für unschädlich. Von Revisionen war daher bei den Ortsbehörden nicht die Rede oder dieselben wurden schlimmsten Falles am Abend vorher beim Schoppen Wein dem Fabrikanten angezeigt. Diese Behörden legten das Gesetz nach ihrer individuellen Ansicht von der Zweckmässigkeit oder Ausführbarkeit aus, führten lange Reihen von Etablissements in dem Verzeichnisse der Fabriken gar nicht auf, fertigten wie in Goch Arbeitsbücher sogar für Kinder unter 12 Jahren aus, gaben das Alter derselben falsch an, und wenn eine Strafverfolgung eintrat, so dauerte sie drei Monate und führte nur zu einer Bestrafung von 1—3 Mark, ja noch heute erkennen z. B. im Regierungsbezirk Aachen wiederholt die Polizeigerichte auf niedrigere Strafen als das Gesetz besagt.

Kam es dann auch manchmal zu einer ernsthaften Revision, so fand sie in den seltensten Fällen mit Aussicht auf Erfolg statt. Die Vorkehrungen, welche die Fabrikanten treffen, um die Beamten zu täuschen, erfordern ein wahres Studium, und wenn man sie alle durchschaut, so ist denselben mit gewöhnlichen Mitteln nicht zu begegnen, so sehr ist der durch billigere Arbeit erzielte Gewinn zur Gesetzesübertretung verlockend. Sobald der Fabrikinspektor in einen Ort kommt, verbreitet sich seine Anwesenheit wie ein Lauffeuer durch denselben; vielen Fabriken kann er sich nur über eine weite Fläche nahen und Kommis und Lehrlinge signalisiren seine Ankunft; in zahlreichen Etablissements lässt der Portier keine Person herein, bevor er nicht im Komptoir rapportirt hat; in anderen führt der Weg in das Innere nur durch das Komptoir, in welchem man den Inspektor durch Begrüssungen aufzuhalten sucht, und selbst wenn es ihm gelingt, rasch in die Fabrik einzudringen, so sind die Kinder schon systematisch auf das Lügen eingeschult.

Kurz, ich glaube den Beweis erbracht zu haben, dass in den 1850 und 1860er Jahren die Gesetze über die Fabrikarbeit ein todter Buchstabe geblieben sind, und wenn bei Beginn des liberalen Regiments die Konservativen eine zärtliche Besorgniss für das Wohl der arbeitenden Klasse an den Tag gelegt haben, so ist eine solche Sinnesänderung eine höchst erfreuliche; denn gerade die beiden Jahrzehnte ihrer Herrschaft bilden eine Epoche absoluter Stagnation in der Gesetzgebung und Verwaltung auf diesem Gebiete.

So wäre denn Alles beim Alten geblieben, wenn nicht von einer Seite her eine stetige Opposition gegen die überkommenen Missbräuche gemacht worden wäre. Diesen unausgesetzten Kampf gegen Verdummung und Verwilderung führte die — Schule; ihr allein gebührt das Verdienst, wenn bei der grossen Indifferenz der meisten andern Verwaltungsorgane doch noch etwas zu Gunsten der Kinder erreicht worden ist. Die Schulverwaltung, eine der Lichtseiten preussischer Administration, begann schon frühzeitig ihre Aufmerksamkeit den schulpflichtigen Fabrikkindern zuzuwenden; im Jahre 1839 interessirte sie die Fabrikanten an der Errichtung von Fabrikschulen, indem diese dann von dem Nachweise befreit wurden, dass ihre jugendlichen Arbeiter einen dreijährigen Schulunterricht genossen hätten. Die Fabrikanten liessen bei dieser Einrichtung die Kinder zwölf und mehr Stunden arbeiten und schickten sie dann besten Falls noch in die Schule, wo sie dann in Frieden entschlummerten. Das Gesetz vom 16. Mai 1853 forderte daher bis zum vierzehnten Lebensjahr einen dreistündigen täglichen Unterricht, wobei die Fabrikanten nicht mehr ihre Rechnung fanden und ihre Schulen eingehen liessen. Ob die Kinder etwas lernten, war den Fabrikanten in der Regel ganz einerlei. Charakteristisch ist der Ausspruch eines ergrauten Fabrikanten, welchem der Inspektor vorstellte, dass es ihm doch Nutzen bringen könnte, wenn die Kinder sittlicher und ehrlicher würden: „Ach, mir schafft das doch keinen Vortheil mehr; ich gebe mein Geschäft nach drei bis vier Jahren auf!“ Vom Standpunkt des kalkulirenden Kaufmanns ein unanfechtbarer Ausspruch.

Der Einfluss der Fabrikanten zeigte sich auch in der städtischen Verwaltung. Das Schulkomité in Aachen mit den Fabrikherrn an der Spitze widersetzte sich nicht nur der Einführung von Fabrikschulen, sondern petitionirte sogar um Aufhebung des Gesetzes. Es existirten daher viel zu wenig Schulen, die vorhandenen waren überfüllt und hatten nur ein bis zwei Klassen, so dass die Kinder jahrelang dasselbe hörten. ohne neue geistige Nahrung zu sich zu nehmen. Die katholischen Geistlichen konfirmirten die Kinder zu früh, dispensirten sie dann vom ferneren Schulbesuch und führten die ihnen zustehende Schulaufsicht höchst nachlässig aus. Die Eltern ihrerseits sahen die Kinder in den schlechten Zeiten nur zwecklos ihre Zeit in der Schule vergeuden und wollten für diese Quälerei kein Schulgeld zahlen, oder sie sahen die Kinder sich auf der Strasse herumtreiben, ohne etwas zu verdienen. Trotz dieser allseitigen Schwierigkeiten gelang es der Verwaltung immer mehr, die schulpflichtigen Kinder zum Unterricht heranzuziehen.

Am meisten fühlten sich die Spinner durch diese Erfolge beengt; sie verloren ihre wichtigsten sechs- bis zwölfjährigen Arbeiter in der Handspinnerei und dieser Verlust, welcher die Verwendung älterer Arbeiter nach sich zog, wirkte bedeutend beim Uebergange zur mechanischen Spinnerei mit. Die Fabrikanten erklärten vollkommen sachkennerisch, dass die Einhaltung der vorgeschriebenen Arbeits- und Mussezeit, sollte sie bei den Kindern durchgeführt werden, sich auch unwillkürlich auf die Frauen und Mädchen miterstrecken würde, da sie bei der ausgedehnten Arbeitstheilung sich in die Hände arbeiteten; sie wollten daher loyal auf die Kinder unter zwölf Jahren verzichten, falls man sämmtliche Beschränkungen für die älteren Kinder aufhöbe. Zu gleicher Zeit begannen die Gladbacher Fabrikanten eine Agitation gegen die Windereiund Webereibesitzer in der Seidenindustrie, welche unter fingirten Lehrverträgen die Kinder von Morgens früh bis Abends spät beschäftigten. Als alles dieses nichts fruchtete und der Inspektor Piper im Jahre 1858 energisch zugriff, da erhob sich ein Sturm von Petitionen aus den Spinnereibezirken wie Aachen, Burtscheid, Eupen, Stolberg, Gladbach, welche im Jahre 1859 vom Abgeordnetenhause sogar der Regierung zur Berücksichtigung überwiesen wurden, jedoch keine weiteren Folgen nach sich zogen, als dass die Kontrolle eine mildere wurde. Der Standpunkt der Fabrikanten kennzeichnet sich am besten durch die Worte des Jahresberichts der Handelskammer von Aachen für 1854: „Von dem Schulzwange und der Beschränkung der Arbeitszeit für die jugendlichen Arbeiter befürchten wir am meisten eine schädliche Einwirkung auf die Zustände der unteren Volksklassen.“ (S. 17.) —

Im letzten Jahrzehnt haben sich die Verhältnisse bedeutend günstiger gestaltet. Die wesentlichste Verbesserung hat in baulicher und gesundheitlicher Hinsicht stattgefunden. Früher wurde im Bauwesen überhaupt der sanitäre Gesichtspunkt vernachlässigt und die älteren Fabriken sind vielfach nicht schlechter als Kranken- und Wohlthätigkeitsanstalten, Kasernen und Schulen. Diese alten Gebäude sind meist aufgegeben, die neueren mit viel Rücksichtnahme auf Gesundheit und Schutz des Lebens der Arbeiter eingerichtet worden, die Shedbauten haben nicht nur in der Weberei, sondern auch in der Spinnerei Verbreitung gefunden und die in der Glanzzeit entstandenen Fabriken sind sogar luxuriös ausgestattet. Der Fortschritt gegenüber den alten Handspinnereien, diesem Heerde von Siechthum und Sittenverwilderung, ist unverkennbar. Auch der Hausweberei gegenüber bilden z. B. die Gladbacher Fabriken eine Verbesserung in gesundheitlicher Beziehung; die Haltung des Körpers und die Arbeitsverrichtung sind weniger schädlich, die Arbeitsräume gewiss nicht dumpfer. Aber auch diese modernen Errungenschaften fangen an, sehr zweifelhaft zu werden. Abgesehen davon, dass zum Theil die Arbeiter selbst von den Verbesserungen z. B. der Ventilation keinen Gebrauch machen und lieber die dicke schwüle Luft als einen leisen Zugwind in dem heissen Raume ertragen, wird das durch die Rentabilität bedingte Aneinanderrücken der Maschinen in älteren Etablissements in gesundheitlicher Beziehung bereits sehr bedrohlich. Den grössten Gegensatz gegen das junge Gladbach bildet hierin die alte Industriestadt Elberfeld, wo die oft schon seit fünfzig Jahren betriebenen Fabriken nunmehr von fremden Grundstücken umgeben sind und sich extensiv nicht mehr ausdehnen können, daher gezwungen werden im Innern möglichst an Raum zu sparen. Dies ist ein Gebiet, wo die Bau- und Gesundheitspolizei mit aller Strenge eine Ueberfüllung der Räume wird kontrolliren, ja vielleicht zu Normalvorschriften für die Aufstellung von Webstühlen und Spinnassortimenten schreiten müssen.

Ein anderer Erfolg ist bei der Verwendung von Kindern erzielt worden. Nur vereinzelt kommt die Beschäftigung von Kindern unter zwölf Jahren vor und selbst die von Kindern unter vierzehn Jahren hat beträchtlich abgenommen theils der verschärften polizeilichen, theils der strengeren Schulaufsicht wegen, theils weil es neuerdings andere billige Arbeitskräfte in Fülle giebt; die Verwaltung wird erst später zu beweisen haben, ob sie eine grössere Verwendung derselben zu verhüten im Stande sein wird. Dagegen ist die Arbeitszeit der Kinder über vierzehn Jahr eine unbeschränkte wie die der Erwachsenen. Dieselbe dauert ortsüblich in Aachen von 6 bis 8 Uhr mit zwei halb- und einer einstündigen Pause; in flotten Zeiten wird sie aber bis 10, 11 Uhr, ja durch die ganze Nacht ausgedehnt und sogar Sonntags wird (zuwider einer im Aachener Regierungsbezirk gültigen Polizeiverordnung) gearbeitet; in den Jahren 1877 und 78 waren viele Fabriken nur von 7—7 Uhr im Betriebe. In Gladbach wird ortsüblich effektiv 12 Stunden täglich gearbeitet, in den Spinnereien 14—15 Stunden, in guten Zeiten noch länger, in schlechten Zeiten etwas kürzer. Aus der momentan reducirten Arbeitszeit darf man weder für die Vergangenheit noch für die Zukunft etwas ableiten; die Fabrikanten selbst nennen es einen abnormen Zustand, dass sie zeitweilig nur 10—11 Stunden arbeiten können. Auf dem rechten Rheinufer sind sie daran freilich schon gewöhnt; der energische Arbeiterstand z. B. in Elberfeld-Barmen setzt sich gegen eine übermässige Ausdehnung der Arbeitszeit zur Wehr, und das wird auch der erbittertste Feind der Socialdemokraten, dem an der Ausführung bestehender Gesetze liegt, diesen nicht absprechen können, dass sie durch Denunciationen und durch Agitation in ihrer Presse, energisch für die Durchführung gekämpft haben.

Die Frage der Durchführung der Fabrikgesetze ist die der Verkürzung der Arbeitszeit überhaupt. Sogar den Fabrikanten selbst erschien dieselbe in Gladbach zu lang. Sie stellten die Betrachtung an, dass die deutschen Spinner theurer producirten als die englischen und trotz geringeren Lohnes und längerer Arbeitszeit sie pro Pfund gesponnenen Garnes doch mehr Lohn zahlten als jene. Den Grund der dortigen höheren Leistung erblickten sie in der zehnstündigen Arbeitsdauer, während dieselbe bei ihnen 12—13, im Sommer sogar 14—15 Stunden betrage; hierdurch verfalle der Arbeiter in eine schläfrige Arbeitsgewöhnung, da er die zu starke Inanspruchnahme seiner physischen Kraft durch geringere Anstrengung auszugleichen suche, namentlich werde das Arbeitstempo der langen sommerlichen Arbeitszeit noch lange im Winter beibehalten. Um durch eine richtige Bemessung der Arbeitszeit die Leistung auf die Dauer zu erhöhen, bildete sich im Jahre 1867 ein Verein, dessen wesentlichster Zweck war, die Arbeitszeit zunächst auf 12 Stunden täglich zn bringen und die missbräuchlichen Ueberstunden zur besseren Ausbeutung von zeitweise eintretenden günstigen Konjunkturen zu beseitigen. Im September 1869 lief die erste Verabredung ab, und diesmal fand sie nicht so ganz zahlreiche Zustimmung wie das erste Mal, da einzelne Industrielle die eine oder die andere Vorschrift zu unbequem für den Betrieb hielten, und sich deshalb, obgleich mit dem Princip einverstanden, nicht ferner bindend verpflichten wollten. In diese Zeit fiel nämlich ein erneuter Aufschwung der Industrie, der ganze Missbrauch mit der fünfzehnstündigen Arbeit lebte wieder auf und dauerte bis zur jüngsten Krisis, ja in einzelnen Fabriken selbst während derselben.

Die Weber gehen auf den Gedanken der Beschränkung der Arbeitszeit weit bereitwilliger ein als die Spinner. Bei diesen hängt die Produktivität der Arbeit in weit grösserem Masse von dem ununterbrochenen Gange der Maschine als von der Aufmerksamkeit der Arbeiter ab. Eine durch Verkürzung der Arbeitszeit gesteigerte Aufmerksamkeit und Flinkheit der Arbeiter vermöchte daher wohl in der Weberei, weniger aber in der Spinnerei den Ausfall zu ersetzen. Ferner erklären die Spinner, dass bald grobe, bald feine Garne gefordert würden; da sie über eine genügende Anzahl von Maschinen noch nicht disponirten, um alle Bestellungen zu gleicher Zeit auszuführen, so müssten sie die Nacht zu Hülfe nehmen und billige Kinderarbeit anwenden. Die Pausen wären in Spinnereien undurchführbar, weil dann sämmtliche Maschinen stillgesetzt werden müssten, in der Weberei arbeite ein jeder unabhängig vom andern und die Kinder könnten ohne eine Störung zu verursachen, den Arbeitsraum verlassen.

Das Resultat der langen Arbeitszeit ist denn auch heute noch im Gladbacher und Aachener Textilbezirke eine furchtbare Ueberarbeitung der Kinder, nicht nur derjenigen über 14, sondern auch der unter 14 Jahren. Und dann klagen die Fabrikanten noch, dass die Kinder spät Abends sich auf der Gasse umhertreiben, statt ruhig sich zu Bett zu legen, um Morgens früh frisch und munter an der Arbeit zu sein. Als ob bei vierzehn-, oft sechszehnstündigem Aufenthalte in Fabriken (von 6 bis 10 Uhr) die Frische bewahrt bleiben könnte! Zahllose Kinder haben danach gar keine Kraft mehr, sich ein

Stündchen in freier Luft umherzutummeln; trotz wahren Heisshungers schlafen sie auf dem Schoosse der Mutter vor dem Butterbrote ein; diese wagt nicht, den kargen Schlummer des Kleinen durch Kämmen und Waschen zu schmälern und sieht voll Trauer das Kind unter ihren Augen verkommen. „Die Mutter, die ihr Kind auf die Fabrik schickt, sie gleicht einem Schiffer, der auf dem Lande stehend, seinen Kahn auf die hohe See stösst und ihn dem Spiel der Wellen überlässt.“

Von der Gutherzigkeit der Fabrikanten eine Verkürzung der Arbeitszeit zu erwarten, wäre offenbare Thorheit. Sie stehen selbst unter dem Drucke der Konkurrenz und aus dem gleichförmigen Zuge, in welchem sie marschiren, darf ungestraft durch Verluste so leicht nicht einer heraustreten. Sie suchen vielmehr das Gesetz zu umgehen, wo sie können, und engagiren Kinder aus Holland in der Hoffnung, diese der Kontrolle leichter entziehen zu können. Vor der jüngsten Reform der Gewerbeordnung erklärten sie getreu ihrer alten Taktik von 1853, grossmüthig auf die Kinder unter 14 Jahren verzichten zu wollen, wenn man ihnen volle Freiheit in der Beschäftigung der älteren gewähre, — ein Beweis, dass die Industrie jene Kinder füglich entbehren kann. Da nun andererseits die Regierung wie die liberale Reichstagsmehrheit leider eine Ausdehnung des Normalarbeitstages auf die Frauen und das Verbot der Nacht- und Sonntagsarbeit abgelehnt haben, so muss man sich vorläufig damit bescheiden und erwägen, wie mit den vorhandenen Mitteln jene Ziele erreicht werden können. Das geschieht durch die Ausführung der bestehenden Gesetze, einmal der negativ beschränkenden Fabrik-, dann der positiv gebietenden Schulgesetze. —

Zunächst handelt es sich um die Organisation der Fabrikinspektion. Der jetzige Inspektor in Düsseldorf ist ein Mann von der höchsten akademischen Bildung und den umfassendsten Erfahrungen in allen Welttheilen, seine beiden Kollegen in Aachen und Arnsberg sind Polizeibeamte, welche man gleichfalls durch Techniker zu ersetzen beabsichtigt. Kann man nun so gebildeten Männern zumuthen, den Polizeispion zu spielen, fortgesetzt nächtliche Ueberfälle in Fabriken zu veranstalten und Kinder zu inquiriren? Namentlich in grösseren Bezirken dürfte Preussen sammt all seinen gelehrten Inspektoren gar bald einen grossen Rückschritt in der eigentlich polizeilichen Beaufsichtigung der Kinderarbeit machen. Was mag denn überhaupt das Ministerium bewogen haben, Fabrikinspektoren solcher Art anzustellen? Offenbar weil die Medicinal-, Bau- und Gewerbedepartementsräthe ihr Amt in so ausgefahrenem bureaukratischen Geleise verwalteten, dass eine frische technische Kraft dringend von Nöthen war. Diese Anerkennung des Bedürfnisses nach sachverständigen Technikern neben formal juristisch, nicht einmal nationalökonomisch vorgebildeten Verwaltungsbeamten ist gewiss dankenswerth und es handelt sich nun darum, diese Techniker in den Beamtenorganismus einzugliedern, ohne die polizeiliche Kontrolle der Kinderbeschäftigung zu schwächen. Die gegenwärtige Unterstellung des Inspektors unter das Regierungskollegium ist ganz unhaltbar; derselbe hat in einer Reihe gewerblicher Angelegenheiten mit Regierungsräthen zu konkurriren, ist denselben aber nicht koordinirt und muss sich allerhand Eingriffe eines in diesen Dingen unerfahrenen oder missgünstigen Rathes gefallen lassen. Oder es kann gar bei gewissen politischen Konstellationen sein Eifer ungnädig aufgenommen und ihm in den gehobenen Arm gefallen werden. Der sachverständige Techniker muss auf jeden Fall selbständig hingestellt werden. Das kann auf dreierlei Weise geschehen: entweder wird er als Rath dem Kollegium einverleibt, oder er wird direkt dem Ministerium oder einem Reichsamt unterstellt. Der erstere Vorschlag scheint mir der zweckmässigste; der neue Rath hätte dann als Decernent für alle technisch-polizeilichen Angelegenheiten des Gewerbe- und Arbeiterwesens zu fungiren, wie für das Koncessionswesen, den Schutz von Gesundheit und Leben, die Durchführung der Schutzgesetze für den jugendlichen Arbeiter, des Haftpflichtgesetzes etc.; ein anderer Regierungsrath würde die juristisch-nationalökonomische, ein dritter die medicinalpolizeiliche Seite des Gewerbewesens bearbeiten; in Gegenden mit gering entwickelter Industrie würde für eine ganze Provinz ein Techniker genügen. Die eigentlich polizeiliche Ueberwachung der Kinderbeschäftigung müsste Subinspektoren übertragen werden, ein oder zwei niederen Polizeiofficianten im Bezirke, welche häufig in ihren Revieren wechseln müssten, um Bestechungen zu vermeiden; dieselben würden unter das Regierungskollegium ressortiren. Eine völlig wirksame Kontrolle wird jedoch erst dann erreicht werden, wenn dereinst Arbeiterkammern gebildet sind, die vertrauliche Anzeigen von Uebertretungen der Regierung übermitteln; einstweilen versehen einzelne Socialdemokraten, wie bereits bemerkt, diese Dienste.

Wichtiger noch als eine Organisation der Fabrikinspektion erscheint mir die Reform des Schulwesens. Wenn die Kinder unter 14 Jahren nicht mehr als sechs Stunden am Tage arbeiten dürfen, so müssen sie während der andern Hälfte des Tages beschäftigt werden, sonst werden sie zu Müssiggängern und verwildern. Bei dem Besuch der gegenwärtigen Schulen tritt aber die nämliche Demoralisation ein, denn bei nur zwei Klassen lernen die Kinder vier Jahre lang das Gleiche, vergeuden in unverantwortlicher Weise die Zeit, werden unaufmerksam, hören nur mit halben Sinnen zu, fassen einen Widerwillen gegen die Schule, kommen auf allerlei dumme Streiche und entziehen ihren Eltern einen grossen Theil ihrer Einnahmen. Der Geistlichkeit ist daher nicht der Vorwurf zu machen, dass sie die Kinder vom Besuche solcher Schulen dispensirte, wohl aber der andere, dass sie ihren grossartigen Einfluss nicht genügend zu einer Hebung des Schulwesens benutzt hat. Wenn die neuere Schulpolitik lediglich darauf hinausläuft, die Kinder, welche sich nicht zur schlechten Schule bequemen wollen, hineinzutreiben, so ist damit wenig genützt; die einzige Lösung der Frage liegt in der Einführung mehrklassiger Schulen, wie sie in Crefeld mit Erfolg errichtet worden sind. Bei so nutzbringendem Unterricht sehen die armen Arbeiterfamilien bei ihren Kindern ein geistiges Kapital sich ansammeln, welches wenigstens in der Zukunft das augenblicklich verloren gehende Verdienst ersetzen kann. In der mehrklassigen Schule bereitet man dem Kinde eine Stätte, wo es einen grossen Theil der arbeitsfreien Tageshälfte verbringen kann, ohne dass die Eltern in der Fabrik um dasselbe besorgt zu sein brauchen.

Eine solche Reform des Schulwesens verbunden mit einer strengen Durchführung des Schulzwanges halte ich auch für das einzige praktische Mittel, der Ueberarbeitung der Spul- und Webjungen in der Seidenindustrie entgegenzutreten. Schon jetzt erklären sich in Crefeld bei der sechsklassigen Schule die Weber durchaus mit dem Schulzwange einverstanden, obwohl es ihnen schwer falle, das Verdienst der Kinder zu entbehren. Die Kontrolle ist in der Stadt eine äusserst strenge, denn die Versäumnisse müssen am Nachmittag der Polizei angezeigt werden und bereits am nächsten Morgen steht der Schutzmann vor der Thür des Kindes, um es zu holen. Auf dem Lande beeilt man sich natürlich nicht so sehr, auch ist die Strafe für die Schulversäumniss eine lächerlich geringfügige, sie beträgt nur einen Groschen; zwar ist durch eine Polizeiverordnung die gewerbliche Beschäftigung von Kindern während der Schulzeit bei Strafe von einem Thaler verboten, aber die Kinder sind fast nie bei der Arbeit zu ertappen, da sie sofort vom Spulrad oder Webstuhl anfspringen, sobald der Schutzmann eintritt. Aber selbst bei einer Erzwingung des Schulbesuchs wird eine Ueberarbeitung nicht vermieden.

Ein Socialdemokrat im Wupperthale machte daher den radikalen Vorschlag, den Fabrikanten zu verbieten, Materialien zum Winden, Spulen, Knopfmachen und Aehnlichem an kleine Werkstätten auszutheilen. Indess musste auch er zugestehen, dass durch dieses Verbot der überwiegenden Mehrzahl nach unschädliche Beschäftigungen untersagt und zahllose schöne Verdienste armer Frauen und Mädchen gerade im Schoosse ihrer Familien unmöglich gemacht werden würden. Die Gladbacher Industriellen plädiren für eine Ausdehnung des Kinderschutzes auf die Hausindustrie gegenüber ihren Konkurrenten in der Viersen-Crefelder Gegend. Sie stellen die Arbeit der

Kinder in jenen Windereien und Webereien als die denkbar ungesundeste und schädlichste hin und malen mit mildem Vaterauge die vortrefflichen Zustände in den eigenen Fabriken[1]). Die Viersener blieben die Antwort nicht schuldig: gerade in den Fabriken müssten die Kinder oft 16 Stunden in verpesteter Luft und in gekrümmter Stellung verharren, in den kleineren Werkstätten hätten sie gleich den eigenen Hauskindern mehr Freiheit und verrichteten unter Aufsicht der Töchter eine leichte Arbeit. Das Gesetz vom 16. Mai 1853 fand auf die Hülfsgewerbe der Seidenindustrie keine Anwendung, weil damals in denselben dreijährige Lehrlingskontrakte geschlossen wurden; ein Windereibesitzer in Hüls wurde vom Obertribunal freigesprochen und die Seidenweber für ausserhalb jenes Gesetzes stehend erklärt, weil sie den Handwerksmeistern zuzurechnen seien. Eine Revision der zehntausende über das Land hin zerstreuten Werkstätten erscheint völlig aussichtslos, schon die paar hundert Fabriken werden nicht einmal erfolgreich kontrollirt und man würde die Anzahl der undurchführbaren Gesetze wieder um eines vermehren.

Die Werkstätten sind also zu decentralisirt; darum beaufsichtige man die Kinder an dem Orte, wo sie koncentrirt sind, in der Schule. In der Zone der glatten Seidenstoffe und in den anderen grösseren Weberdörfern mit übermässiger Beschäftigung von Kindern müsste eine Polizeiverordnung bestimmen, dass dieselben nach Beendigung des Unterrichts am Nachmittag nicht sofort nach Hause entlassen werden, sondern ein bis zwei Stunden auf dem freien Platze spielen und turnen; Dispensation von diesem obligatorischen Luftgenuss und Bewegung wäre nur unter erschwerenden Formalitäten möglich, wenn Lehrer, Schulinspektor, Pfarrer und Bürgermeister sich überzeugt hätten, dass die Kinder nicht beim Spulen oder Winden beschäftigt werden; der Lehrer erhielte eine geringe Vergütung dafür, dass er dann und wann einen Blick auf die sich umhertummelnden Kinder würfe. Die Durchführung meines Vorschlages, der mehreren Lokalbeamten ganz acceptabel erschien, würde zwar noch nicht erreichen können, dass die Kinder ganz frisch in die Schule kämen, wohl würde aber das lange Sitzen auf der Schulbank und dem Spulschemel durch körperliche Bewegung ausgeglichen werden. Ein Landbürgermeister schlug sogar vor, die obligatorische Turn- oder Spielstunde auf den Morgen vor Beginn des Unterrichts zu verlegen. Bezüglich der Kinder über 14 Jahre befinde auch ich mich in voller Rathlosigkeit; erst bei einer korporativen Organisation

---

[1]) Eingabe der Gladbacher Handelskammer vom 31. Januar 1874. — Kgl. Regierung zu Düsseldorf. Acta I. III. 5. 1. Petition der Windereibesitzer vom 6. December 1853. — L. Seyffardt: Die kath. Volksschule am Niederrhein 1877.

der Arbeiter liesse sich den Gewerkschaften die Kontrolle der Kinderbeschäftigung als staatliche Funktion auferlegen. —

Aber selbst wenn die Gesundheit der Kinder durch Bewegung in freier Luft und ihre Schulbildung durch regelmässigen Unterricht gehoben werden, so ist damit doch nur ein geringer Theil der allgemeinen Erziehung erreicht; es bedarf einer technischen und wirthschaftlichen, socialen und politischen, sittlichen und religiösen Bildung. Da das religiöse Leben in der katholischen Bevölkerung ein so ausserordentlich entwickeltes ist, so würde jeder Bildungsversuch, der nicht auf der Basis der Religion und mit Hülfe ihrer Diener vorgenommen würde, ein vergeblicher sein und an den bestehenden Thatsachen scheitern. Daher ist es in erster Reihe die Geistlichkeit, die in Folge ihrer angesehenen Stellung, ihres ungeheuren Einflusses und ihres zahlreichen Personals zur Einwirkung auf die Arbeiterklasse berufen ist. Leider steht dieselbe noch nicht auf der Höhe ihrer Aufgabe. Die ältere Generation ist in manchesterlichen Traditionen aufgewachsen und bekümmert sich um die specifischen Arbeiterverhältnisse fast gar nicht; die Seelsorge und die Amtsverrichtungen nehmen in kirchlicher, die eventuelle Opposition gegen die Staatsgesetze in politischer Hinsicht ihre Thätigkeit in Anspruch; die jüngere Geistlichkeit beweist zwar ein regeres Interesse und bringt allen auf das Wohl der Arbeiter gerichteten Bestrebungen gewisse Sympathieen entgegen, ein Theil derselben beginnt sich sogar als Vorkämpfer der berechtigten Ansprüche des Arbeiterstandes aufzuwerfen, indessen muss man abwarten, inwieweit ihr Auftreten nur ein politisches Agitationsmittel ist oder inwieweit sie Thatkraft genug besitzt, um nicht nur durch Reden, sondern auch durch Handlungen an der socialen Reform theilzunehmen. Jedoch selbst unter all diesen Reserven muss man anerkennen, dass die katholische Geistlichkeit Bedeutendes geleistet hat, verglichen mit den protestantischen Pastoren z. B. auf dem rechten Rheinufer und mit den übrigen Ständen im eigenen Lande. Wo findet sich sonst ein Beruf, der soviel Verständniss, soviel Herz und soviel Kontakt mit der arbeitenden Klasse hat?

Die Einwirkung der Geistlichkeit kann theils im persönlichen Umgange, theils in Vereinen stattfinden. Mit Recht bemerkt der thätige Kaplan Dr. Norrenberg in Viersen, dass solche Vereine keineswegs den Geistlichen eine neue Last auferlegen, vielmehr ihnen die Seelsorge erleichtern, wenn man nämlich unter der Erleichteruug der Seelsorge nicht eine Verminderung des Arbeitspensums, sondern leichtere Ueberwindung der der Seelsorge im Wege stehenden Hindernisse und die Lösung der ihr gestellten Aufgaben versteht. Es giebt zwei Arbeiterinnenvereine; der eine in Gladbach seit 1869 vom Kaplan Liesen, der andere in Viersen seit 1876 vom

Kaplan Dr. Norrenberg geleitet. Am Sonntag Nachmittag wird den Mitgliedern Unterricht im Gesang, Unterweisung in jeder Art Handarbeit und Gelegenheit zu passenden Spielen, Deklamationen, Gesängen, Vorträgen und sonstigen Unterhaltungen geboten; dadurch wird bezweckt, die Mädchen zu einem pflichttreuen, tugendhaften Lebenswandel aufzumuntern; im Viersener Verein ist es specielle Aufgabe der „Meisterinnen", die jüngeren Arbeiterinnen auch an Werktagen zur Frömmigkeit und jungfräulich sittsamer Haltung anzuleiten und in ihnen den Stolz zu wecken, „Vereinsmädchen" zu sein. In Gladbach zählte der Verein im Jahre 1875 etwa 200 Mitglieder; an dem Unterricht in Handarbeiten betheiligten sich 70, an den Gesangübungen 120, an den gemeinsamen Unterhaltungen ausser den Einwohnerinnen des Hospizes noch 200 andere Fabrikarbeiterinnen. Der Viersener Verein zählte 1878 sogar 370 Mitglieder und ihm gehörten fast alle in der Haus- und Fabrikindustrie beschäftigten jungen Mädchen von 16—20 Jahren an. Den Segen solcher Vereine wird erst derjenige voll bemessen können, der in Fabrikstädten das Treiben der Arbeiterinnen selbst beobachtet hat. Man kann mit Sicherheit annehmen, dass jeder Bursche mit seinem Schatz mindestens einen Tagelohn (= 16 Procent seines Einkommens) am Sonntag Nachmittag verausgabt, meist ohne einen heiteren und anständigen Genuss. Die Regelung der Konsumtion durch ein Darbieten passender Vergnügungen erscheint fast wichtiger als eine Erhöhung des Einkommens; an diesem Punkte haben die Arbeiterinnenvereine einzusetzen. Der Ton der Mädchen wird anständiger, ihr Benehmen sittsamer werden. Auch auf die jüngeren Arbeiter müsste in ähnlicher Weise durch Vereine eingewirkt werden.

An die Seite der Geistlichkeit müsste der Fabrikantenstand treten. Das alte patriarchalische Herrschaftsverhältniss ist zerstört, die gegenseitige Entfremdung hat lange genug gedauert und es ist die höchste Zeit, dass auf der neuen Basis der rechtlichen, socialen und politischen Gleichheit der Fabrikant dem Arbeiter gegenübertritt nicht als Feind, sondern als Freund, der in Folge seiner höheren Kultur die sociale Pflicht fühlt, auf die Erziehung desselben einzuwirken. Diese Pflicht hat er der menschlichen Gesellschaft gegenüber, welche durch die Gestaltung des Fabrikwesens leiblich und geistig, sittlich und wirthschaftlich untergraben worden ist, diese Pflicht hat er den Eltern gegenüber, die ihr Theuerstes dahingeben, wenn sie ihr Kind auf die Fabrik schicken. Dort können sie keine Bedingungen für die Aufrechterhaltung der Religiösität und Moral, Gesundheit und Bildung ihres Kindes stellen, man würde sie als Halbverrückte auslachen; dort herrscht die absolute Subordination unter die Rentabilität des Unternehmens, vor der alle jene Forderungen als sentimentale Anwandlungen zum Stillschweigen gebracht werden. Und doch, wieviel kann ein Fabrikant mit socialem Pflichtgefühl leisten! Die Trennung der Geschlechter, das Verbot von ungeziemenden Reden und Thaten, die Anstellung von Meisterinnen, welche sinniger auf die Mädchen einwirken als die Männer, die Sorge für die landfremden Mädchen in Hospizen, deren Erziehung zu häuslichen Arbeiten, alle jene zahllosen Wohlfahrtseinrichtungen, welche die Noth Einzelner lindern, besonders die ehrliche Befolgung der Fabrikgesetze, — das Alles sind Fälle, wo sich die Grundsätze der Nächstenliebe in der Benutzung der Arbeitskraft zur Geltung bringen lassen. Ein Umschwung nach dieser Richtung wird der Fabrikindustrie, wenn nicht alle, so doch die schlimmsten jener Härten benehmen, die ihr bis jetzt, so manches auch schon besser geworden ist, noch anhaften. Und wenn manche Fabrikanten für solche Vorschläge nur ein überlegenes Lächeln haben, einzelne verstehen ihre Bedeutung; und die, welche sie nicht verstehen, werden vielleicht durch ihre Frauen zu gewinnen sein, falls sie dieselben, wie ichs zum grossen Segen in vereinzelten Fällen gesehen habe, wöchentlich zur Fabrik mitnehmen. Wenn dann der Mann auf dem Komptoir nur an das Geldverdienen denkt, — vielleicht findet sein Weib in der Industrie auch sittliche Ideale!

Vierter Abschnitt.

Die Arbeiterbewegungen.

I. Die Arbeiterbewegungen in Crefeld und Gladbach.

Bis in die 1840er Jahre hat in der Crefeld-Gladbacher Gegend das patriarchalische Verhältniss noch existirt. Ein Klassenbewusstsein trennte die Arbeiter noch nicht von ihren Fabrikanten, sie lebten dumpf in den Tag hinein, von Sonnenaufgang bis zum späten Abend an der mechanischen Arbeit thätig und froh, wenn sie ihr Brot verdienten. Wurde die Noth zu gross, so führte die Unerträglichkeit des Elends sie momentan zusammen; in ordnungslosem Gebahren und in Strassenkravallen machten sie ihren Gefühlen Luft und erreichten für den Augenblick eine Besserung der Arbeitsbedingungen, wie im Jahre 1828. Politisch führten die Weber ein Traumleben, unklar über sich selbst und ihre Stellung im Staate, politische Ansichten hatten sie keine oder jedenfalls keine anderen, als ihnen der Geistliche oder der Kaufmann gelegentlich beigebracht hatten; auch kamen sie nie in die Lage, ihre politische Meinung abzugeben.

Die erste sociale Bewegung, welche den Crefelder Weberstand mächtig erfasste, war die im Jahre 1848. Dieselbe war weder eine politische, noch eine socialistische, vielmehr eine individualistische in eminentem Sinne: die bisherigen Lohnarbeiter wollten selbständige Handwerksmeister werden. Formell fanden sie diese Anerkennung; die flotten Jahre liessen alle Unzufriedenheit vergessen, die Weber verlebten die glänzenden Flitterwochen ihres jungen Handwerkerstandes, sie verdienten artige Summen, sie wiegten sich im Wahne, wirklich kleine Bourgeois zu sein, und nannten sich mit Vorliebe „Fabrikanten" gegenüber ihren „Kaufleuten" oder „Kommissionären".

Da begann mit der Krisis von 1857 wiederum die Noth; der Lohn sank unter die Sätze der Liste, das Vorschusswesen hielt die Arbeiter in tiefer Abhängigkeit, den Meistern war jede Aussicht auf eine bessere Zukunft als Kleinbürger durch Sparen benommen, die Fabrikanten waren doppelt barsch im Umgange und bereiteten dadurch bei dem völligen Zerfall des patriarchalischen Verhältnisses einen empfänglichen Boden für jene Lehre, welche, den Lohnarbeiterstand als selbständige

Klasse mit besonderen Interessen auffassend, zu seinen Gunsten eine radikale und plötzliche Umkehrung der bestehenden politischen und wirthschaftlichen Zustände forderte. Vom Wupperthale und von Düsseldorf aus schlug die socialdemokratische Agitation auch auf die linksrheinischen Webergegenden hinüber; die Gräfin Hatzfeld bot einem als zum Processmachen „brauchbar“ bekannten und von allen Parteien benutzten Meister 1000 Thaler zu einem Strike. „Damit könne er die Weber nicht einen Tag lang ernähren, er brauche 25000 Thaler!“ — „Dann hätte ich das Geld genommen und sie hätte zusehen können, wo es geblieben!“ fügte der Ehrenmann hinzu.

Als dann zum ersten Male das deutsche Volk zur Wahlurne schritt, brachten die Socialdemokraten eine starke Minorität, welche sich auf 2000 Stimmen belief, gegen den liberalen Abgeordneten für Crefeld auf. Auch in Gladbach begann Mende eine Agitation, er veranlasste im Jahre 1868 Strikes und sagte Geldunterstützungen zu, welche aber ausblieben. Die liberalen Fabrikanten waren voller Angst; sie wandten sich an den dortigen sehr einflussreichen Oberpfarrer und baten ihn flehentlich, gegen die Volksverführer aufzutreten. Das geschah denn auch durch eine treffliche Rede in der Kirche; dennoch brachten es die Socialdemokraten allmählich auf 1800 Stimmen. Diese zweite Arbeiterbewegung war eine ausgesprochen politisch-demokratische und socialistische; es mochte ihr das Lassalle'sche Ideal von Produktivgenossenschaften mit Staatshülfe vorschweben.

Als nun nach dem Kriege von 1870 die Konjunktur eine ausserordentlich günstige wurde, die Löhne eine ungewöhnliche Höhe erreichten und die fleissigen Meister es zu ganz bedeutendem Einkommen bringen konnten, da begann doch hier und da hervorzuschimmern, dass die Ideale des Weberstandes nicht ganz mit denen der Socialdemokratie übereinstimmten. Zunächst täuschte sich der Weberstand in seiner Mehrheit nicht über die Möglichkeit des Erfolges von Produktivgenossenschaften; ferner war er auch durchaus nicht zu socialistischem Zusammenarbeiten disponirt; schon seiner lokalen Zerstreutheit wegen ist er vollkommen individualistisch gesinnt und hat daher das klare und bündige Ziel der Individualisten, er will Unternehmer sein oder werden, sich etwas ersparen, etwas vorwärts bringen; wie ein Weber sein Ideal ausmalte: „Ich will selbständiger Meister sein, anständig dabei leben, essen und mich kleiden, meine Kinder erziehen, Sonntags mit meiner Frau spazieren gehen, dann und wann mein Glas Bier trinken, dazu meine Pfeife rauchen und mich über die Angelegenheiten des Arbeiterstandes unterhalten.“ Zu allem dem gehört eine gewisse Höhe und Sicherheit des Lohnes. Dieser wurde dem Weber damals geboten, diesen reellen Nutzen der Konjunktur genoss er, das war für ihn ein greifbares Resultat. Es gab Meister mit über 600 Thaler Einkommen, die fleissigen mit erwachsenen Kindern wohnten im eigenen Häuschen, hatten Garten und Kartoffelland, auf ihren Stühlen arbeiteten ein paar Gehülfen, sie waren Arbeitgeber, — das Ziel der Bourgeois schien erreicht. Ausserdem widerfuhr der Socialdemokratie das Unglück, dass einige ihrer Agitatoren an anderen Orten Reden abweichender Tendenz hielten. Kurz, es gerieth einerseits die Socialdemokratie durch Schuld ihrer Führer in Misscredit, andererseits ein Theil des Weberstandes in eine Entwicklung, deren Ziel eine Art selbständigen Kleinbürgerthums war. Doch hätte alles dieses die Socialdemokratie noch nicht vernichtet.

Da trat mit dem Kulturkampf ein neues Princip für die Parteibildung auf; die Weber mussten Stellung nehmen in einer bisher neutralen Frage.

Der bisherige sociale Gegensatz zwischen Fabrikanten und Arbeitern blieb bestehen, ein neuer kirchlicher Gegensatz von Liberalen und Klerikalen trat hinzu. In dem Kampfe zwischen Liberalen und Socialdemokraten war die Geistlichkeit mehr oder weniger neutral geblieben; hatte sie doch keine Veranlassung für die protestantischen und antiklerikalen Liberalen sich zu erwärmen und musste sie doch vorsichtig den von Juden und Atheisten geleiteten Revolutionären gegenüber sein. Nun aber begann ein Kampf gegen die Geistlichkeit selbst, sie musste heraustreten aus ihrer Reserve und sich Stützen suchen. Wo fand sie dieselben? Es erwies sich, dass in Crefeld ohne Ausnahme und in Gladbach in der Mehrzahl die Fabrikanten Protestanten oder antiklerikale Katholiken waren, von diesen war also nichts zu erwarten. Es musste sich die Geistlichkeit der andern Klasse zuwenden; diese wurde gebildet durch das Volk, die Arbeiter, die Weber. Erwägt man die erstaunliche und imposante Macht des katholischen Klerus über seine gläubigen Bekenner, so wird es verständlich, wie jetzt bei den aufs Höchste gespannten Anstrengungen der Einfluss auf das Volk ein noch grösserer wurde, indem er es aufforderte, für sein Theuerstes, die heilige Religion und die Gewissensfreiheit, einzutreten.

Es muss dahingestellt bleiben, ob der kirchliche Gegensatz allein genügt hätte, das Volk dauernd an die Geistlichkeit zu fesseln; zufällig traf in jener Gegend der kirchliche mit dem socialen Gegensatz zusammen. In dem Lager der liberalen Partei sammelten sich alle Protestanten und freisinnigen Katholiken; den Ton und die Direktion gaben aber die Fabrikanten vermöge ihres Reichthums, ihrer Bildung und ihres socialen Einflusses an. Die liberale Partei erschien als Vereinigung der Fabrikanten und Antiklerikalen, die Centrumspartei als Vereinigung der Arbeiter und des Klerus. Mehr als jemals wurden die Geistlichen als Feinde der liberalen Fabrikanten zurückgeworfen auf das Volk, mehr als früher näherten sie sich persönlich den Webern. Der Kaplan ist der einzige, der Herz zum Herzen mit dem Arbeiter spricht, Frau und Kindern Rath ertheilt, sie im Unglück aufrichtet, Segen, Trost und Almosen spendet. Ihm ist keine Stube zu eng, kein Weber zu arm, kein Stolz hält ihn ab, mitten unter dem Volke sein Bier zu trinken. Wie vor tausend Jahren in raschem Siegeslaufe das Christenthum die Herzen dadurch gewann, dass es als Schutz und Schirm der Schwachen und Unterdrückten sich darstellte, so hat der Katholicismus eine seiner festesten Stützen in dem Verhältniss seiner Diener zum Herzen der Weber. In den Tiefen des Gemüthslebens werden beim gemeinen Manne die politischen wie auch alle anderen Fragen entschieden. Und weil er die Wahl hat zwischen den liberalen Fabrikanten hier, gegen deren feindlichen Willen etwas erreicht werden soll, und den trost- und almosenspendenden Kaplänen dort, welche die Erfüllung seiner Wünsche als Parole ausgeben, bleibt er nicht zweifelhaft in der Entscheidung. Wer die Macht des Katholicismus nur in der Dummheit und in dem Aberglauben der Masse sieht, der unterschätzt die Wurzel der gegnerischen Macht vollständig. Nicht darauf beruht dieselbe, dass der Arbeiterstand die hierarchischen Gelüste des Priesterthums theilt, — daran ist er ja sehr wenig interessirt, — sondern darauf, dass die Liberalen mit den Fabrikanten identisch sind. Die Feinde der Klerikalen sind auch die Feinde der Arbeiter; beide eint der gemeinsame Hass gegen den liberalen Fabrikanten. Die Weber sind Anhänger des Ultramontanismus, nicht so sehr weil er eine kirchliche, als weil er eine sociale Partei geworden ist.

Und noch ein dritter Genosse gesellt sich zum Bunde von Geistlichkeit und Arbeiterstand: das gebildete und das kleine katholische Bürgerthum. Auch dieses steht nicht allein in religiöser, sondern auch in einer Art socialer Opposition, da in den katholischen Industriegegenden die Protestanten und freisinnigen Katholiken das mobile Geldkapital und die Grossindustrie repräsentiren. Das katholische Bürgerthum jener Gegenden hat daher viel Sympathieen für den Arbeiterstand, ihm fällt die Leitung der Partei zu und die Weber haben gebildete Führer an der Spitze. Das ganze katholische Volk steht zusammen auf der Basis gemeinsamer kirchlicher und gemeinsamer socialer Interessen. Die Folgen dieser Allianz sind einerseits eine grosse Mässigung in den Forderungen der Arbeiter, andererseits ziemlich weitgehende Forderungen der Centrumspartei, welche in den letzten zwei Jahren ein lebhafteres Interesse als irgend eine der anderen Parteien für die berechtigten Ansprüche des Arbeiterstandes an den Tag gelegt hat.

II. Der katholische Socialismus in Aachen.

In Aachen hat die politische Parteibildung eine wesentlich andere Entwicklung genommen.

Die zusammengehörenden Orte Aachen und Burtscheid bilden eine uralte und grosse, fast rein katholische Industrie- und Arbeiterstadt; die Bevölkerung wird sich bald auf 100000 belaufen und die ganze nähere Umgebung ist übersäet von Fabriken, Hüttenwerken und Ziegeleien. Und nicht plötzlich, in rapidem Aufschiessen hat sich eine solche Grösse gebildet, sondern in stetiger Zunahme, so dass der traditionelle Character der Einwohnerschaft bewahrt geblieben ist. Seit Jahrzehnten ist dieselbe unter dem Drucke von Fabrikanten und Geistlichen gross geworden und das ursprünglich gutmüthige und schwache Volk ist in Folge dessen zu einem furchtsamen, feigen und daher tückischen Volke ohne Selbstbewusstsein geworden, welches grell absticht gegen die Eupener, Crefelder oder gar gegen die energische Arbeiterschaft im bergischen Lande. Dumpf und dumm in bejammernswerther Lage hatte der Aachener Arbeiterstand dahingelebt, in unwürdiger Furcht, die Mütze in der Hand, vor dem Herren stehend und in tiefer Unterwürfigkeit nur stotternd mit ihm redend, ebenso wie den Verpflichtungen seiner Kirche mit Aengstlichkeit nachkommend. Sein Leben war nur durch zwei Bestrebungen ausgefüllt: mit den geringsten äusserlichen Anstrengungen den beiden grössten Schreckmitteln, Hunger und Hölle, zu entgehen. Von socialen und politischen Gedanken war keine Spur, und nur bei äusseren Anlässen brach der verhaltene Ingrimm hervor und machte sich in blinder Zerstörungswuth Luft, wie am 30. August 1830 und 5./6. September 1836; beide Excesse galten lediglich missliebigen Fabrikanten und den verhassten Spinnmaschinen, denen man die Arbeitslosigkeit zuschrieb.

Wesentlich anderer Natur war die Bewegung im Jahre 1848. Diesmal war es das liberale Bürgerthum, welches wie überall im Rheinland, so auch in Aachen, sich an die Spitze stellte; die rheinischen Grossindustriellen, die nachmaligen Minister, Barone und Kammermitglieder sympathisirten mit der Bewegung, und bürgerliche Demokraten leiteten das Volk. Vom 13. März bis zum 17. April waren die Excesse an der Tagesordnung, bis endlich das Militär einschritt und an einem Tage die Ruhe wieder herstellte. Die Arbeiter hatten den Lärm machen helfen ohne Ideen, ohne eigene Zwecke; sie waren die Werkzeuge in den Händen ihrer Leiter und führten aus, was der Zufall ihnen auferlegte: hier zerstörten sie das Haus des unbeliebten Bürgermeisters, dort warfen sie verhassten Fabrikanten die Fenster ein, — es war eine gedankenlose Wuth gegen einzelne Personen. Seitens der Liberalen war es freilich eine bewusste und zweckverfolgende Bewegung, den Arbeitern kamen die leitenden Ideen nicht zum Bewusstsein.

Die sociale Bewegung, welche nach der Revolution in Gang kam, hatte ihren Ausgangspunkt nicht im Arbeiterstande, sondern in der niedersten Klasse des Bürgerthums, welche sich durch die moderne wirthschaftliche und sociale Entwicklung bedroht sah, im Handwerkerstande. Der Gewerbeverein und später der Gewerberath strebten eine korporative Organisation desselben an, aber verlassen und ignorirt von Liberalen und Klerikalen wie von der Regierung erzielten sie keine Resultate und lösten sich im Jahre 1860 auf; die socialen Bestrebungen des Handwerks als Stand nahmen ihr Ende. Ein bleibendes Verdienst hat der Gewerberath sich erworben durch seine energische Agitation für die Einführung der gewerblichen Unterstützungskassen. Die Fabrikanten sträubten sich aufs äusserste gegen die Vollstreckung des Gesetzes, welches ihnen neue Lasten (ein Drittel der Beiträge) auferlegte und machten ihre Arbeiter aufsässig gegen die ihnen zugewandte Wohlthat. Zwei Jahre lang vermochten sie die Sache hinzuziehen, bis endlich von Berlin aus ein Statut oktroyirt und 1856 vom Bürgermeister verkündet wurde. Die Aufregung der Masse war eine ausserordentliche, auf dem Kapuzinergraben wogte das Volk auf und ab, es zog vor des Bürgermeisters Wohnung, das Militär war konsignirt. Zum Glück blieb die Ruhe gewahrt. Nur durch unnachsichtige Anwendung des Gesetzes gelang es, die Fabrikanten zu zwingen, welche durch allerhand Manöver dasselbe zu umgehen suchten und noch heute umgehen.

Der Arbeiterstand blieb in den 1860er Jahren die frühere einsichtslose Masse ohne andere wirthschaftliche Herren als die Fabrikanten und ohne andere geistige Führer als die Geistlichen. Die letzteren waren aufgewachsen in den Traditionen der guten alten frommen Zeit, sie waren ausschliesslich Seelsorger, für welche nur eine religiöse Frage existirte: den Arbeiter in den Himmel zu bringen; war dieser gesichert, so konnte während der Pilgerfahrt auf Erden das kurze Elend schon ertragen werden. Namentlich die höhere Geistlichkeit und die Pastoren standen dem Volke fern; waren sie doch mit den herrschenden Klassen verwandt und unterhielten lebhafte gesellige Beziehungen zu denselben. Eine solche Stimmung erhielt sich traditionell, indem geborene Aachener in ihre Vaterstadt versetzt wurden oder nach ihrer Verabschiedung wieder dahin zogen und als Einheimische grossen Einfluss gewannen. Die jüngeren Kapläne und die Landgeistlichkeit hatten zwar mehr Berührungspunkte mit dem Volke, besassen aber auf den Gang der Ereignisse keinen Einfluss und durften gegen den Willen der vorgesetzten Behörden nichts unternehmen. Als Massnahmen gegen das Elend galten in erster Reihe erhöhte Religiösität, welche die irdische Noth der Gegenwart vergessen lehrt gegenüber den zukünftigen ewigen Freuden des Paradieses, dann in wirthschaftlicher Beziehung grösserer Fleiss und Sparsamkeit, seitens der Kirche aber Almosen und Armensuppen, zu welchen sie durch Stiftungen und Geschenke christlich gesinnter Reicher in Stand gesetzt wurde. Die Arbeiter wurden in Kongregationen wie z. B. den Piusvereinen zusammengefasst, Kapläne traten überall an die Spitze und erhielten das Volk in Anhänglichkeit und Abhängigkeit. Das war die Staats- und Socialweisheit der damaligen Zeit, sie war bei den herrschenden Klassen nicht höher entwickelt als bei der Geistlichkeit; allenthalben mangelte es noch an Verständniss für eine Erziehung des Arbeiterstandes.

Da war es im Jahre 1863, als Döllinger und 1864 vor allem der Bischof Ketteler von Mainz das Interesse der Geistlichkeit für die sociale Frage erweckten und im Anschluss an das genossenschaftliche Princip und Lassalle'sche Ideen eine Bewegung einleiteten, welche sich unaufhaltsam in allen Konsequenzen ausprägen wird. Diese vereinzelten Anregungen gewannen Kontinuität durch die Monatsschrift der „Christlich-socialen Blätter“, welche im Jahre 1868 in Aachen gegründet und später vom Kaplan Schings übernommen wurde. Seitdem ist dieselbe das Organ der für Arbeiterverhältnisse sich interessirenden höheren Geistlichkeit und katholischen Bourgeoisie geblieben, im Volke selbst und namentlich in Aachen aber gar nicht verbreitet.

Tiefgreifender als die Presse wirkten die christlich-socialen Vereine. Es waren dies theils Genossenschaften, theils Vereine zur sittlichen und geistigen Hebung der Arbeiter, von Kaplänen im Geiste der Bourgeoisie geleitet. Anders in Aachen. Hier gründete im Jahre 1869 den Paulusverein der Kaplan Eduard Cronenberg, ein Mann, durch Begabung und höhere Bildung, Energie und volksthümliche Beredtsamkeit, Ehrgeiz, Schlauheit und rücksichtslose Verfolgung seiner Zwecke dazu berufen, der Führer der ersten selbständigen Arbeiterbewegung in Aachen zu werden. Der Ausgangspunkt seines Vereins schien anfangs der nämliche wie derjenige aller übrigen: belehrende Vorträge und unentgeltliche Unterrichtsstunden fanden statt, Verstorbene wurden mit der Vereinsfahne zu Grabe geleitet und Messen für sie gelesen, innerhalb des Vereins wurden nach Berufen „Erwerbsgemeinden“ und bei den Enquêten des Reichskanzleramtes Ausschüsse gebildet, welche umfangreiches Material geliefert haben. Unabhängig vom Verein gründete Cronenberg eine Baugenossenschaft, um Wohnungen für die Arbeiter herzustellen. Das erste Gebäude war das Paulushaus mit einem weiten Saale für 4000 Personen, in welchem sich der Paulusverein, der Sänger- und der Dilettantenbund etablirten. Zu den grossartigen Festen, den dramatischen und Opernvorstellungen am Sonntag fanden sich Bürger aus allen Berufen im Lokale ein, die Vorträge und Versammlungen am Montag und Dinstag waren sehr besucht, in der Glanzzeit zählte der Verein fast 5000 Mitglieder und der Name Cronenberg schwebte auf Jedermanns Lippen. Dieser eine Mann war eine Macht, welche selbst der Erzbischof von Köln respektiren musste.

Die Socialdemokratie wurde völlig ausgerottet. In Volksversammlungen zog sie überall den kürzern; wo, wie am 12. Januar 1870, in der Tonhalle drei Lasalleaner auftraten, wurden sie von den Kaplänen Cronenberg und Laaf niedergeredet, im Jahre 1877 brachten sie bei der Wahl kaum 50 Stimmen auf, und noch im Januar 1878 konnte die Kölner Freie Presse schreiben: alles was in Aachen nicht nach christlichem Socialismus riecht, ist verpönt. Die liberalen wie die katholischen Bourgeois schimpften weidlich über die Socialdemokraten; kein einziger hatte aber den persönlichen Muth gegen sie aufzutreten, und den Kaplänen, die ihn besassen, fiel naturgemäss die Führung des Volkes zu. Andererseits suchte der Paulusverein auch auf dem Lande Propaganda zu machen, in Eschweiler, in Stolberg und Eupen, wo er 1872 für die ausgesperrten Arbeiter Partei ergriff und sie mit Geld unterstützte, selbst im holländischen Vaels, wo ihm aber die Jesuiten entgegenarbeiteten.

Je grösser der Verein wurde, je häufiger die Arbeiter in der guten Zeit sich zu Versammlungen, Festen, Vorträgen zusammenfanden, desto mehr wuchs das Selbstgefühl der Masse, das schlummernde Bewusstsein ihrer Solidarität begann sie zu durchdringen und zu einheitlichem Handeln zu bewegen. Von nicht zu unterschätzender Bedeutung und von tiefer psychologischer Wirkung wurde der damals übliche Vertragsbruch. Nicht nur das erhöhte Verdienst veranlasste zu demselben; mitwirkend war auch das Streben, die alten Fesseln zu lösen und durch oftmaligen Wechsel des Arbeitgebers die alte Abhängigkeit nicht mehr aufkommen zu lassen. Das dienstbare Verhältniss wurde dadurch gebrochen und das Selbstgefühl des Arbeiterstandes ganz ungemein gehoben.—

Da begann der Kulturkampf und damit in kirchlicher, in wirthschaftlich-socialer und in politischer Hinsicht innerhalb der katholischen Bevölkerung eine Scheidung zwischen ultramontanen Bourgeois und socialistischen Arbeitern einzutreten.

Der erste Schritt zur Trennung in kirchlicher Beziehung wurde bei Gelegenheit der Ergebenheitsadresse des Klerus an den Erzbischof am 30. Januar 1873 gethan, in welcher die zukünftigen Massnahmen desselben schon im voraus gutgeheissen wurden. Die Kapläne Cronenberg und Dr. Litzinger unterschrieben die Adresse nicht.

In wirthschaftlich-socialer Hinsicht säumte die Centrumspartei irgend eine Massregel vorzuschlagen, daher wurden die Arbeiter ungeduldig, und Cronenberg begann die Angelegenheit in die eigne Hand zu nehmen, indem er auf den 1., 2. und 3. December 1873 einen Kongress der christlichen Arbeiter von Rheinland und Westphalen in das Paulushaus einberief. In dem Vorberichte erklärte er, dass mit den „Christlich-socialen Blättern“, deren Redacteur in seiner materiellen Existenz grösstentheils von denselben abhängig sei, freie Männer christlich-socialer Richtung sich nicht befreunden könnten, dass ferner die bisherigen Generalversammlungen der Katholiken sich fast ausschliesslich mit religiösen Fragen beschäftigt und auf das Gebiet der christlichen Karitas beschränkt, den Kern der socialen Frage aber unberührt gelassen hätten, und dass endlich das im März 1870 in Elberfeld niedergesetzte Centralkomité nichts mehr von sich hören lasse, — daher müssten die christlich-socialen Arbeitervereine selbständig handelnd auftreten.

Die Gegenstände, welche auf dem Kongress zur Verhandlung gelangten, waren sehr mannigfaltige. Eine Enquête über Arbeiterverhältnisse seitens der Vereine wurde beschlossen und theilweise auch ausgeführt, obwohl die Resultate nicht verarbeitet worden sind. Die Reorganisation der Armenpflege wurde berathen, die Bildung von Baugenossenschaften für wünschenswerth erklärt, die Gründung grösserer Bildungsvereine in Aussicht genommen und die „Essener Blätter“ den Arbeitervereinen empfohlen. Der Kongress erklärte sich für unverkürzte Beibehaltung der Koalitionsfreiheit, für den Normalarbeitstag von 10 Stunden in Fabriken und 8 Stunden in Bergwerken, — Ueberstunden sollten doppelt gelohnt werden, — für die Abschaffung der Sonntagsarbeit und der Arbeit der verheiratheten Frauen, für die möglichste Einschränkung der Mädchenarbeit in Fabriken, für eine Aufbesserung der Gehälter der Schullehrer, für eine Theilnahme der Arbeiter bei Aufstellung von Fabrikordnungen und bei Fesstellung der Verwendungen von Strafgeldern, für eine Reform des Gewerbegerichts in dem Sinne, dass ein Jurist als Richter den Vorsitz führt, die Beisitzer zu gleichen Theilen Arbeitgeber und -nehmer sind und Diäten beziehen. Endlich ersuchte der Kongress den Paulusverein zu Aachen, zur Aneiferung der übrigen Arbeitervereine mit der Errichtung von „Erwerbsgemeinden“ für billigere Beschaffung der gewöhnlichen Bekleidungsstücke und Nahrungsmittel vorzugehn.

Die Anträge des örtlichen Komités, d. h. Cronenbergs, waren nicht unerheblich weitergehend. Dieselben empfahlen die Produktivgenossenschaften, forderten ein Verbot der gesammten Frauenarbeit in Fabriken, schlugen eine Gesammtadresse der Arbeiter für die Einführung des allgemeinen directen und geheimen Stimmrechts für alle Vertretung vor, sie nahmen eine allgemeine Organisation der Arbeiter über ganz Deutschland in Aussicht, in der Art dass die Führer der Vereine häufig zu Besprechungen zusammenkommen sollten.

Ein zweiter Kongress am 7. und 8. November 1875 wiederholte nur die früheren Beschlüsse; neu angenommen wurden die Abschaffung der gesammten Frauenarbeit in Fabriken, die Errichtung von Bureaus für Auskunftertheilung bei Haftpflichtansprüchen und beim Suchen nach Beschäftigung und Wohnungen, die Verallgemeinerung von Lesezimmern, Bibliotheken und Bildungsmitteln. Alle christlichen Socialisten sollten zu einem Centralverein zusammentreten, und die bedeutungsvollste Folge der inzwischen eingetretenen Ereignisse war: erstens, dass die 1873 gefasste Resolution, dass der Arbeiterkongress sich vertrauensvoll an den katholischen Klerus der Arbeitergegenden wende mit der Bitte für die Errichtung von Arbeitervereinen thätig zu sein, — fallen gelassen, und dass zweitens empfohlen wurde, bei den Reichstagswahlen eigene Arbeiterkandidaten aufzustellen.

Unterdessen war nämlich die politische Spaltung eingetreten. In Aachen handelt es sich bei den Reichstagswahlen nicht um einen Kampf zwischen Liberalen und Klerikalen; die ersteren sind völlig in der Minderheit und bringen für ihren Kandidaten nur etwa 1000 Stimmen auf. Am besten charakterisirt sich ihre Stärke und ihr Einfluss dadurch, dass sie bei den Stadtrathswahlen in der ersten Klasse siegen, in der zweiten gegen eine kleine Majorität unterliegen und in der dritten nur der Form wegen einen eignen Kandidaten aufstellen. Die Liberalen sind in der höchsten und höheren Gesellschaft stark vertreten und üben dadurch, dass sie die Aachen-Münchener Feuerversicherung, die Rheinische Bahn, die Frankenberger Baugesellschaft und andere Finanzinstitute in den Händen haben, grossen Einfluss aus. Dennoch herrschen bei den Reichstagswahlen die Katholiken unbestritten in der Stadt. Ein kirchlicher Gegensatz ist also unter der herrschenden Menge nicht vorhanden, was ist da natürlicher, als dass der sociale Gegensatz hervorbricht. Der letztere liess sich durch den ersteren nicht mehr vertuschen; die Arbeiter sahen wohl ein, dass nicht nur „Protestanten, Juden und Liberale“ ihre Gegner waren, sondern auch viele fromme Katholiken, und dass wenn es sich ums Geldverdienen dreht, der ultramontane Bourgeois sie nicht besser behandelte wie der liberale. Je schroffer das Centrum die kirchliche Erbitterung hervorkehrte, desto mehr kam den Führern der Arbeiterpartei ihre abweichende Meinung zum Bewusstsein und klärte sich die Ueberzeugung, dass die socialen Missstände grösstentheils materieller Natur wären und die Arbeitervereine sich vorzugsweise mit der materiellen Lage ihrer Mitglieder befassen müssten; die Pflege des religiösen Gefühls und Geistes falle in ihr Gebiet nur soweit, als es die allgemeine Christenpflicht erfordere, das übrige könnten sie der Kirche, den Kongregationen und frommen

Vereinen überlassen. Und die Arbeiter mit ihrem erwachenden Standesbewusstsein forderten immer dringender, über die kirchlichen Fragen nicht die socialen zu vergessen.

Als die Wahlen zum Abgeordnetenhause im Jahre 1873 herannahten, forderte eine Adresse mit 2000 Unterschriften die Konstantia, den Wahlverein der Centrumspartei, auf, bei der Auswahl der Kandidaten auf die Wünsche der Arbeiterbevölkerung Rücksicht zu nehmen. Diese Adresse wurde völlig ignorirt. Da wurde bei den Reichstagswahlen 1874 und 1875 gegen Baudry und nach dessen Tode gegen Biegeleben der Kaplan Cronenberg aufgestellt, gelangte aber nicht einmal in die engere Wahl. Gleichviel, die Spaltung war vorhanden. Während in der Crefeld-Gladbacher Gegend die gesammte katholische Bevölkerung auf der Basis gemeinsamer kirchlicher und socialer Interessen treu und fest zusammensteht, ist in der rein katholischen, grossen Fabrikstadt Aachen der Klassengegensatz aufgeplatzt. Die äussere Veranlassung hat die falsche Taktik der Konstantia gegeben, welche fünf Mal nach einander Kandidaten aufstellte, die der Arbeiterschaft, ja sogar dem Handwerkerstande missliebig waren. Diese falsche Taktik ist von hervorragenden Parteigenossen scharf getadelt worden, sie wird erst verständlich, wenn man die Zusammensetzung der Centrumspartei in beiden erwähnten Gegenden vergleicht. Sie ist nicht dort wie hier die gleiche; dort ist sie die katholische Volkspartei, in Aachen die ultramontane Bourgeoispartei und die Konstantia ihre Vertretung.

Welche Vorwürfe waren es denn, welche die Konstantia gegen Cronenberg erhob, und durch die sie ihr feindseliges Verhalten motivirte? Zunächst beschuldigte sie den Kaplan, die Vergnügungen im Paulushause zu grossartig gestaltet und damit den Luxus der Arbeiter künstlich aufgezogen zu haben. In der That, wenn man auch nur von ganzem Herzen damit sympathisiren kann, dass anständige Vergnügungslocale den Arbeitern geschaffen werden, wo diese unter Aufsicht von Geistlichen den Sonntag genussvoll verbringen können, so lässt sich doch nicht verkennen, dass durch jene Theater- und Opernvorstellungen die Forderungen eines einfachen Geschmacks unnatürlich hinaufgeschraubt wurden. Andererseits darf man nicht vergessen, dass damals Massen von Tingel-Tangeln obscönster Art in der Stadt eröffnet wurden, zu denen man die Arbeiter getrieben hätte, wenn im Verein nichts Anziehenderes geboten worden wäre. Ferner hatte man durch Intriguen aller Art Cronenberg die Aufsicht über den Dilettantenbund genommen; dieser hatte sich selbständig losgelöst und führte, um die Schulden des Paulushauses zu decken, gegen Eintrittsgeld für alle Einwohner der Stadt auf, was er wollte. Endlich wurde der Saal zu Hochzeiten, Bällen und andern Lustbarkeiten an verschiedene Gesellschaften vermiethet. Alle diese

Feste wurden von einer feindseligen Presse als Arbeiterfeste bezeichnet. Der eigentlich durchschlagende Vorwurf war ein anderer, nämlich der, dass Cronenberg eine selbständige Arbeiterpartei gegründet hatte, mit eignen Zielen und befreit von der ultramontanen Bourgeosie und Geistlichkeit. Die Hirten sahen ihre Schäfchen, die schüchternsten und folgsamsten am Rhein, über Stock und Stein einem neuen Leithammel nachrasen, ohne mehr auf ihre Stimme zu hören. Abgesehen von allen frommen Redensarten darüber, dass die Religiösität zu sehr in den Hintergrund gedrängt worden, — diese Selbständigkeit der katholischen Arbeiterschaft war die Quintessenz ihrer Vorwürfe.

Im Jahre 1873 wäre die Kluft noch zu überbrücken gewesen, aber weder Cronenberg auf dem Gipfel seiner Macht wollte seine selbständige Stellung auch nur im geringsten aufgeben, noch die Gegenpartei wenigstens eine richtigere Taktik befolgen; beiderseits verschmähte man es, eine ernstgemeinte Versöhnung zu suchen. Es begann statt dessen ein geheimer Kampf, in welchem mit allen Mitteln der Intrigue der eine Gegner den andern zu vernichten und dieser sich zu behaupten suchte, — ein um so widerwärtigeres Schauspiel, als der Kampf einzig gegen eine Person, gegen Cronenberg, gerichtet erscheint.

Das hatte in der Zusammensetzung der Partei seinen Grund. Wer bildete dieselbe? Die Arbeiter! Diese wissen aber nichts, sie wollen nur die Verbesserung ihrer Lage und folgen blind, wem sie ihr Vertrauen schenken oder dem, der Macht über sie hat. Nur ein kleiner Kaufmann, der seine Eitelkeit dadurch befriedigt, dass er den Wühlhuber spielt, und ein stiller, sehr braver Weber, Namens Breuer, überragen die Masse; der Paulusverein wie die Arbeiterpartei, das war — Cronenberg. Die Kapläne, die neben ihm wirkten, waren leicht zu gewinnen, Laaf war der letzte, der im Jahre 1877 ihn verliess; nur einer hat bis zuletzt treu an seiner Seite oder vielmehr hinter ihm gestanden, der Kaplan Litzinger. Dieser Doctor der Theologie, in seiner Erscheinung der rechte Stubengelehrte, in seinen Lebensgewohnheiten der wahre schwäbische Magister, aber ein radikaler und kühner Denker und an Bildung und Geist Cronenberg überlegen, der in früheren Jahren wohl auch mitunter in die Oeffentlichkeit trat, und namentlich wenn er angegriffen wurde, mit echt westphälischen Grobheiten seinen Gegnern in der Presse zu Leibe ging, gab häufig im Hintergrunde die Feldzugspläne und Ideen an. Aber vorne auf der Bresche kämpfte Cronenberg, „der Kaplan“, wie er in der Stadt heisst, eine grosse starke Priestererscheinung mit listigem Gesichte, mit vorgeblich kurzsichtigen Augen, denen aber nichts entgeht, und mit einer sonoren Stimme, die durch treffenden Witz in Aachener Mundart die Massen elektrisirte; — ihn galt es zu stürzen. —

Zunächst wurde die kirchliche und politische Rechtgläubigkeit der Kapläne Cronenberg und Dr. Litzinger verdächtigt und beide vor den Erzbischof citirt. Der letztere Kaplan forderte nach kanonischem Recht die Konfrontation mit seinen Anklägern und den Nachweis dessen, was er denn Schädliches gesagt habe. Beides konnte nicht geschehen; der Erzbischof erklärte einfach, den Denuncianten mehr zu glauben, als dem Beklagten. Sie trennten sich in der höchsten Aufregung und Dr. Litzinger schickte von Aachen aus Zeugnisse über seine kirchliche Rechtgläubigkeit mit 114 Unterschriften von Gemeindegliedern und über seine politische Thätigkeit vom Polizeipräsidenten ein, welch' letzterer sogar seinen vermittelnden Einfluss belobte. Beide Männer erhielten einen strengen Verweis; weiter hatte das keine Folgen, da mit Beginn des Kulturkampfs die Zeit vorüber war, wo man sich der unbequemen Kapläne durch einfache Versetzung hätte entledigen können.

Den finanziellen Sturz führte Cronenberg selbst herbei. Im Jahre 1873 war mittlerweile die allgemeine Geschäftskrisis eingetreten, alle Finanzinstitute wurden mehr oder weniger davon in Mitleidenschaft gezogen, auch die Baugenossenschaft zum heiligen Paulus hatte ihre Operationen über Vermögen ausgedehnt. Theils von Ehrgeiz, theils vom Bestreben geleitet, die Arbeiterbewegung einheitlich zu gestalten, hatte Cronenberg sämmtliche Geschäfte in seiner Hand vereinigt; dieser Aufgabe zeigte er sich aber gar nicht gewachsen. Er liess es zu, dass Kassen verschiedener Institute Wechsel auf einander zogen; ein Wirrwarr trat allenthalben ein und die finanzielle Lage wurde sehr bedenklich. Das war eine erwünschte Verlegenheit, — im Jahre 1874 wurde die grösste Hypothek von 17000 Thalern, welche vom früheren Besitzer stehen gelassen waren, gekündigt. Fand sich nun keine Deckung, so fiel die Baugenossenschaft, das Paulushaus, der Verein!

Zwei Wege gab es, Geld zu beschaffen. Cronenberg hatte in Duisburg mit dem Freiherrn von Sch.-A. und an einem andern Orte mit anderen hervorragenden Parteihäuptern Unterredungen, in welchen ihm Hülfe zugesagt wurde unter der Bedingung, dass er in Zukunft niemals wieder einen Verein oder ein Blatt leiten sollte. Damit hätte Cronenberg seine Sache völlig aufgegeben, er schlug daher einen anderen Weg ein. Der Kulturkampf stand damals in voller Blüthe, die Regierung und die Liberalen waren auf dem linken Rheinufer ganz verlassen, — wie war es, wenn in der schwärzesten Stadt eine Partei die Oberhand gewann, welche in kirchlicher Hinsicht keinerlei Opposition machte und die Ultramontanen beschuldigte, über ihre hierarchischen Gelüste das Wohl des Volkes zu vernachlässigen!? Die Verhandlungen kamen in Gang, — Cronenberg war in Berlin, wie es hiess, um für seine Baugenossenschaft die Aufhebung der Solidarhaft zu erwirken, — er suchte

Windhorst nicht auf, — ein Privatmann von sehr bekannten Beziehungen fand sich in Aachen, der das Geld auf sichere Hypothek hergab, — momentan konnte Cronenberg aufathmen. Dr. Litzinger führte in einer Rede aus, dass wie der Staat nothleidende Bahnen unterstütze, er auch die Pflicht habe, nothleidenden Arbeitergenossenschaften zu Hülfe zu kommen.

Der Hauptschlag war parirt, aber die Unternehmung trug den Keim zu einer chronischen inneren Krankheit in sich. Das Statut der Baugenossenschaft war nämlich so mangelhaft und nachlässig abgefasst, dass es die Kündigung der Einlagen zuliess; es war daher üblich, dass die Genossen ihr Geld im Nothfall herausnahmen und später wieder hineinlegten. Je schärfer die Krisis, desto häufiger wurden die Kapitalzurückziehungen, immer misstrauischer die Genossen, immer drängender suchten sie ihre Einlagen zu retten. Kaum war Geld in der Kasse, um die Rechnungen von Handwerkern und Kaufleuten zu bezahlen, so wurden Kapitalien gekündigt; in den Jahren 1874 und 1875 lief ihre Summe auf 18000 Thaler an. Die Geldverlegenheiten wuchsen dem Director der Genossenschaft, Cronenberg, über den Kopf, und um die besorgten Genossen vor weiteren Kündigungen abzuhalten, mag er die Lage der Unternehmung als weniger bedrängt dargestellt haben; laut dem am 9. November 1878 gefällten Urtheil soll er zweimal durch Erregung von Irrthum das Vermögen von Arbeitern um Geldbeträge beschädigt und nach §. 263 des R.-St.-G.-B. sich des Betruges schuldig gemacht haben, — was aber damals nicht in die Oeffentlichkeit drang. Endlich zog ein Vormund für sein Mündel die Einlage von 1000 Thalern zurück, die Genossenschaft konnte sie nicht zahlen und wurde am 1. Januar 1876 fallit erklärt.

Diesen Sieg galt es auszunutzen. Ein vorgeschobener Mann machte den Genossenschaftern klar, dass die Unternehmung nicht gerettet werden könnte, solange Cronenberg an der Spitze bliebe. Es begannen die geheimen Intriguen zu spielen, Cronenberg wurde ein Institut nach dem andern aus der Hand gewunden, der Vorstand von der Konstantia gewonnen und dem Präses unmöglich gemacht, mit demselben fortzuarbeiten. Er forderte daher die Neuwahl des Vorstandes, fiel aber damit auf der Generalversammlung des Vereins durch und legte in Folge dessen sein Amt nieder in der sicheren Hoffnung, wiedergewählt zu werden. Das wäre auch gewiss geschehen, zahlreiche Adressen bestürmten den Vorstand, eine neue Generalversammlung einzuberufen, was nach dem Statut geboten war, aber jener blieb fest und gab keine Gelegenheit, den Feind wieder an die Spitze zu bringen. So fiel Cronenberg am 5. April 1876. Der von der Konstantia vorgeschlagene Kaplan Teus trat nunmehr an die Spitze, blieb mit dem Paulusverein im Paulushause und gab die Wochenschrift „Der Arbeiterfreund“ heraus; Kaplan Cronenberg zog mit seinen Getreuen in das Local von Paulussen, wo er seinen Paulusverein mit der Wochenschrift „Paulus“ fortsetzte.

Nach diesen Ereignissen in den Jahren 1874—1876 kam im Januar 1877 die Reichstagswahl heran und trotz aller Niederlagen Cronenberg's erhielt sein Kandidat, der Kaplan Laaf, 4114 Stimmen gegen 4192, welche auf Herrn von Biegeleben fielen. Ja der erstere hätte sogar mit Hülfe der Liberalen gesiegt, wenn er nicht hätte erklären lassen, der Centrumspartei beitreten zu wollen. Das musste er der Arbeiter wegen thun, um nicht als Religionsverächter zu erscheinen und dadurch viele Stimmen einzubüssen, während Cronenberg seinerseits eröffnete, jener Partei fern zu bleiben, seiner anderen Beziehungen und Verpflichtungen wegen.

Die Wahl des christlich-socialen Arbeiters Stötzel in Essen, die grosse Stimmenzahl Laaf's in Aachen, die verhältnissmässige Erkaltung gegenüber den kirchlichen Fragen, die drohende Allianz mit der Regierung, — alles das gab der Centrumspartei zu denken. Sie musste heraus mit ihrem socialpolitischen Programm, wenn ihr im eigenen Lager die ungeduldigen Arbeiter nicht über den Kopf wachsen sollten. Es fiel um so leichter, dasselbe arbeiterfreundlich zu gestalten, als die Mitglieder der Partei vielfach Vertreter rein agrarischer Bezirke mit patriarchalischen Verhältnissen oder von Industriegegenden mit liberalen Fabrikanten sind, Hochtorys, die den Kapitalisten gern einen Schaden zufügen, und auch überzeugte Demokraten und Arbeiterfreunde. Dennoch bedurfte es mühsamer Kompromisse, um das Programm zu Stande zu bringen, es acceptirte im Wesentlichen die Forderungen der christlichen Socialisten und Graf Galen war es, der dasselbe in seiner bekannten Rede von der Tribüne des Reichstags herab verkündigte. Soviel hatte noch keine der andern, nicht socialistischen Parteien in Aussicht genommen! Mit diesem Coup stand das Centrum auf der Höhe der Situation, es hatte wieder festen Boden in allen treu gebliebenen Fabrikbezirken, denen es alles bot, was man füglich nur versprechen kann; bei der Berathung der Gewerbeordnung und der Gewerbegerichte legten seine Redner den ernstesten Eifer an den Tag und in Gladbach steht an der Spitze der Partei sogar ein Fabrikant, gleich glücklich als Geschäftsmann wie ideal und aufopferungsvoll als Arbeitgeber.

Nun galt es, auch in Aachen die Gegner zu gewinnen. Die Situation war nicht ungünstig, die Arbeiter in Folge der schlechten Zeit ohne viel Selbstgefühl und Muth, viele erbittert in Folge des Falliments und voll Misstrauen gegen Cronenberg, der Verein zerspalten und die Kapläne in voller Thätigkeit. Das auserwählte Rüstzeug im Kampfe gegen die selbständige Arbeiterpartei ist der Kaplan Teus mit seinem Verein, durch welchen die Arbeiter der Konstantia allmählich wieder zugeführt werden sollen. Er ist der Mann dazu. An sich völlig unbedeutend und mit der Arbeiterfrage nicht vertraut („ich verstehe von der socialen Frage keine Bohne", lautet sein eigner gewählter Ausdruck), weiss er weder, was er will, noch was er Verschiedenes von den Andern will; er will mit dem Munde Alles, in Wirklichkeit nur das, was ihm die Konstantia dictirt. Sein Verein zählte im Sommer 1878 nach eigenen Angaben 600 Mitglieder, nach denen seiner Gegner kaum 150, und auch diese sind wieder in sich zerfallen, z. B. hat der Dilettantenbund sich ganz selbständig hingestellt.

Noch hielt Cronenberg den Kopf empor. Da wurde gegen ihn ein Stoss geführt, tief bis ins Herz hinein. Eine Denunciation lief ein, zuerst nur dem Gericht und der Polizei bekannt, dann flüsternd von Mund zu Mund gehend, bald schon vertraulich in der Weinstube erzählt, endlich aus den Kreisen der Eingeweihten in das Volk dringend: Cronenberg hätte sich widernatürliche Unzucht zu Schulden kommen lassen.

Bei dieser Sachlage wurde die Arbeiterpartei durch die Neuwahl am 30. Juni 1878 überrascht. Nicht einmal ein eigner Kandidat war aufzutreiben, Cronenberg selbst war unmöglich, Laaf krank und Litzinger, der kluge, entschuldigte sich gleichfalls mit Krankheit; man verfiel auf die sonderbarsten Kandidaturen, um die Liberalen zu gewinnen, doch diese verhielten sich äusserst misstrauisch. Da stellte man in letzter Stunde den Weber Breuer auf, der natürlich keine Autorität unter seinen Standesgenossen besass und nur etwa 800 Stimmen erhielt. Die katholische Arbeiterpartei war verschwunden!

Man liess den Muth nicht sinken. Gerade jetzt erledigte sich eine lange hingeschleppte Angelegenheit zu Gunsten Cronenbergs: das Paulushaus wurde am 8. August verkauft und gelangte in die Hände desselben Mannes, der die erste grosse Hypothek an sich gebracht hatte. Das konnte entscheidend wirken. Nur vom Paulushause aus war eine erfolgreiche Agitation möglich; das hatten beide Gegner erkannt und daher gesucht, es an sich zu bringen. Cronenberg hatte gesiegt und hoffte nun, einen Vertrag mit dem Besitzer zu schliessen, wonach er persönlich das Haus und die Verpflichtung übernahm, die Gläubiger allmählich zu befriedigen; das letztere wäre dann je nach der Liebenswürdigkeit der Genossen ihm gegenüber geschehen und er hätte ein Mittel in Händen gehabt, auch die Gegner sich gefügig zu erhalten. Zwar musste Teus mit seinem Verein das Lokal räumen; aber der Besitzer war vorsichtig, er wartete die Verhandlungen des Zuchtpolizeigerichts ab und der Kaplan Cronenberg wurde am 9. November 1878 für die in den Jahren 1873/74 verübten zwei Fälle von Betrug (§. 263) und wegen widernatürlicher Unzucht (§ 175 des R.-St.-G.-B.) zu vier und acht Monaten, zusammen zu einem Jahr Gefängniss verurtheilt. Diese Strafe wurde am 22. Januar 1879 von der Appellkammer auf zwei Jahre verschärft und die Aberkennung der bürgerlichen Ehrenrechte auf die Dauer von fünf Jahren hinzugefügt, der Kaplan sofort in das Gefängniss abgeführt. Der Process deckte eine Reihe von Unsittlichkeiten auch bei den Gegnern auf; der Denunciant belastete sich selbst mit der nämlichen widerwärtigen Unzüchtigkeit, deren er Cronenberg anklagte; zwei andere Männer wurden wegen noch schlimmerer Verbrechen auf drei, bezw. sechs Jahre Zuchthaus verurtheilt. Sollte das Obertribunal nun auch eine Aenderung im Urtheil eintreten lasen, — mit dem Führer ist die Partei vernichtet! Das Drama des katholischen Socialismus in Aachen ist zu Ende!

Ein tragisches Schicksal schwebt über den Geistlichen, wenn sie sich an die Spitze socialpolitischer Bewegungen stellen. In Berlin hat ein evangelischer Prediger einen seiner Helfershelfer als Spitzbuben entlarvt gesehen, in Aachen ist ein katholischer Kaplan wegen zweierlei Vergehen verurtheilt worden, — beide Bewegungen sind in der öffentlichen Meinung gerichtet. Und doch, trotz seiner sittlichen Verschuldung, ist der Kaplan oder ist der Hofprediger imponirender als socialpolitischer Agitator? Dieser, in der Nähe des Kaisers, inmitten einer feudalen Gesellschaft, unterstützt von der Blüthe der nationalökonomischen Wissenschaft, vertrat vor einem Volke, das an selbständiges Denken gewohnt ist, ein starres Christenthum und eine Monarchie, der er nöthigen Falls einen socialpolitischen Staatsstreich zuzumuthen schien. Jener, allein, ein einsamer, machtloser, bemisstrauter Kaplan, Glied einer Hierarchie, aus deren straff disciplinirten Reihen keiner ungestraft heraustritt, Feind einer Gesellschaft, die über alles verfügt, was ihm fehlt an Geldmitteln und geistigen Kräften, Führer eines Volkes, so unwissend und so fanatisch, wie kein anderes, durch die Traditionen seiner Familie zur Rache an den Jesuiten gedrängt, kirchlich freisinniger als seine Glaubensgenossen in der Stadt, verfocht er demokratische 'und arbeiterfreundliche Principien und empfahl die religiöse Toleranz. Mancher Zug im katholischen Socialismus berührt sympathischer als im evangelischen, man könnte fast bedauern, dass sein streitbarer Führer keinen grössern sittlichen Gehalt besass.

Die Todesstunde der sterbenden Partei war die Geburtsstunde einer neuen. Am Abend des 30. Juni wurde der guten Stadt Aachen verkündet, dass fast tausend Stimmen für den protestantisch-atheistischen Socialdemokraten Bebel abgegeben waren. Es war diesmal die Noth so drückend, der zarte Breuer konnte nicht genügen und besass das öffentliche Vertrauen nicht; die geheime Agitation war vorzüglich, in jede Proletarierwohnung wurde der Wahlaufruf getragen, der so geschickt abgefasst war, dass die Socialdemokraten als einzige

Vertreter der Freiheit erschienen; jedes Haus, wo ein kleiner Beamter oder ein ultramontaner Arbeiter wohnte, war sorglich vermieden. Bebel erhielt die Stimmen der Arbeiter, nicht etwa weil diese überzeugte Anhänger der socialdemokratischen Lehren sind, — soweit reichen ihre Gedanken nicht, — sondern weil er der Kandidat einer energischen socialen Opposition war. Da sich meines Wissens keine Persönlichkeit finden wird, den katholischen Socialismus fortzusetzen, so hat dieses vorbereitende, relativ sehr gemässigte, socialreformatorische Stadium der Arbeiterbewegung definitiv sein Ende erreicht; wenn nicht ein gänzlicher Umschwung eintritt, so gehört die Zukunft in Aachen der socialrevolutionären Arbeiterpartei.

Vielleicht wird es gelingen, eine selbständige Arbeiterbewegung niederzuhalten, und eine kleine Gruppe von Männern würde es gewiss zu Stande bringen, — die Jesuiten; aber die Masse der Arbeiter zur ultramontanen Bourgeosie hinüberzuziehen, wird wohl nie mehr gelingen. Dieselben beurtheilen die Centrumspartei nach ihrer Vertretung am Orte, nach der Konstantia. Und wenn schon jener gegenüber Zweifel erhoben sind an der Dauer ihrer wirthschaftlichen und socialpolitischen Bestrebungen und an der Lauterkeit ihrer Motive, so behaupten die Arbeiter, diese müsse nur gezwungenermassen in der socialen Frage folgen, weil sie es in der kirchlichen thue; im Grunde sei das nur Spiegelfechterei und darauf berechnet, sie ins Schlepptau zu nehmen, um sie hernach um ihre Forderungen zu prellen. Das Vertrauen der Arbeiter in die Konstantia ist gründlich erschüttert. Vielleicht nicht mit Unrecht; geben doch schon jetzt angesehene Stadtverordnete zu, dass nach dem Aufhören des Kulturkampfs die Partei als eine konservative wenn auch ihren Principien treu bleiben, so doch behutsamer vorgehen müsse.

Grund zum Misstrauen haben die Arbeiter jedenfalls, noch mehr aber Grund zur Unzufriedenheit mit ihrer wirthschaftlichen und socialen Lage, wie ich das wohl hinreichend bewiesen zu haben glaube. Darauf beruht der Klassengegensatz. In Aachen hat er sich später als in anderen Arbeiterstädten zu vollem Bewusstsein herausgebildet, aber er hat sich doch endlich entwickelt, und mag man Cronenberg deshalb loben, mag man ihn tadeln: er war ein Wecker des Volkes. Je mehr das Klassenbewusstsein erstarkt, wird mit der Zeit auch der Gegensatz sich verschärfen und die Arbeiterbewegung kann in Aachen um so gefährlicher werden, je grösser dort die Unwissenheit und Unselbständigkeit, die Feigheit und Brutalität und daher auch der blinde Fanatismus der Massen ist. Dann wird vielleicht die Cronenberg'sche Zeit als ein Ideal von Mässigung erscheinen. Einzig die Regierung hat es rechtzeitig erkannt, wie wichtig es ist, eine solche Bewegung in massvollen Grenzen und in der Hand gebildeter Männer zu erhalten.

Man wird sich entwöhnen müssen, jede selbständige Arbeiterbewegung lediglich auf die schlechten Leidenschaften, auf Bosheit, Hass und Neid zurückzuführen; in Aachen wurzelt sie in der jammervollen socialen und wirthschaftlichen Lage der Massen und in ihrem Misstrauen gegen die besitzenden Klassen. Ist dasselbe ganz ungerechtfertigt? Haben die letzteren ihre Pflicht gegenüber den Arbeitern immer gethan? Einzig die jüngere Geistlichkeit bemüht sich nach Kräften, aber auch sie steht rathlos dem grossen Problem der socialen Frage gegenüber und weiss noch nicht recht Hand anzulegen. Der Fabrikantenstand aber und die übrige höhere Bourgeoisie haben wenig gethan; sie kennen nicht die Ehrenpflicht, ihren Besitz und Bildung in den Dienst der niedern Klassen zu stellen. Es klingt wie Ironie, dass in dem katholischen Aachen die grossartigen Stiftungen der Aachen-Münchener Feuerversicherung, vor allem der segensreiche Verein zur Beförderung der Arbeitsamkeit mit seinen Prämien-, Spar- und Pensionskassen und Kinderbewahranstalten die geniale Gründung des Liberalen Hansemann sind und auch heute noch von Liberalen geleitet werden. Ich greife nicht die gesammte Centrumspartei an, aber die Geschichte wird scharf unterscheiden zwischen der katholischen Volkspartei in der Crefeld-Gladbacher Gegend und der Konstantia, der ultramontanen Bourgeoispartei in Aachen, — über diese wird sie ihr Schuldig sprechen müssen. Die Beurtheilung von politischen Parteien wie der Menschen hat den gleichen Massstab: Nicht die Rechte, welche ein Mensch ausübt, sondern die Pflichten, welche er sich selbst auferlegt, verleihen ihm den Werth!

Anlagen.

I.

Beschäftigung jugendlicher Arbeiter im Regierungsbezirk Aachen.

Jahr	Tuch-Fabriken	jugendl. Arbeiter	Lohn-Spinnereien	jugendl. Arbeiter	Streichgarn-Spinnereien	jugendl. Arbeiter	Nadel-Fabriken	jugendl. Arbeiter
1871	60	815	23	178	14	235	18	403
1872	62	850	26	200	13	221	18	425
1873	72	930	28	216	14	236	20	454
1874	70	900	27	200	14	220	20	440
1875	67	856	25	198	14	224	22	460
1876	63	628	19	106	13	161	22	404
1877	62	398	17	82	13	95	22	472

(Aus den Jahresberichten des kgl. Fabrikinspectors).

II.

Miethen unterstützungsbedürftiger Armer in Aachen 1876 — 78.

Ein Ehepaar mit Kindern	zahlte monatliche Miethe Mark	Anzahl der Familien	von diesen zahlten monatliche Miethe Mark														
			2/3	3/4	4/5	5/6	6/7	7/8	8/9	9/10	10/11	11/12	12/13	13/14	14/15	15/16	17/18
0	6. 64	10	—	—	2	—	6	—	—	2	—	—	—	—	—	—	—
1	7. 31	8	—	—	1	—	1	1	—	2	3	—	—	—	—	—	—
2	7. 71	8	—	—	1	1	1	1	1	2	—	—	1	—	—	—	—
3	8. 22	10	—	—	—	—	3	1	2	2	2	—	—	—	—	—	—
4	9. 65	16	—	—	—	1	3	—	3	—	2	1	4	2	—	—	—
5	(9. 42)	16	—	—	—	2	1	2	—	1	4	3	3	—	—	—	—
6	10. 23	11	—	—	—	—	—	2	1	1	3	1	2	—	1	—	—
7	12. 33	9	—	—	—	—	—	1	—	1	—	—	2	2	1	2	—
8	14. 37	4	—	—	—	—	—	—	—	—	—	—	1	1	1	—	1
Eine Wittwe mit Kindern																	
0	5. 03	43	1	7	16	7	8	2	1	—	1	—	—	—	—	—	—
1	6. 20	26	—	—	8	1	9	4	—	4	—	—	—	—	—	—	—
2	7. 98	15	—	—	—	—	7	3	1	2	—	—	1	—	—	1	—
(3)	(7. 92)	5	—	—	—	1	1	1	—	—	2	—	—	—	—	—	—
(4)	9. 36	9	—	—	—	1	2	—	1	—	2	1	1	—	—	1	—

(Aus den Fragebogen in Armensachen der Stadt Aachen.)

III.

Statistik der Prämienkassen

(für höher verzinste Einlagen bis zu 450 Mark).

In sämmtlichen Prämienkassen des Reg.-Bezirks Aachen verblieben am 31. December jeden Jahres Sparer aus den

Jahr	Wollenfabriken		Nadel-fabriken	Maschinen-fabriken	Eisen-fabriken	Berg-werken
	Arbeiter	Arbeiterinnen				
1866	1830	672	383	210	576	882
1867	1950	745	390	236	636	986
1868	2104	832	417	242	715	1109
1869	2286	950	466	275	853	1225
1870	2356	1011	505	285	889	1220
1871	2478	1102	531	347	983	1277
1872	2640	1181	545	396	1097	1628
1873	2780	1274	594	446	1247	1877
1874	2838	1317	608	460	1216	2024
1875	2922	1551	724	443	1354	2127
1876	2702	1300	735	428	1253	2047
1877	2645	1184	729	463	1363	2197

Bewegung in den Prämienkassen in der Stadt Aachen.

Jahr	Anzahl der jährlich neu aufgenommenen		Beträge in 1000 Thalern der jährlichen	
	Sparer	Ersparnisse	Einlagen	Rückzahlungen
1866	1346	12187	383	390
1867	1602	13652	408	283
1868	1708	14299	419	311
1869	1808	17392	468	335
1870	1521	14823	396	473
1871	1979	18203	456	379
1872	2180	21901	535	442
1873	2529	21704	592	503
1874	2260	20651	571	539
1875	2209	22734	644	541
1876	2000	18745	551	632
1877	1579	16926	488	594

(Aus den Protokollen des Aachener Vereins zur Beförderung der Arbeitsamkeit).

IV.

Veranlagung zur Klassensteuer in der Stadt Aachen.

Personen	1875	1876	1877/78	1878/79
Personen zu 420— 660 M. . . .	12400	11952	11350	10749
„ „ 660—1200 „ . . .	6200	5892	4921	4604
„ „ 1200—2100 „ . . .	2346	2693	2639	2626
„ „ 2100—3000 „ . . .	934	1116	1223	1253
Klassensteuerpflichtige Personen .	21889	21653	20133	19232
„ „ Bevölkerung	61606	59463	53741	48318
Eine Person repräsentirt Köpfe der Bevölkerung	2,81	2,74	2,61	2,51

(Aus dem Verwaltungsbericht des Oberbürgermeisters.)

V.

Veranlagung zur Einkommensteuer im Regierungsbezirk Aachen.

Es wurden Personen veranlagt zu Mark:

Jahr	3000 bis 4800	4800 bis 9600	9600 bis 18000	18000 bis 36000	36000 bis 72000	72000 bis 144000	144000 bis 420000	Summe
1854	829	402	115	36	7	2	—	1391
1859	925	513	137	45	7	2	—	1629
1864	1032	543	176	47	17	1	—	1816
1869	1131	574	192	69	30	5	1	2002
1873	1265	658	226	95	37	9	3	2293
1874	1354	698	238	88	46	4	3	2431
1875	1497	747	254	83	43	10	3	2630
1876	1527	747	259	85	40	9	3	2670
1877/8	1653	798	269	82	41	7	3	2853
1878/9	1616	822	265	85	39	6	3	2836
		Die Zunahme betrug: 1854 = 100 gesetzt:						
1859	111	127	119	125	100	100		117
1864	124	135	153	130	243	(50)		130
1869	136	142	167	191	428	(300)		143
1874	163	173	216	244	657	350		174
1878/9	194	203	221	236	557	450		204
		Die Zunahme betrug von 5 zu 5 Jahren:						
1859	111	127	119	125	100	100		119
1864	111	105	128	104	243	(50)		111
1869	109	105	109	146	176	(600)		110
1874	119	121	123	124	153	116		121
1878/9	119	117	111	96	84	128		112

(Aus den Acten der königl. Regierung.)

VI.
Die Färberei in Crefeld.

Jahr	Quantität des gefärbten Rohmaterials in 1000 Klg. für Fabrikanten in Crefeld		Quantität des gefärbten Rohmaterials in 1000 Klg. für Fabrikanten auswärts		Zahl der Arbeiter	Gezahlte Löhne in 1000 M.	pro Arbeiter Mark
	Seide und Chappe	Baumwolle	Seide und Chappe	Baumwolle			
1870	350	428	239	104	791	620	784
1871	473	597	299	104	1093	811	742
1872	482	441	317	81	1078	927	860
1873	363	458	254	61	995	894	898
1874	420	507	273	123	998	926	928
1875	455	369	320	46	1023	1031	1008
1876	426	486	349	78	1074	983	916
1877	420	503	275	93	1142	1037	908

Im Jahre 1845 färbten 20 Seidenfärber mit 270 — 280 Arbeitern 405000 Pfd. Seide, wofür sie 12 Groschen per Pfd. = 486000 Mark Färberlohn erhielten.

(Aus den Jahresberichten der Handelskammer.)

VII.
Der Ueberschuss der Mädchen in Crefeld.

Auf 100 männliche Einwohner kamen weibliche

im Alter	1861	1864	1867	1871	1875
14—16	93	94	.	.	.
16—19	107	109	.	.	.
15—20	.	.	103	113	108
19—24	154	132	.	.	.
20—25	.	.	.	.	145
24—30	115	117	126	125	.
25—30	.	.	.	.	109
30—40	101	105	110	105	103

VIII.
Verbrauch der Crefelder Industrie an Rohmaterial
(in 1000 Klg.).

Jahr	Rohseide	Chappe	Baumwolle	Summe
1867	228	34	193	455
1870	280	81	394	754
1871	365	101	509	975
1872	340	116	506	962
1873	316	90	455	862
1874	312	141	434	889
1875	322	180	465	968
1876	305	156	504	966
1877	283	150	536	970

(Aus den Jahresberichten der Handelskammer.)

IX.

Wochenverdienste im Kreise Gladbach

(in Mark)

Wochenverdienste eines	tüchtigen		weniger tüchtigen	
	am 1. Dec. 1875	am 1. April 1878	am 1. Dec. 1875	am 1. April 1878
Handwebers in Sammet . . .	16	9	12	6
„ „ Seide	15	9	11	6
„ „ Baumwolle . .	9	7	7½	5
mechan. Webers in Sammet .	18—19	10	12—14	7—9
„ „ „ Seide . .	15	15	9	9
„ „ „ Baumwolle	15—18	11—14	12—14	9—11
„ „ „ Halbwolle	15—18	12—14	12—15	10—12
Spinners in Baumwolle . . .	18—19	15—16	15—16	12—13
Spinnerin in „ . . .	15—16	13	12—13	10
Spinners in Flachs	18	10	15	8
Spinnerin in „	12	6	11	5

(Nach Angabe des Landrath Bödiker in der gewerblichen Zeitschrift von Bueck, 1878, S. 25.)

X.

Die Arbeiterzahl in Textilfabriken.

Fabriken	Männliche über 16 Jahr	Weibliche über 16 Jahr	Jugendliche unter 16 Jahr
68 Baumwollwebereien	3247	1988	540
37 Baumwoll- und Flachsspinnereien	2217	2821	842
93 Tuchfabriken	5596	3538	550
64 Streichgarnspinnereien	789	966	302
8 Kunstwollfabriken	135	485	55
1 Flachsspinnerei	388	436	186
33 Sonstige Textilfabriken	694	532	157

(Die beiden ersten Zahlen gelten für den Bezirk der Handelskammer von Gladbach im Jahre 1874, die folgenden für den Regierungsbezirk Aachen am 1. December 1877. Die Anzahl der jugendlichen Arbeiter, namentlich in den Spinnereien, dürfte aus naheliegenden Gründen zu gering angegeben sein.)

Pierer'sche Hofbuchdruckerei. Stephan Geibel & Co. in Altenburg.

FSC
www.fsc.org
MIX
Papier | Fördert
gute Waldnutzung
FSC® C083411

Kolibri 360 GmbH
Ferdinand-Jühlke-Straße 7
99095 Erfurt, Deutschland
produktsicherheit@kolibri360.de

Druck:
CPI Druckdienstleistungen GmbH
im Auftrag der
Kolibri 360 GmbH
Ferdinand-Jühlke-Str. 7
99095 Erfurt